Der Angriff

JOHN HEILEMANN

Der Angriff

Bill Gates
und die Zerschlagung
von Microsoft

Aus dem Amerikanischen
von Stephanie Dreikauß

Deutsche Verlags-Anstalt
Stuttgart München

Wer zu Grunde gehen soll, der wird zuvor stolz;
und Hochmut kommt vor dem Fall.
Sprüche 16, 18

Für meine Mutter, die ich vermisse
Für meinen Vater, den ich liebe
Für Katrina Heron, die an mich glaubte

Die Originalausgabe erschien 2001 unter dem Titel *Pride Before the Fall: The Trials of Bill Gates and the End of the Microsoft Era* bei HarperCollins, New York

Die Deutsche Bibliothek – CIP-Einheitsaufnahme

Ein Titeldatensatz für diese Publikation ist bei
Der Deutschen Bibliothek erhältlich

© 2001 by John Heilemann
© 2001 by Deutsche Verlags-Anstalt GmbH Stuttgart München,
für die deutsche Ausgabe
Alle Rechte vorbehalten
Mitarbeit an der Übersetzung: Stefan Bollmann
Typografie & Satz: DVA Büro Düsseldorf
Druck & Bindearbeit: Friedrich Pustet, Regensburg
Printed in Germany
ISBN 3-421-05506-8

Inhalt

Prolog
DIE DEMÜTIGUNG

DER RICHTER in Chicago bat ihn um seine Unterschrift. Lediglich zwei kleine Wörter in die unterste Zeile: Bill Gates.

Es war Anfang März 2000, drei ganze Monate nach Beginn der gerichtlich angeordneten Vergleichsgespräche zwischen Microsoft und dem US-Justizministerium, und Bill Gates wußte, daß ihm nicht mehr viel Zeit blieb. Praktisch jeden Tag konnte der Bundesrichter Thomas Penfield Jackson das Urteil im Fall *Die Vereinigten Staaten von Amerika gegen Microsoft* sprechen, einem der größten, folgenschwersten und kontroversesten Kartellverfahren in der Geschichte Amerikas. Niemand zweifelte mehr daran, wie es ausfallen würde. Im vergangenen November hatte Jackson eine 207 Seiten lange »Tatsachenfeststellung« vorgelegt, in der er Microsofts Sicht der fraglichen Ereignisse in beißendem Ton und vernichtender Deutlichkeit ablehnte. Sollte das Urteil diesen Feststellungen des Gerichts entsprechen, würde es unangenehm werden – vielleicht unangenehm genug, um die Zerschlagung des wertvollsten Unternehmens der Welt zu erwirken.

7

Microsofts letzte Hoffnung darauf, das Unheil noch einmal abzuwenden, lag in den Händen eines anderen Richters: des Richters in Chicago, Richard A. Posner. Posner war Gerichtspräsident am Berufungsgericht des siebten Gerichtsbezirks der Vereinigten Staaten, ein konservativer Jurist von hervorragendem Ruf – ein Mann, den der Dekan der University of Chicago Law School als »den größten Kartellfachmann und Richter unserer Zeit« bezeichnete. Kurz nachdem Richter Jackson seine Tatsachenfeststellung vorgelegt hatte, telefonierte er mit Richter Posner und bat ihn inständig, als Schlichter zwischen Microsoft und der Regierung zu fungieren, deren Verhältnis im Verlauf des Prozesses auf die Stufe tiefster gegenseitiger Verachtung gesunken war. Jackson war sich nicht einmal sicher gewesen, ob Posner seinen Anruf überhaupt entgegennehmen würde; so war er überrascht und erleichtert, als Posner ohne mit der Wimper zu zucken seiner Bitte nachkam. Für jeden anderen wäre der Versuch, zwischen den beiden Gegnern Frieden zu stiften, die reinste Sisyphusarbeit gewesen. Doch angesichts Posners herausragender Stellung hoffte – vielmehr betete – Jackson, daß sich schließlich ein Weg finden würde, eine Einigung zu erzielen.

Posners Amtszimmer lagen im 27. Stock des Everett M. Dirksen Gerichtsgebäudes mitten in Chicago. Seit Ende November hatte er jede Woche ein Team von Anwälten und Ökonomen des Justizministeriums und ein ebensolches Team von Microsoft zu sich zitiert, hatte jede Partei stets einzeln getroffen, sie niemals zusammen in einen Raum gelassen. In den ersten zwei Monaten der Schlichtungsverhandlungen hatte Posner laut eines Teilnehmers im wesentlichen den »Prozeß wieder aufgerollt« – die Beweisführung nochmals vorgenommen, Zeugenaussagen nochmals geprüft. Sein Engagement und seine Gründlichkeit machten großen Eindruck auf Gates. Im Januar war Microsofts Vorsitzender von Seattle herübergeflogen, um sich persönlich mit dem Richter zu treffen; danach hatten sie wohl noch ein Dutzend Mal miteinander telefoniert und sich dabei sehr eingehend mit den geschäftlichen Details von Microsoft befaßt. »Der Mann hat's raus«, erklärte mir Gates später und ließ Posner damit sein höchstes Lob zuteil werden.

Im Februar schließlich fühlte sich Posner vertraut genug mit den geschäftlichen Abläufen, um eine Schlichtungsvereinbarung ausarbeiten zu können. (Was die Technologie anging, war er allerdings immer noch ziemlich unbedarft; selbst nach wochenlangen Schulungen blieb ihm ein »Standardwebbrowser« ein Rätsel.) Auf seiner Suche nach einer gemeinsamen Grundlage entwarf Posner mögliche Verpflichtungserklärungen, die Microsoft bestimmte, jeweils unterschiedliche Auflagen machten. Nachdem er den beiden gegnerischen Parteien einen Entwurf vorgelegt hatte, bat er um Kommentare und Kritik und tüftelte anschließend einen neuen aus, um voranzukommen. Ungefähr einen Monat lang dauerte dieses Vor und Zurück, Hin und Her und Drunter und Drüber – bis man bei Entwurf 14 angelangt war. Mit Entwurf 14 glaubte sich Posner endlich nahe an einer Einigung, die hart genug wäre, um das Justizministerium zufriedenzustellen, jedoch nicht so hart, als daß Microsoft einen Rückzieher machen würde. Als er alles bis ins Kleinste ausgearbeitet hatte, fragte Posner Gates, ob er mit Entwurf 14 leben könne. Als dieser bejahte, erklärte ihm Posner, daß er dem Justizministerium ausdrücklich zeigen wolle, wie ernst Microsoft es meine – und daß es deshalb der beste Weg sei, den Vorschlag zu unterzeichnen.

Bei Microsoft hielten viele Posner für naiv. Die Regierung würde niemals zufrieden sein, nicht einmal wenn das Unternehmen sein Erstgeborenes opferte – oder, was ihm noch teurer war, dessen Quellcode. Andere hielten Entwurf 14 schlechterdings für zu drakonisch. Doch obwohl Gates die Bedenken der Skeptiker sehr wohl verstand, war er doch bestrebt, diesen ganzen Alptraum schnell hinter sich zu bringen. Er schluckte schwer und kritzelte schließlich seine Unterschrift auf das Papier.

Die Skeptiker sollten Recht behalten: es reichte nicht. Das Justizministerium verlangte noch weitergehende Auflagen und weniger Schlupflöcher, als Entwurf 14 bereits enthielt. Dennoch glaubte Posner immer noch an eine mögliche Einigung. Einen weiteren Monat lang produzierte er am laufenden Band neue Entwürfe – Entwurf 15, Entwurf 16, Entwurf 17. In der letzten Märzwoche telefonierte Posner mit Richter Jackson und bat um zehn Tage Aufschub; er sei nahe, ganz nahe daran, eine Vereinbarung zustande zu bringen. (Jackson war sich so sicher, daß Posner erfolgreich sein und der Fall abgeschlossen werden würde, daß er in den Urlaub nach San Francisco fuhr.) Am 29. März war Entwurf 18 fertiggestellt. Er entsprach dem letzten Angebot des Justizministeriums.

In Gates' Büro in Redmond, Washington, traten seine engsten Mitarbeiter zu einer der schicksalhaftesten Besprechungen in der Geschichte des Unternehmens zusammen. Während der Verhandlungen hatte Gates sich auf den Rat einer Handvoll Menschen verlassen: Steve Ballmer, neu gewählter Chief Executive Officer von Microsoft; William Neukom, Syndikus des Unternehmens; Paul Maritz, James Allchin und Robert Muglia, leitende Angestellte. Das vor ihnen liegende Dokument verlangte von Microsoft, eine einheitliche Preisliste für Windows festzulegen, keine Exklusivverträge mit Internet-Dienstleistern und Multimediafirmen abzuschließen und darüber hinaus seine Anwendungsprogramm-Schnittstellen offenzulegen. Und auch wenn Microsoft laut Entwurf 18 neue Funktionen in Windows hätte implementieren dürfen – wie zum Beispiel einen Webbrowser, der den ganzen Rechtsstreit erst ins Rollen gebracht hatte –, so wäre PC-Herstellern das Recht eingeräumt worden, Versionen des Betriebssystems ohne diese Zusatzfunktionen zu bestellen. Darüber hinaus hätten sie das Nutzungsrecht am Quellcode von Windows bekommen, so daß sie selbst die Arbeitsfläche des Computers verändern, Konkurrenz-Software integrieren und nach eigenem Ermessen neue Funktionen hinzufügen konnten.

Es fehlte nicht an Kritikern, die das alles als belanglosen Kleinkram, unwichtiges Zeug von geringem Nutzwert abtaten. Aber das Oberkommando von Microsoft teilte diese Auffassung nicht. Ganz im Gegenteil. Selbst für die beiden Mitarbeiter, die von Gates gebeten worden waren, den Advocatus Diaboli zu spielen und sich für eine Schlichtungsvereinbarung einzusetzen – Maritz und Muglia – ging Entwurf 18 entschieden zu weit. Einen solchen Vorschlag konnte Gates einfach nicht unterzeichnen.

Im Silicon Valley und in Washington wurde Gates' Zurückweisung von Entwurf 18 als der krönende Abschluß einer ganzen Reihe von Patzern betrachtet, die seinen inzwischen drei Jahre währenden Kampf mit der Bundesregierung gekennzeichnet hatten. Es war ein Akt schrecklicher Unbesonnenheit, Kurzsichtigkeit und Anmaßung. Doch in den folgenden Wochen und Monaten ließ Gates nie den geringsten Zweifel an der Entscheidung durchblicken, die er getroffen hatte. Ganz der Sohn eines Anwalts, vertraut mit der Sprache von Verträgen, glaubte Gates einen schlechten Handel zu erkennen, wenn er ihn vor sich hatte; und Entwurf 18 war eine Abmachung, die sein Unternehmen in den Ruin getrieben hätte. Gates war sich dessen bewußt, daß die Gerichte unvollkommen waren, und er hielt das Gericht, dem Richter Jackson vorstand, für weitaus unvollkommener als viele andere. Doch er »vertraute fest darauf«, so sagte er mir, »daß letztendlich die Justiz die absolut richtige Lösung finden wird«.

Welche Logik auch immer hinter Gates' riskantem Spiel steckte, die Folgen stellten sich prompt und unwiderruflich ein. Am 31. März schickte Bill Neukom von Microsoft Material an Posner, das die Grundlage für Entwurf 19 bilden sollte und das Posner telefonisch ans Justizministerium weitergab. Nur einen Tag später, am Nachmittag des 1. April und vier Tage vor Ablauf seiner selbstgesetzten Frist, erklärte der Schlichter die Vermittlungsverhandlungen für gescheitert.

In der Öffentlichkeit und noch viel unverblümter firmenintern schob Microsoft die Schuld am Scheitern der Gespräche auf die

Koalition aus Vertretern der Bundesstaaten, die von Beginn des Rechtsstreits an Partner des Justizministeriums bei dessen Anklageerhebung gewesen waren. In den verrückten letzten Tagen der Verhandlungen hatten die Bundesstaaten Posner eine lange Liste von Forderungen geschickt, die weit über die des Justizministeriums hinausgingen. In seiner einzigen öffentlichen Stellungnahme zum Schlichtungsverfahren – einer Pressemitteilung, veröffentlicht am Tag, als er seine Bemühungen einstellte – war Posner sichtlich darauf bedacht, den genauen Grund für das Scheitern im Unklaren zu belassen. Er nannte lediglich »Differenzen zwischen den beiden Parteien«, lobte ansonsten die professionelle Arbeitsweise von Microsoft und dem Justizministerium, erwähnte aber mit keinem Wort die Vertreter der Bundesstaaten – eine Unterlassung, die viele Beobachter für äußerst bedeutungsvoll hielten. In einer früheren Version seiner Stellungnahme, die Posner nur wenigen Leuten gezeigt hatte, hatte der Richter sich besondere Mühe gegeben, den Bundesstaaten für ihr Intervenieren auf die Finger zu klopfen, gleichzeitig aber auch klar gemacht, daß die wirklich unüberbrückbare Kluft zwischen Microsoft und dem Justizministerium bestanden habe.

Angesichts der schiefgelaufenen Verhandlungen kehrte Richter Jackson schleunigst aus dem Urlaub zurück und verkündete am 3. April sein Urteil. Es war beinahe so harsch wie erwartet. Einen Monat später beantragten das Justizministerium und die Bundesstaaten, Microsoft in zwei Unternehmen aufzuspalten: eines sollte den Bereich um das Betriebssystem weiterführen, das andere die Anwendungs- und Internetprogramme. Am 7. Juni gab Jackson dem Antrag statt und entsprach damit genau den Forderungen der Regierung.

In diesem Frühling wurden in Redmond Illusionen zerstört, alte Wahrheiten schmolzen dahin und die Aktienkurse sanken in den Keller – alles, was bisher stabil gewesen war, löste sich mit einem Schlag in Luft auf. Kurz nachdem Jackson sein Zerschlagungsurteil verkündet hatte, war Microsofts Wert an der Nasdaq um fast die Hälfte gefallen und hatte dabei über 200 Milliarden Dollar mitgerissen. Die Konkurrenz frohlockte. Die Presse trug dick auf. Immer mehr Kartellanwälte reichten Gemeinschaftsklagen von Privatleuten ein. Ende Juni stellte Microsoft mit riesigem Tamtam seine groß angelegte neue Internetstrategie vor, und eine Branche, die so lange bei jedem noch so kleinen Schluckauf von Gates erwartungsvoll aufgehorcht hatte und beim Geräusch seiner virtuellen Schritte erzittert war, tat diese Initiative jetzt als blauen Dunst ab – oder sie gähnte einfach. Drei Monate später erreichte der mittlerweile ein Jahr andauernde Exodus von hochqualifizierten Mitarbeitern seinen Höhepunkt, als Paul Maritz, der für viele Jahre der drittmächtigste Mann hinter Gates und Ballmer gewesen war, seinen Weggang von der Firma verkündete. Selbst für die Getreuesten unter den Gläubigen war Glaube anscheinend zu einem knappen Gut geworden.

MICROSOFTS DEMÜTIGUNG ist die letzte große Unternehmensgeschichte des zwanzigsten Jahrhunderts und das erste große Rätsel des einundzwanzigsten. Man könnte es sicher besser formulieren, aber im Grunde lautet doch die Frage: Wie konnte so etwas passieren?

Vermutlich ist kein anderes Unternehmen in der Geschichte jemals so schnell so weit gekommen. Nachdem es im Jahr 2000 sein 25-jähriges Jubiläum gefeiert hat, ist Microsoft weder länger ein freches Kleinkind noch ein schlaksiger Jugendlicher: es ist erwachsen geworden. Bisher hat keines der Kultunternehmen des letzten Jahrhunderts, von Standard Oil und US Steel bis hin zu General Motors und General Electric, dieses Format, diese Macht oder auch diese Rentabilität in so atemberaubend kurzer Zeit erreicht. Selbst in der Computerbranche, in der das Bewußtsein von Microsofts Aufstieg stets präsent war, wurde oft vergessen, wie schnell er eigentlich vonstatten gegangen war. Noch 1992 oder 1993 wurde das Unternehmen nicht einmal annähernd als ein omnipotenter Leviathan angesehen, obwohl es bereits damals großen Einfluß besaß. Fünf Jahre später hat sich das geändert. Im Herbst 1997, als das Justizministerium zum ersten Mal ernsthafte Ermittlungen hinsichtlich Microsoft anstellte, klatschten Gates' Rivalen im Silicon Valley in die Hände. Doch ihr Vergnügen wurde geschmälert von der entmutigenden Einsicht, daß Microsoft so unbezwingbar war und die Regierung sich so sehr durch »tatkräftige Ahnungslosigkeit« auszeichnete, wie ein Computerhändler es ausdrückte, daß nicht viel bei den Ermittlungen herauskommen würde.

Es gibt zahllose Theorien darüber, warum die Dinge schließlich auf solch spektakuläre Weise anders verlaufen sind. Einige Beobachter vertreten mittlerweile die Auffassung, daß diese Entwicklung mehr oder weniger unvermeidlich war; daß Microsofts Geschäftspraktiken, wenn sie nur erst ans Licht gebracht wurden, an jedem Gericht im Land für eine Verurteilung ausreichten. So erklärte mir einmal ein Anwalt des Justizministeriums, daß »das, was sie getrieben haben, bevor der Fall überhaupt vor Gericht kam, ihr Schicksal besiegelt hat«. Andere meinen, daß Microsoft die eigene Geschichte eingeholt habe; daß seine Feinde im Valley stets auf der Lauer gelegen hätten, bereit, beim ersten Anzeichen von Schwäche zuzuschlagen. (Es überrascht nicht, daß diese Theorie bei Gates großen Anklang findet.) Wieder andere machen die taktischen Fehler von Microsoft verantwortlich – die Unbeholfenheit seiner Anwälte und seine verzagte Inkompetenz im Bereich der hohen Politik. Und wieder andere konzentrieren sich schließlich auf Gates selbst, auf seine Arroganz sowie die eigenbrötlerische und isolierte Kultur, die er erschaffen hat.

In jeder dieser Theorien steckt ein Quentchen Wahrheit, doch selbst alles in allem genommen treffen sie nicht des Pudels Kern. Sie übersehen das zuweilen willkürliche Zusammentreffen von Kräften, die hier am Werk waren: wie Menschen mit unterschiedlichen

Grundsätzen und ungleichen Motiven aufeinanderprallten und ein Ergebnis herbeiführten, das im Nachhinein offensichtlich erscheint.

In seinem gesamten Verlauf wurde der Microsoft-Prozeß immer wieder mit einem Krieg verglichen. »Der Rosenkrieg«, so Richter Jackson, oder »der Untergang des Hauses Tudor, irgendwas Mittelalterliches.« Krieg ist die Hölle, nicht nur weil er so blutrünstig ist. Krieg ist die Hölle, weil er so unberechenbar und chaotisch, so aufgeheizt, schmutzig und absolut verwirrend ist. Der Prozeß um Microsoft war ein Krieg, den keine Seite wirklich austragen wollte, in dem zu den unpassendsten Zeitpunkten unerwartete Bündnisse geschlossen wurden und alte Feindschaften wieder zu Tage traten. Es war ein Krieg, in dem die eine Hand selten wußte, was die andere tat, und sich sorgfältig geplante Offensiven als Achterbahnfahrten herausstellten. Zufall, Timing und schieres Glück trugen das Ihre ebenso bei wie große Taten, die aus Feigheit, und kleine Taten, die aus Mut oftmals von unbekannten Soldaten begangen wurden.

Dies ist die Geschichte der Generäle in diesem Krieg, von Bill Gates und Bill Neukom, Joel Klein und David Boies. Es ist aber auch die Geschichte jener unbekannten Soldaten, Menschen, von denen noch niemand gehört hat, deren Geschichten nie erzählt worden sind. Es ist die Geschichte von Susan Creighton, friedliebende Kartellanwältin und Netscapes Geheimwaffe. Von Mark Tobey, texanischer Kreuzritter, der sich des Falls bereits annahm, als die Bundesebene noch schlief. Von Mike Hirshland, republikanischer Senatsberater, der eine unwahrscheinliche Passion für Microsoft entwickelte, und von Dan Rubinfeld, einem Ökonom, dessen Theorien das Justizministerium nach vorne puschten, wo es zögerte. Von Steve McGeady, dem Intel-Abtrünnigen, der gegen Gates aussagte. Und es ist die Geschichte von Mike Morris, Anwalt von Sun Microsystems, der einen Interessenverband gründete und damit einige von Microsofts mächtigsten Gegnern zusammenführte, eins der wohl bestgehütetsten Geheimnisse des Silicon Valley – bis jetzt.

Diese und andere Gestalten, allesamt unbeschriebene Blätter, vollbrachten zuweilen gemeinsam und zuweilen alleine Dinge, die lange für unmöglich gehalten worden waren. Sie stießen Silicon Valley kopfüber in die Sümpfe von Washington. Sie hängten die schmutzige Wäsche der High-Tech-Branche nach draußen, so daß alle sie sehen konnten. Sie verwandelten das Kartellrecht in nationale Nachrichten. Und sie brachten einen Riesen zu Fall, der einst als unbesiegbar gegolten hatte.

Dies ist die Geschichte vom Ende einer Ära – und vom Ende mehr als einer Art Unschuld.

Kapitel 1

DER FALL, DER BEINAHE
KEINER WAR

OBWOHL es zu dieser Zeit niemandem im Unternehmen bewußt war, begannen Microsofts Schwierigkeiten mit dem Justizministerium bereits im Frühjahr 1996 gewaltige Ausmaße anzunehmen, und zwar aufgrund der literarischen Anwandlungen zweier Amateurschriftsteller aus dem Silicon Valley. Seitdem die Firma erstmals 1990 ins Visier der Federal Trade Commission, des Ausschusses zur Bekämpfung unlauteren Wettbewerbs, geraten war, war Microsoft mehr oder weniger regelmäßig kartellrechtlich überprüft worden; nicht ein Jahr war vergangen, ohne daß behördlicherseits entsprechende Unterlagen angefordert worden wären. Mit der Zeit hielten Gates und Ballmer die nahtlos aufeinander folgenden Überprüfungen nicht mehr nur für juristische Kontrollen, sondern für eine Art Stellvertreterkrieg (und später für nichts Geringeres als eine riesige High-Tech-Verschwörung), angezettelt von ihren Feinden im Valley und anderswo. Doch so argwöhnisch sie auch hinsichtlich der Quelle dieser regelmäßigen Belästigungen waren, keiner aus der Führungsetage von Microsoft hätte sich träumen lassen, daß eine ruhige Frau, die sich selbst als »Law and Order-Republikanerin« bezeichnete, ein aufmüpfiger Mann, der hier und da als leicht verstört galt, und ein gemeinsam von beiden verfaßtes Buch ein solches Unheil über die Firma bringen könnten – ein Buch zumal, das nie in irgendeiner Form veröffentlicht wurde und dessen Inhalt bis heute von Geheimnissen umwittert ist.

Dabei verkörperten Susan Creighton und Gary Reback gar nicht die typischen Möchtegernwortführer. Sie waren Anwälte und Kartellexperten bei der erfolgreichsten Kanzlei im Silicon Valley, Wilson Sonsini Goodrich & Rosati. Sie waren engagiert, clever, wortgewandt – und wütend. Netscape hatte sie damit beauftragt, der Welt und nicht zuletzt dem Justizministerium die unzähligen Wege aufzuzeigen, auf denen Microsoft versuchte, das innovative Start-up-Unternehmen mit Stumpf und Stiel auszurotten. Und sie waren mit ihrem Latein rasch am Ende.

Reback war in diesem Gespann der Frontarbeiter. Der gesamten Computerbranche und der Regierung war er als jemand bekannt, der sich für seine Beschwerden über Gates bezahlen ließ – im Silicon Valley ungefähr gleichbedeutend damit, ein Gehalt für das Atmen zu beziehen. Mit den Jahren hatte Reback eine beachtliche Reihe an Klienten angesammelt, zu denen einige der führenden Unternehmen der Branche zählten – von Apple und Sun bis hin zu Borland und Novell, auch wenn nicht alle es gerne zugaben –, und hatte sich den Ruf als Redmonds unerbittlichster und schärfster Kritiker eingehandelt. Die Titelseite der *Wired*-Ausgabe vom August 1997 nannte ihn »Bill Gates' schlimmster Alptraum«.

Alptraum hin oder her, er war ein harter Brocken. Reback war Ende vierzig, ein Jude aus Tennessee, der maßgeschneiderte Anzüge, eine randlose Brille sowie einen stets schmerzerfüllten Gesichtsausdruck zur Schau trug. Wenn er über Microsoft sprach – was so gut wie immer der Fall war – nahm sein Verhalten etwas Gereiztes an, gespickt mit heftiger Entrüstung. Seine Stimme war weinerlich. »Das einzige, was Bill Gates verglichen mit J. D.

Rockefeller noch nicht gemacht hat, ist, seine Konkurrenten in die Luft zu jagen!« jammerte Reback gerne. Er war Apostel und Schaumschläger, Egoist und Zitatenautomat, hatte eine Vorliebe für avantgardistische Wirtschaftstheorien und die Angewohnheit, ausgefallene Anklagen zu erheben, ohne sie mit eindeutigen Beweisen untermauern zu können. Er war strenggenommen ein Eiferer: ein Mann von fanatischem Ernst, was seine Überzeugungen anging. Als das Justizministerium einige Zeit später beschloß, gegen Microsoft vorzugehen, wurde ein Staatsanwalt bestimmt, der sich mit Reback »befassen« sollte. »Er hat das Herz am rechten Fleck«, so dieser Anwalt, »aber er ist verrückt. Er spricht mir mitten in der Nacht auf den Anrufbeantworter und labert die ganze Zeit irgendwelches Zeug. Dem muß echt geholfen werden.« Die Geschichte hätte Reback höchstwahrscheinlich als Randfigur abgestempelt, als einen weiteren Gates-Hasser und Sprücheklopfer, gäbe es da nicht diesen einen kleinen lästigen Umstand: alles, was er behauptete, traf am Ende auch zu.

In Reback hatte Microsoft einen Gegner, der wie nur wenige technisches Know-how mit einem ausgeprägten Sachverstand in wettbewerbsrechtlichen Fragen vereinte. In Yale hatte er sich mit dem Programmieren von Computern der Wirtschaftsfakultät durchgeschlagen; als Jurastudent in Stanford hatte er unter William Baxter gearbeitet, der später als Kopf der Kartellbehörde im Justizministerium unter Ronald Reagan die Zerschlagung von AT&T beaufsichtigen sollte. Susan Creighton erinnert sich: »Gary erzählte gerne, wie Baxter einmal sagte: ›Wir wollen, daß Unternehmen erfolgreich sind, und wenn sie so erfolgreich sind, daß sie eine Monopolstellung einnehmen, sollten wir ihnen zu Ehren eine Parade in der Wall Street abhalten – und sie dann zerschlagen.‹ Ich weiß nicht, ob Baxter das wirklich gesagt hat, und wenn ja, ob er es dann auch genau so gemeint hat, aber Gary fand das ziemlich gut.«

Die Geschichte zwischen Reback und Microsoft war lang, verzwickt und nicht ohne Ironie. Zu Beginn der 80er Jahre erreichte

Reback für Apple die Registrierung des Urheberrechts für die grafische Benutzeroberfläche des Macintosh, und darüber sollte schließlich ein häßlicher und langwieriger Rechtsstreit mit Microsoft entbrennen. Kurze Zeit später erschien ein bärtiger, zwergenhafter Unternehmer aus Berkeley auf Rebacks Schwelle und bat ihn um Hilfe beim Verkauf seiner gerade flügge gewordenen Softwarefirma. Die Firma hieß Dynamical Systems Research, der Unternehmer Nathan Myhrvold. Nachdem Apple sich den Deal hatte entgehen lassen, erschien Microsoft auf der Bildfläche und kaufte Myhrvolds Start-up inklusive Myhrvold persönlich für 1,5 Millionen Dollar. Seitdem war Reback davon überzeugt, daß dieses Geschäft von ausschlaggebender Bedeutung für den Aufstieg von Windows war, bei dessen Entwicklung Myhrvold auch weiterhin eine zentrale Rolle spielte. Diese Schlußfolgerung erfüllte Reback fortwährend mit tiefen Schuldgefühlen.

Von da an wurde der Anwalt ein Missionar gegen Microsoft. Als zunächst die Federal Trade Commission und später das Justizministerium das Unternehmen überprüften, bombardierte Reback die Behörden mit Schriftsätzen, die ganze Litaneien von verwerflichen Vergehen enthielten. Im Juli 1994 verklagte das Justizministerium Microsoft wegen Verstoßes gegen das Antritrustgesetz – ließ die Klage jedoch fallen, nachdem ein Vergleich mit dem Unternehmen zustande gekommen war. Der Vergleich machte Microsoft nur ein paar kleinere Auflagen; Gates selbst faßte das Resultat ganz unverblümt zusammen: »ein Nichts«. Auf Drängen einer Horde von Microsoft-Rivalen im Valley, die den Entscheid für ein potemkinsches Dorf hielten, führte Reback einen hitzigen, letzten Endes allerdings zwecklosen Feldzug am Bundesgericht, um ihn zu kippen.

In der Tat stießen Rebacks Warnungen durchgängig auf taube Ohren, mit einer Ausnahme. In jenem Herbst hatte Microsoft sein Vorhaben angekündigt, die Finanzsoftwarefirma Intuit für 1,5 Milliarden Dollar zu übernehmen, und Reback erstellte darüber im

Auftrag eines anonymen Kunden (tatsächlich handelte es sich um das Datenbankunternehmen Sybase) ein Weißbuch für das Justizministerium. Das Papier war voll mit neuartigen ökonomischen Begrifflichkeiten wie »Netzwerkeffekte« und »zunehmende Erträge« und argumentierte, daß Microsoft den Bereich der Online-Finanzdienstleistungen ebenso beherrschen werde wie den des PC, wenn man die Fusion nicht stoppte. Der Chefökonom des Justizministeriums warnte Reback, daß seine Analyse als »völlig absurd« abgewiesen werden könnte. Wurde sie aber nicht. Statt dessen untersagte die Regierung im April 1995 die Übernahme von Intuit, und statt einen kostspieligen Feldzug zu führen, stieg Microsoft aus.

Der Sieg war Zucker für Reback, doch schmolz er allzu schnell dahin. Schon zwei Monate später aber, am 21. Juni, rief ihn ein langjähriger Klient von Wilson Sonsini an, Jim Clark. Clark war keine unbekannte Größe im Silicon Valley – ein ehemaliger Stanford-Professor, der zu Beginn der 80er Jahre Silicon Graphics, Inc., das Powerhaus für 3D-Grafikcomputer, gegründet hatte. 1994 hatte Clark Silicon Graphics verlassen und sich mit dem technischen Wunderknaben Marc Andreessen zusammengetan, der als Student eine zentrale Rolle bei der Entwicklung des ersten grafikfähigen Webbrowsers gespielt hatte, und gemeinsam hatten sie Netscape Communications aus der Wiege gehoben. Bereits Mitte des Jahres 1995 war Netscapes Browser »Navigator« die sich weltweit am schnellsten verbreitende Software und Netscape das heißeste Start-up-Unternehmen im Valley, das die Aufmerksamkeit der gesamten Branche – nicht zuletzt die aus Redmond – auf sich zog.

Clark erzählte Reback, daß am gleichen Tag in der Frühe ein Team von Microsofttechnikern und -mitarbeitern Netscapes Hauptsitz in Mountain View besucht, den Vorstandsvorsitzenden Jim Barksdale, den Chef der Marketingabteilung Mike Homer und Andreessen getroffen und ihnen eine »besondere Zusammenarbeit« angeboten habe. Wenn Netscape den Großteil des Browsermarkts Microsoft überlassen würde, wenn es zustimmte, nicht noch auf anderen Gebieten mit Microsoft zu konkurrieren, wenn es Microsoft erlauben würde, in Netscape zu investieren und einen Sitz im Vorstand einzunehmen, dann würde zwischen den beiden Unternehmen eitel Sonnenschein herrschen. Wenn nicht ...

Mike Homer beschrieb es später so: »Im Grunde haben sie gesagt: ›O.K., wir haben hier ein nettes kleines Scheißsandwich für euch. Ihr könnt ein bißchen Senf draufschmieren, wenn ihr wollt. Oder auch ein bißchen Ketchup. Aber ihr werdet dieses verdammte Ding schlucken oder wir kicken Euch raus aus dem Geschäft.‹«

Am nächsten Tag telefonierte Reback mit Joel Klein, dem ehemaligen stellvertretenden Rechtsberater des Weißen Hauses, der kurz zuvor zum zweithöchsten Anwalt der Kartellbehörde ernannt worden war, und überredete ihn, von Netscape einige Mitschriften anzufordern, die Andreessen während des Treffens gemacht hatte. Einige Wochen später flog Reback mit Clark, Andreessen und Homer nach Washington, damit sie ihren Fall persönlich vortragen konnten. Die Anwälte des Justizministeriums hörten höflich zu, machten sich ein paar Notizen, bedankten sich – und verschwendeten schließlich keinen Gedanken mehr daran.

Dieses Muster sollte sich in den nächsten zwei Jahren noch x-mal wiederholen. Dann, es war im Frühling, hörten Barksdale & Co. vermehrt Berichte darüber, daß Microsoft »Netscape die Luft abdrücken« wolle, daß es damit gedroht habe, Compaq die Lizenz für Windows zu entziehen, wenn die Firma versuchen sollte, auf einigen ihrer Rechner den Netscape Navigator statt des Internet Explorers zu installieren. Als der Browserkrieg immer wütender tobte und Netscapes Beschwerden bei der Regierung zu nichts führten, beschlossen Reback und der Syndicus der Firma, Roberta Katz, zu härteren Mittel zu greifen. Sie würden Netscapes Fall zu Papier bringen, einen Verleger finden und ihre mißliche Lage in alle Buchhandlungen Amerikas tragen.

Die Abfassung des Opus' sollte Rebacks Kollegin Susan Creighton übernehmen. Sie hatte in Harvard und Stanford studiert

22

und als Anwältin bereits am Obersten Gerichtshof für die Richterin Sandra Day O'Connor gearbeitet, und im Gegensatz zu dem ungestümen und eher mündlich starken Reback war sie ein Kopfmensch und literarisch begabt. Soll heißen, sie war ihm in intellektueller Hinsicht durchaus ebenbürtig, aber eben der bessere Schriftsteller, darüber waren sich die beiden einig. Am 1. Mai setzte sie sich also zuhause an ihren Schreibtisch, umgeben von ganzen Stapeln von Dokumenten, nahm ihr kleines Kind auf den Schoß und begann zu tippen.

Drei Monate später tauchte sie wieder auf und konnte ein 222-seitiges Anti-Microsoft-Pamphlet vorweisen (mit Diagrammen und Tabellen ihres Mannes, einem Dozenten und begeisterten Desktop-Publisher). Das Buch sollte schließlich den staubtrockenen Titel tragen: »Weißbuch des jüngsten wettbewerbsfeindlichen Verhaltens der Microsoft Corporation«, doch sein Inhalt war alles andere als trocken. Creighton hatte ihr Buch nicht nur für Anwälte und Technikfreaks geschrieben, und es las sich daher weniger wie eine juristische Abhandlung und mehr wie ein kriminalistischer Kassenschlager, ein *Gnadenlos* des High-Tech. Creighton erzählte von der zwanzigjährigen Machtergreifung Microsofts; wie es mit einer Horde von brillanten Strategen und ruchlosen Taktikern seine Wettbewerber zerstören wollte, um dadurch »die absolute virtuelle Kontrolle über das wohl wichtigste Werkzeug am amerikanischen Arbeitsplatz an sich zu reißen«; wie es sich dann im Angesicht eines neuen starken Herausforderers auf »eine ganze Reihe von wettbewerbsfeindlichen Handlungen eingelassen hat, die sein bisheriges illegales Verhalten noch übertreffen«.

Maßgeblich war für Creighton der ihrer Ansicht nach unverhohlene Versuch, bei dem Treffen im vorangegangenen Juni den Browsermarkt aufzuteilen. Das Weißbuch behauptete, Microsoft habe zentrale Schnittstellen für Anwendungsprogramme zurückgehalten, die Netscape benötigte, um seinen Browser an Windows 95 anzudocken, das einige Monate später freigegeben werden sollte.

»Wenn wir ein besonderes Verhältnis hätten, wärt Ihr nicht in dieser Lage«, soll einer der Leute aus Redmond laut Andreessens Notizen gesagt haben. Die Leute von Microsoft hätten deutlich gemacht, daß ihre Firma einen eigenen Browser für Windows 95 plante, daß sie aber nur ein eingeschränktes Interesse daran hätten, dasselbe auch für den Apple Macintosh, das Unix Betriebssystem oder ältere Versionen von Microsofts Betriebssystem wie Windows 3.0 und 3.1 zu tun. »Wärt Ihr interessiert an einer Partnerschaft, in der Netscape den ganzen anderen Kram abgesehen von Windows 95 übernimmt und Microsoft alles um Windows 95 herum zufällt?«, so ein Microsoft-Mitarbeiter Andreessens Aufzeichnungen zufolge. »Wenn Netscape nicht will, dann ist das so eine Sache. Wenn doch, werden wir unsere besondere Zusammenarbeit bekommen.«

Als Netscape jedoch ablehnte, ließ Gates' Firma ihre Muskeln spielen – Internet-Dienstleister und Hardwarehersteller –, um Netscapes Vertriebskanäle zu verstopfen. Das Weißbuch beschuldigte Microsoft, auf illegale Weise seinen Browser an Windows zu koppeln, darüber hinaus einer rücksichtslosen Preispolitik, der Ausschließlichkeitsbindung und des Angebots von »geheimen Ausgleichszahlungen in Höhe von möglicherweise Abermillionen von Dollar« an die Händler, damit sie Netscapes Software nicht auf ihre Kundenrechner spielten. Die Beweise dafür waren oftmals ziemlich dünn und stammten beinahe ausschließlich vom Hörensagen. (Was aufgrund der Tatsache, daß Creighton keine Zeugen vorladen durfte, nicht verwunderlich ist.) Doch die Vorwürfe waren anschaulich, aufrührerisch und absolut plausibel.

Genauso plausibel, wenn auch umstritten war Creightons Hypothese bezüglich Microsofts Absichten. Mit Unterstützung von Reback und Garth Saloner, einem führenden Ökonomen von Stanford, der bereits an dem Gutachten über Intuit mitgearbeitet hatte, stellte Creighton eine differenzierte Theorie der »Monopolerhaltung« auf: Microsofts oberstes Ziel sei nicht, den Browsermarkt ganz allein zu beherrschen, sondern vielmehr seine Vormachtstellung bei den Betriebssystemen zu behaupten. Creighton argumentierte, daß Gates sehr wohl wußte, daß der Browser mehr war als nur ein weiteres Anwendungsprogramm – er war eine potentielle Konkurrenzplattform, die Windows zur bloßen Massenware degradieren konnte, zu einer »so gut wie unbedeutenden« Massenware noch dazu, wie Gates selbst es formulierte.

»Im Grunde ist das hier ein ganz klarer Fall«, schloß die Autorin. »Es geht um einen Monopolisten (Microsoft), der sein Monopol (PC-Betriebssystem) seit über zehn Jahren behaupten kann. Dieses Monopol ist durch die Einführung einer neuen Technologie (Web-Software) bedroht, die das Monopolprodukt teilweise – mit der Zeit eventuell sogar vollständig – ersetzen könnte. Bevor es jedoch dazu kommen kann, beschließt der Monopolist seinen größten Konkurrenten (Netscape) auszuschalten und damit die Monopolgewinne zu sichern. Hinzu kommt die Tatsache, daß die Umstände für die räuberische Strategie des Monopolisten ideal sind: Er selbst hat riesige finanzielle Mittel, während sein Konkurrent nur über sehr bescheidene verfügt; die Marktschranken sind hoch; und wenn der Konkurrent erst einmal aus dem Weg geräumt ist, ist für den Monopolisten der Weg nach vorn frei.«

DIE FOLGERUNGEN des Weißbuchs waren ziemlich krass und niederdrückend – vielleicht zu niederdrückend; denn als Creighton und Reback Netscape das fertige Manuskript vorlegten, waren die Reaktionen überraschenderweise gespalten. Creighton erinnert sich, daß »Barksdale und die anderen zu uns meinten: ›Danke! Endlich hat mal jemand unseren Standpunkt in Worte gefaßt; so als hätten wir unsere Stimme wiedergefunden.‹« Doch machte dieses Weißbuch auch schmerzlich klar, wie ausweglos Netscapes Dilemma eigentlich war. »Als die Leute im Unternehmen ihre Situation so schwarz auf weiß vor sich sahen, wuchs die Sorge, damit an die

Öffentlichkeit zu gehen«, sagte Creighton. »Sie sagten sich: ›Mannomann, das können wir auf keinen Fall bringen.‹« Barksdale machte sich insbesondere Gedanken über die Reaktionen an der Wall Street. »Ich hatte Angst, die Leute würden es als das Gejammere eines scheiternden Schlappschwanzes lesen«, erinnert er sich. »Was würden wohl die Märkte denken, wenn wir sagten: ›Wenn die Regierung uns nicht hilft, sind wir verloren‹?«

Also wurde beschlossen, daß man anstelle von tausenden Lesern nur einen einzigen ansprechen wollte: das Justizministerium. Creighton war enttäuscht; Reback wütend. Nicht nur, daß das Ministerium bereits sein mangelndes Interesse an Netscapes fortschreitender Ausweidung zur Genüge bewiesen hatte, jetzt war auch noch Joel Klein zum Vorsitzenden der Kartellbehörde ernannt worden.

Reback empfand wenig Zuneigung für Klein, der seinen ersten bedeutenden Sieg beim Justizministerium 1995 errungen hatte, als er den Vergleich zwischen Microsoft und der Regierung gegen den Herausforderer Reback am Bundesgericht verteidigt hatte. Rebacks Mißtrauen und das vieler anderer im Valley wurde noch größer, als Klein bald danach als erster beschloß, daß das Justizministerium Microsoft nicht daran hindern werde, auf die Arbeitsfläche von Windows 95 ein Icon für seinen gerade anlaufenden Onlinedienst Microsoft Network zu setzen. Als sich die beiden Männer ein paar Monate später bei einer Podiumsrunde zum Kartellrecht an der Harvard Law School über den Weg liefen, brach ein Streit zwischen ihnen aus, in dessen Verlauf Reback das Justizministerium mit der Bemerkung herunterputzte, es sei voll von »Microsofts Handlangern«. Während des Abendessens im Harvard Fakultätsclub überraschte Klein selbst Leute, die weniger hartnäckig als Reback waren, mit seinem Widerwillen, das Unternehmen gerichtlich zu belangen. »Was ist, wenn wir ihnen schaden und im Prozeß dann der Wirtschaft schaden?« fragte Klein. Als Reback wieder in Kalifornien war, äußerte er sich gegenüber Creighton: »Joel kapiert's einfach nicht. Der ist ein ganz hoffnungsloser Fall.«

Für einen kurzen Augenblick schien Rebacks Pessimismus jedoch fehl am Platz zu sein. Im September 1996, nicht lange nachdem Netscape das Weißbuch nach Washington geschickt hatte, kündigte das Justizministerium an, Microsofts Internetaktivitäten untersuchen zu lassen. Jahre später und nach ihrem Triumph vor Gericht sollten Klein und Konsorten das als Beleg dafür anführen, daß das Justizministerium hinter dem Fall her gewesen sei wie der Teufel hinter der armen Seele, sobald Netscape schließlich mit glaubhaften Beschuldigungen aufgewartet habe. Aber das war revisionistische Geschichtsschreibung von der schlimmsten Sorte. Das Team des Justizministeriums bestand lediglich aus ein paar Anwälten, die im Außenbüro in San Francisco nur einen Teil ihrer Zeit der Sache widmeten. Im darauffolgenden Jahr – einem Jahr, in dem Netscape regelrecht in Schutt und Asche gelegt wurde – schickten die Anwälte des Justizministeriums lediglich eine einzige Unterlagenanforderung an Microsoft, die sich auf die Beziehungen des Unternehmens zu Internet-Dienstleistern beschränkte, und eine einzige an Netscape. Es gab keine Befragungen, keine Zeugenvernehmungen, keine abgehörten Telefonleitungen. Die Gespräche zwischen Reback oder Creighton und den Ministeriumsanwälten waren jedesmal gekennzeichnet von einem »totalen Mangel an wirklichem Engagement«, so Creighton. »In etwa: ›Wir sind die Polizei und Ihr die Steuerzahler, also hören wir uns Eure Beschwerden an. Aber erwartet bloß nicht, daß wir noch in diesem Jahrhundert etwas unternehmen.‹« Reback erinnert sich: »Einer von denen meinte sogar zu mir: ›Bla-bla-Browser‹.«

In Redmond schätzte man das Interesse des Justizministeriums an dieser Angelegenheit ungefähr genauso ein. Im Frühjahr 1997 telefonierte Bill Neukom mit Phil Malone, der die Untersuchung vom San Franciscoer Büro aus leitete. Malone informierte Neukom, daß die Regierung die vor kurzem angekündigte Übernahme des Silicon Valley Start-ups WebTV nicht anfechten wolle. »Dann sagte er noch: ›Es sieht nicht so aus, als würde diese Browsersache zu irgend etwas führen‹«, erinnerte sich ein anderer Anwalt von Microsoft. »Ein bißchen später gab er uns noch den Hinweis, daß das Ganze wohl ziemlich schnell vorbei sein würde. Da haben wir hier die Korken richtig knallen lassen.«

Für Schampus war es allerdings etwas zu früh. Im Valley wollten Reback und Creighton ihre Niederlage noch nicht hinnehmen, so enttäuscht sie auch waren. Wenn Klein nicht aus eigenem Antrieb handeln wollte, dann mußte man ihn eben treiben, hetzen oder moralisch dazu zwingen. Die beiden Netscape-Anwälte begannen jeden zu umwerben, der ihnen zuhören wollte. Die Federal Trade Commission. Den Rechtsausschuß des Senats. Die Europäische Kommission. Sie entwarfen neue Weißbücher, diesmal weniger vertraulich. Und sie hielten nach Verbündeten außerhalb des Silicon Valley Ausschau – American Airlines, Walt Disney, Verleger, Banken –, die eines Tages auf Microsoft angewiesen oder der Firma sogar verpflichtet sein könnten.

Den vielversprechendsten Fang machten sie in einem recht fragwürdigen Teich: dem Büro des Justizministers von Texas. Reback wußte natürlich, daß Texas die Heimat einer blühenden High-Tech-Wirtschaft war und zwei der weltweit größten PC-Hersteller beherbergte, Compaq und Dell. Er wußte allerdings nicht, daß es auch die Heimat eines populistischen und reformwütigen stellvertretenden Justizministers namens Mark Tobey war, der im *Time Magazine* über den Browserkrieg gelesen und von da an sein Augenmerk mißtrauisch auf Gates' Macht gerichtet hatte. Wochenlang beschäftigte er sich mit dem Weißbuch und schickte anschließend gleich einen ganzen Stapel von Unterlagenanforderungen an Microsoft und Netscape. Sobald er die Dokumente vorliegen hatte, war er schnell davon überzeugt, daß es sich lohnte, den Fall weiterzuverfolgen. Von da an wurde Tobey zu Rebacks treuestem Verbündeten bei der Mobilisierung von Gleichgesinnten in anderen Justizministerien, um Microsoft auf die Finger zu sehen.

Zunächst reagierten die Justizminister mehr als zögerlich, doch als der Sommer 1997 anbrach, schien Microsoft sie unbedingt umstimmen zu wollen und lieferte reichlich Gründe dafür. Im *Wall Street Journal* erschien ein Artikel, in dem Rebacks alter Bekannter Nathan Myhrvold mit der Aussage zitiert wurde, Microsofts Strategie im Internethandel bestehe darin, bei jeder Transaktion im Netz, bei der Microsoft-Technologie verwendet werde, seinen Schnitt zu machen – also kurzum bei jeder Transaktion im Netz. Dann kamen Gerüchte auf, Microsoft wolle ähnliche Vereinbarungen mit den Kabelfernsehsendern in Bezug auf das digitale TV treffen. Schließlich investierte Microsoft auch noch in Apple, läutete damit das offizielle Ende der einst unerbittlichsten Feindschaft in der Computerbranche ein und bewies, daß Steve Jobs' Firma die von Bill Gates zum Überleben brauchte, was im Valley wiederum als der vernichtende Schlag gegen Netscape angesehen wurde, dessen Browser nun auch noch aus der letzten ihm verbliebenen Zuflucht vertrieben wurde, dem Macintosh-Computer. Auf einmal fragten sich die Leute in den Justizministerien und auf dem Capitol Hill, ob Microsoft vielleicht nicht doch ein neues Standard Oil war. Beinahe zur selben Zeit machte Reback plötzlich die Erfahrung, daß sein Alarmschlagen jene fünf Worte auslöste, die in den Ohren eines Agitatoren am angenehmsten klingen: »Erzählen Sie uns mehr darüber.«

Als sein Feldzug endlich ein paar Funken schlug, wollte Reback daraus gleich einen ganzen Flächenbrand werden lassen. Nachdem er dem Justizministerium zunächst noch ein weiteres Weißbuch vorgelegt hatte – in dem er und Creighton Microsofts Ziel darin sahen, ganz allein am Drücker des gesamten Online-Handels zu sein – arrangierte er so schnell wie möglich mehrere geheime Treffen mit vielen seiner Verbündeten und bat Phil Malone vom Justizministerium gewissermaßen als Zeugen dazu. »Ich habe versucht, mit einer Flinte Feuer zu machen, ich habe versucht, mit einem Vergrößerungslas Feuer zu machen, ich habe alles versucht, um dieses Feuer in Gang zu kriegen, aber ich wurde trotzdem nicht beachtet«, sagte Reback. »Ich mußte ein Event veranstalten, das einfach nicht mehr ignoriert werden konnte.«

In der letzten Augustwoche verwandelte Reback die Wilson Sonsini Kanzlei in Palo Alto für zwei Tage in eine Art Anti-Microsoft-Affenzirkus. In einem der Konferenzräume berieten sich Anwälte aus dem Stab des Republikaners Orrin Hatch aus Utah, des Vorsitzenden des Rechtsausschusses des Senats, mit einer Auswahl von Führungskräften aus dem Silicon-Valley, und suchten gemeinsam nach Anhaltspunkten und sammelten Beweise für Microsofts angebliche Missetaten. In einem anderen Raum ein paar Meter weiter unterzogen sich die Rechtsbeistände einiger Konkurrenten von Microsoft, darunter Netscape, Sun und Sabre – das Online-Buchungssystem der Luftfahrtgesellschaften, das Microsoft seiner Reise-Site *Expedia.com* einverleiben wollte – einem Brainstorming, um eine breit angelegte Kampagne gegen Redmond auf dem Capitol Hill, in den Parlamentsgebäuden und in der Presse zu planen. Dieses Meeting sollte schließlich zur Gründung von ProComp führen, der führenden Anti-Microsoft Lobby in Washington.

Die eigentliche Manege befand sich allerdings woanders. Sie lag im großen Konferenzraum der Kanzlei, in dem Mark Tobey neben Malone, Reback, Creighton, Roberta Katz von Netscape und Vertretern einiger Justizministerien anderer Bundesstaaten saß und die allererste Zeugenbefragung zu dem Fall durchführte, der am Ende *Die Vereinigten Staaten von Amerika gegen Microsoft* heißen sollte. Dort standen Marc Andreessen, Mike Homer und andere leitende Mitarbeiter von Netscape Rede und Antwort zu vielen der in den Weißbüchern dargestellten Vorfälle, darunter auch das so wichtige Treffen im Juni 1995, als Microsoft angeblich die Aufteilung des Browsermarktes vorgeschlagen hatte. Als Tobey Andreessen fragte, warum er sich damals denn Notizen gemacht habe, antwortete dieser Anfänger: »Ich dachte, sie könnten irgendwie zum Gegenstand der Diskussion mit der Regierung über Kartellfragen werden.« (Während des Gerichtsverfahrens sollte Microsoft diesen Kommentar als Beweis dafür anführen, daß das ganze Treffen ein abgekartetes Spiel war, während Netscape und das Justizministerium dagegenhalten würden, Andreessen sei lediglich sarkastisch gewesen. »Beides Quatsch«, so Andreessen später. »Ich hab all diese Bücher gelesen. Ich kannte ihre Vorgehensweise genau. Wir waren bloß ein kleines Start-up. Und sie waren Microsoft und hauten auf die Pauke. Ich dachte, oh, oh, ich weiß, was jetzt kommt.«)

Während die Befragungen weitergingen, saß Malone auf seinem Platz und nahm alles wortlos in sich auf. Im ganzen letzten Jahr hatte er die sporadischen Untersuchungen des Justizministeriums geleitet; jetzt mußte er ungläubig mitansehen, wie ein bundesstaatlicher Vollzugsbeamter – noch dazu aus Texas – die Initiative in einer Ermittlung gegen das zweitwertvollste Unternehmen der Welt an sich riß. Obwohl Reback ihn deswegen gnadenlos triezte – »Na, Phil, was denkst Du? Hört sich nicht an, als wollten sie den Markt unter sich aufteilen, oder?« – schaffte Malone es immer irgendwie, nicht seine Beherrschung zu verlieren. Und das bis ganz zum Schluß.

»Als die Befragungen zu Ende waren«, erinnert sich Reback, »hat sich Tobey an Malone gewandt und meinte: ›Sieht aus wie das Endspiel. Die einzige Lösung ist meiner Meinung nach, Microsoft zu zerschlagen.‹ Da wurde Malone dunkelrot. Dunkelrot! Hier haben wir das Justizministerium, und es unternimmt gar nichts, und dann kommt Tobey und sagt, hey Leute, es ist vorbei. Ich habe echt gedacht, Phil kriegt gleich einen Herzinfarkt.«

Für Reback und Creighton bedeuteten diese Treffen im August bei Wilson Sonsini den Wendepunkt. Die Anwälte des Rechtsausschusses des Senats standen hinter ihnen und sprachen bereits von der Möglichkeit von Anhörungen zum Thema Wettbewerb in der Softwarebranche (oder zum Fehlen eines solchen) – und davon, eventuell sogar Gates persönlich auf den Capitol Hill zu bestellen. Tobey und die Gruppe von Bundesstaaten, zu denen mittlerweile auch Massachusetts und New York gehörten, liefen auf Hoch-

touren. Microsofts ansonsten vollkommen unorganisierte Wettbewerber schienen mit der Gründung von ProComp ausnahmsweise
einmal zusammenzuarbeiten. Und durch die wahrhaft großartige
Leistung eines erschütterten Phil Malone hatte Netscape dem
Justizministerium laut und kräftig eins vor den Bug geknallt.

Die Botschaft war klar: Den Fall Microsoft wurde man nicht
mehr los. Noch blieb aber die wirklich relevante Frage unbeant-
wortet: Würde Joel Klein endlich bereit sein zuzuhören?

Kapitel 2

KARTELLJÄGER WIDER WILLEN

MIKE HIRSHLAND glaubte nicht daran. Er war die Nummer zwei in Orrin Hatchs Stab im Rechtsausschuß des Senats. Hirshland war knapp 30, nicht auf den Mund gefallen, ausgesprochen clever und hatte für den Obersten Richter Anthony Kennedy gearbeitet. Er war außerdem mit Leib und Seele Republikaner und Anhänger des freien Marktes, der dem Staat prinzipiell kein Mitspracherecht in wirtschaftlichen Angelegenheiten einräumte. Was er über Microsofts Machenschaften erfahren hatte, verunsicherte ihn allerdings sehr. Als er dann im Herbst 1997 von Silicon Valley nach Washington zurückgekehrt war, rief er sofort Computerhersteller wie Compaq und Internet-Dienstleister wie EarthLink an, um zu sehen, ob die Behauptungen aus den Weißbüchern über Microsofts wettbewerbsfeindliche Geschäftspraktiken auch hieb- und stichfest waren. Nachdem er ein paar Wochen herumgeschnüffelt hatte, war Hirshland schließlich überzeugt davon, daß »die Sache doch verdammt ernst war«. Er rief im Justizministerium an und vereinbarte ein Treffen mit Klein und seinen Stellvertretern.

Kurz darauf machten Hirshland und der Chefberater des Rechtsausschusses, Manus Cooney, an einem wunderschönen Herbsttag einen Spaziergang vom Capitol Hill hinunter zum Sitz des Justizministeriums in der Pennsylvania Avenue. Die beiden Senatsanwälte setzten sich an den langen Walnußtisch im Konferenzzimmer neben Kleins Büroräumen und erklärten, sie seien zu dem Schluß gekommen, daß im Fall von Microsoft zumindest eine ernsthafte Untersuchung gerechtfertigt sei und daß allem Anschein nach das Justizministerium dies nicht tue. »Die antworteten darauf: ›Wenn Sie sich dabei auf die Netscape-Weißbücher stützen, dann vergessen Sie's‹«, erinnert sich Hirshland. »Sie meinten: ›Viele der Hinweise verlaufen einfach im Nichts. Reback? Dem kann man nicht trauen; macht aus einer Mücke einen Elefanten. Außerdem sind wir sowieso nicht sicher, ob es überhaupt illegal ist, den Browser an das Betriebssystem zu koppeln.‹«

Doch auf diese Reaktion des Justizministeriums war Hirshland vorbereitet. Er zog aus seiner Aktentasche ein Blatt Papier und ratterte eine ganze Liste von dubiosen Umständen in Microsofts Geschäftsgebaren herunter. »Was ist mit den Exklusivverträgen?« fragte er. »Und den Herstellern? Den Internet-Dienstleistern? EarthLink? AOL? Gateway? Compaq?« Klein und sein Team wurden still. »Das nächste war dann«, erinnert sich Hirshland, »daß sie ihre Laptops rausholten und alles aufschrieben.«

Nach dem Treffen gingen Hirshland und Cooney zurück auf den Capitol Hill. »Du meine Güte, das war alles total neu für die, Manus!« rief Hirshland. »Diese Leutchen werden jetzt keine halben Sachen mehr machen.«

Das war allerdings nicht die einzige Meinung in jenem Herbst 1997. Joel Klein war schon lange in Washington, und so hatte man sich ein ziemlich klares Bild davon gemacht, was für eine Art Wettbewerbshüter er wohl sein mochte. Der Grundkonsens lautete ungefähr so: Klein war brillant, gelehrt und ein Intellektueller; außerdem war er sorgfältig, handelte überlegt und war ein nahezu

pathologischer Pragmatiker. In politischer Hinsicht war er aufge-
schlossen und wirtschaftsorientiert und entsprach somit in keinster
Weise der Vorstellung eines knallharten Kartelljägers à la Teddy
Roosevelt oder William Howard Taft. Er nahm nur Fälle an, die er
gewinnen würde. Deshalb würde Klein auch einen großen Bogen
um Microsoft machen.

Er war Anfang fünfzig, klein und schlank, immer leicht ge-
bräunt und hatte eine blankpolierte Glatze. Er ging und sprach sehr
behutsam und schien auf den ersten Blick keine große Nummer zu
sein. Er war als Sohn eines Postboten in Queens aufgewachsen und
hatte einmal Profisportler werden wollen. Aber die Grausamkeit
von Mutter Natur hatte seinen Träumen einen Riegel vorgeschoben, und so verlegte sich Klein auf die Wissenschaft, absolvierte ein
Wirtschaftsstudium an der Columbia Universität und danach die
Harvard Law School; beide Male schloß er *magna cum laude* ab.
Nachdem er eine Zeit lang als Sekretär von Lewis Powell, Richter
am Obersten Gerichtshof, und als Rechtsbeistand von Geistes-
kranken gewirkt hatte, wurde er Mitgründer einer Washingtoner
Anwaltskanzlei, die sich auf komplizierte Fälle und Berufungsverfahren spezialisierte. In den 80er Jahren schließlich erlangte er
den Ruf, einer der fähigsten Anwälte seiner Generation am Obersten Gerichtshof zu sein, der acht von elf Prozessen gewann.

Fast drei Jahrzehnte in der Hauptstadt hatten Klein zu einem
vollkommenen Washingtoner Insider gemacht. Er spielte Tennis
mit dem Bundesrichter Antonin Scalia (Klein: »Nino kann einfach
nicht glauben, daß seine Amtsgewalt als Richter am Obersten
Gericht nicht gleichbedeutend damit ist, daß jeder Schlag ein Ass
ist.«) und war designierter »Friend of Bill«, der Präsident Clinton
bei einem Wochenende in den 80er Jahren kennengelernt hatte.
Klein war außerdem ein enger Freund von David Ifshin, einem so
bekannten wie beliebten Washingtoner Anwalt, der 1992 ein Berater
Clintons bei den Vorwahlen der Demokraten gewesen war. Als in
jenem Jahr der allererste Artikel über die später als Whitewater

bekannte Affäre in der *New York Times* erschien, war Ifshins erster Gedanke, Klein zu bitten, nach Little Rock zu fahren und dem ganzen Wirrwarr an geschäftlichen Dingen auf den Grund zu gehen, die schließlich den Clintons so viele Sorgen machen sollten. Doch Hillary Clinton und ihre Verbündeten im Wahlkampf machten Ifshin einen Strich durch die Rechnung, und so wurden Kleins Fähigkeiten von den Clintons zunächst einmal nicht angezapft.

Allerdings nicht lange. Als sich 1993 der stellvertretende Rechtsbeistand des Weißen Hauses, Vincent Foster, das Leben nahm, wurde Klein vom Präsidenten zu dessen Nachfolger bestimmt. Als dann Whitewater und all seine Ableger wie Pilze aus dem Boden schossen, appellierte Klein im Weißen Haus an den gesunden Menschenverstand und vertrat die Ansicht, die Clintons müßten alle relevanten Unterlagen publik machen, und das so schnell wie möglich. Seine Gründlichkeit bewahrte ihn davor, ebenfalls in die Skandale verstrickt zu werden; und von unerwarteter Seite brachte sie ihm Respekt ein, nicht zuletzt in den Räumen von Orrin Hatch. Doch sie verärgerte auch viele von Clintons politischen Mitarbeitern, genauso wie sein oftmals überheblicher Umgangston. Als es 1996 darum ging, einen neuen stellvertretenden Justizminister zu ernennen – ein Posten, nach dem Klein förmlich lechzte – wurde er schlichtweg übergangen. Die Kartellbehörde war sein Trostpflaster.

Noch dazu ein Trostpflaster, das ihm fast verwehrt worden wäre. Nachdem er sich sicher durch die Bestätigungsanhörungen im Frühjahr 1997 manövriert hatte, geriet er gänzlich unerwartet in stürmische Gewässer, als der Senat seine Ernennung abschließend bestätigen sollte. Die Gründe dafür hatten wenig mit Microsoft und sehr viel mit Telekommunikation zu tun; insbesondere mit seiner Zustimmung zur kontrovers diskutierten 23-Millionen-Dollar-Fusion der Telefongiganten Bell Atlantic und Nynex im Jahr 1997. Die Demokraten wurden fuchsteufelswild. »Wir haben da einen Kartellspezialisten, der sich einfach auf den Rücken rollt und tot stellt«, so der demokratische Senator von South Carolina, Ernest

Hollings, einer von vielen, die gegen die Ernennung stimmten. Als dann auch noch die *New York Times* Klein als einen »schwachen Kandidaten« bezeichnete und die Clinton-Administration in einem Leitartikel aufforderte, ihn zurückzuziehen, und seine Widersacher sich hartnäckig gegen ihn stellten, schien er für einige Augenblicke in großen Schwierigkeiten zu stecken.

Nur wenige wußten, daß einer der Gegner Gary Reback hieß. Er hatte Klein bereits mit seiner Lobbyarbeit in Richtung einzelstaatliche Justizministerien und Capitol Hill umgehen wollen, und jetzt hatte er beschlossen, ihn endgültig herauszufordern und unschädlich zu machen. Nachdem er bei den Mitarbeitern von Conrad Burns, des republikanischen Senators von Montana und Vorsitzenden der Kommunikationsabteilung im Handelsausschuß des Senats, der Kleins Ansichten über Telekommunikationspolitk ebenfalls argwöhnisch beäugte – anders als die Demokraten fand Burns ihn allerdings zu hart, nicht zu nachgiebig – stundenlang telefonische Überzeugungsarbeit geleistet hatte, schickte Reback Susan Creighton nach Washington, um Öl ins Feuer zu gießen und den Senator und seine Leute zu bearbeiten. Bei Netscape gab es viele, darunter auch Syndikus Roberta Katz, die befürchteten, daß dieser Schuß nach hinten losgehen würde (und die noch immer betonen, daß sich das Unternehmen niemals öffentlich gegen Kleins Ernennung ausgesprochen hat). Doch Reback frönte seiner Schwäche für selbständiges Arbeiten und tat es trotzdem.

In gewisser Hinsicht funktionierte es auch: Burns war der erste Senator, der gegen die Bestätigung Kleins Einspruch erhob. Doch Klein hatte sich einige sehr starke Verbündete im Senat geschaffen, darunter auch Hatch, der ihn für einen höchst integren Mann hielt, auch wenn er in vieler Hinsicht politisch anderer Meinung war als er. Sobald Klein jedoch erst einmal die Gelegenheit hatte, mit Burns zu plaudern und ihm allerlei Süßholz ins Ohr zu raspeln, gab auch dieser Senator nach und half, den Weg für Klein frei zu machen.

Katz und ihre Kollegen hatten recht damit, Rebacks Fädenziehen hinter den Kulissen mißtrauisch gegenüberzustehen. Auf dem Capitol Hill, wo die Geschwindigkeit, mit der ein Senator vor eine Fernsehkamera hüpft, nur noch von der übertroffen wird, mit der sich Gerüchte verbreiten, sprachen sich seine Machenschaften schnell herum und fanden ihren Weg zwangsläufig auch zu den Ohren von Joel Klein. »Selbstverständlich hörte ich davon«, sagte Klein später. »Ich fand's komisch, als Microsoft mir unterstellte, ich wäre eine Art Wasserträger von Netscape. Dabei hatte ich ihnen gegenüber weder Loyalitätsgefühle noch spürte ich irgendeine sonstige Verpflichtung – nicht, daß das überhaupt eine Rolle spielte. Hier geht's einfach nicht um Politik. Was zählt, sind Prinzipien.«

Auch wenn Rebacks Pfuscherei Netscapes Sache nicht schadete, geholfen hat sie auch nicht. Aufgrund ihrer gemeinsamen Geschichte hatte Klein Reback sowieso nie besonders gemocht; jetzt war ihr Verhältnis gänzlich zerstört. Ein paar von Kleins Kollegen erinnern sich daran, daß er für einige Zeit sogar nicht einmal mehr Rebacks Namen aussprach und es statt dessen vorzog, ihn als »diesen Anwalt« zu bezeichnen. Die wachsende Feindschaft zwischen den beiden Männern – zusammen mit zahlreichen Vorfällen, bei denen Reback stets mehr seine eigene Sache als die von Netscape verfolgt hatte – veranlaßte Katz schließlich dazu, Christine Varey, eine ehemalige Mitarbeiterin der Federal Trade Commission und alte Freundin von Klein, als Netscapes Kartellanwältin in der Hauptstadt zu engagieren. »Die Lage war alles andere als gut«, erinnert sich Varney. »Netscapes leitender Kartellanwalt hatte sich soeben mit Händen und Füßen gegen Joels Ernennung gewehrt, und jetzt, siehe da, war Joel auf einmal der Chef der Kartellbehörde. Wie gesagt: gar nicht gut.«

Die unterschiedlichen Interessen der Leute in der Kartellbehörde unter Klein machten die Sache für Netscape noch schlimmer. Wie jede Bundesbehörde teilte sich auch das Justizministerium in zwei Lager: in berufene und Berufsbeamte. Typischerweise neigen Berufsbeamte dazu, wie talentiert und intelligent sie auch sein mögen, skeptisch und im besten Falle etwas zynisch zu sein – im schlimmsten Fall sind sie unvorstellbar träge. Immerhin ist ihnen alles schon einmal untergekommen. Es überrascht deshalb nicht, daß Kleins Berufsbeamte sich nur widerwillig an eine Untersuchung von Microsoft machten. Einige meinten, das Unternehmen hätte nichts Unrechtes getan. Andere, die über Jahre von Reback bearbeitet, aufgehetzt und gelegentlich sogar beleidigt worden waren, waren nicht unbedingt scharf darauf, auch nur einen Finger zu rühren, um einem seiner Klienten zu helfen. Wieder andere schienen schlichtweg gar nicht an unlauteren Wettbewerb zu glauben. »Sie müssen bedenken, daß hier Leute arbeiten, die schon unter Reagan angefangen haben«, bemerkte ein Ministeriumsangestellter.

Dann war da noch Doug Melamed, ein berufener Beamter und der zweite Mann hinter Klein. Als ein Mann der Vernunft, gründlich, diskret und pflichtbewußt, war Melamed von solcher Nüchternheit, daß selbst Klein neben ihm als impulsiv gelten konnte. Wenn Kürze der Inbegriff von Witzigkeit ist, war Melamed der Inbegriff von Besonnenheit. Er hatte beim Erbsenzählen noch nie eine vergessen. Seine Haltung zur Klage gegen Microsoft: abwarten und Tee trinken.

In der durchweg übervorsichtigen Mannschaft der Kartellbehörde befand sich aber auch ein Abtrünniger: Dan Rubinfeld. Er war Professor für Recht und Wirtschaft an der Universität von Kalifornien in Berkeley und hatte auf Kleins Einladung hin in der Behörde den Posten des Chefökonomen übernommen. Wie sein neuer Boss war auch Rubinfeld ein kleiner kahlköpfiger Mann – im Gegensatz zu Kleins dunkelbraunem Haarkranz war seiner allerdings schneeweiß – mit einem zurückhaltenden Auftreten und erhöhter Stoffwechselaktivität. Auf den ersten Blick schien er kaum mehr als Klein darauf erpicht zu sein, Microsoft einen gehörigen Schlag zu versetzen. Im Gegenteil. Als freiberuflicher Berater konnte Rubinfeld ein langes Register an Auftritten vor Gericht vorweisen, bei denen er als Sachverständiger in Wirtschaftsprozessen ausgesagt hatte, und zwar fast immer für die Sache der Verteidigung. Tatsächlich hatte Rubinfeld Jahre zuvor Microsoft als Hauptsachverständiger in dem langen und letztendlich erfolgreichen Urheberrechtsstreit mit Apple gedient. »Ich war nicht gegen Microsoft, als ich nach Washington kam«, erklärte er. »Ich kannte die Leute da gut. Ich respektierte sie. Schließlich habe ich viel Zeit mit ihnen verbracht.« Dann machte Rubinfeld eine Pause. »Aber ich glaube, die werden mich nicht so schnell wieder nach Redmond einladen.«

Als Rubinfeld im Sommer 1997 im Justizministerium anfing, war er ein wenig überrascht, daß die Ermittlungen im Fall Microsoft nicht höchste Priorität innerhalb der Behörde besaßen. Doch in der Annahme, daß sich das bald ändern könnte, nahm er sich die Weißbücher vor. »Ich würde nicht sagen, daß sie das Ministerium groß beeinflußt haben«, sagte er. »Aber ich nahm sie trotzdem sehr ernst.« Mehr noch als der darin aufgeführte Katalog an Missetaten, die Microsoft verbrochen haben sollte, beeindruckte Rubinfeld die Klarheit, mit der Reback und Creighton strategische und wirtschaftliche Vorgänge durchschaut hatten. Seit den 70er Jahren standen Kartellexperten unter dem Einfluß einer Orthodoxie des freien Marktes, die durch eine Gruppe von Gelehrten der Universität von Chicago, darunter Milton Friedman oder Ronald Coase, groß in Mode gekommen war. Für sie funktionierte der Markt so reibungslos – so effektiv und effizient –, daß eine Einmischung von Seiten des Staates überflüssig war und nur schaden konnte. Als Akademiker war Rubinfeld einer der ersten »post-Chicago«-Ökonomen, die diese Lehre verwarfen; der Stanforddozent Garth Saloner, der eng mit Creighton und Reback zusammenarbeitete, gehörte auch dazu. Wie Saloner hatte auch Rubinfeld die letzten Jahre damit verbracht, über dynamische High-Tech-Branchen nachzudenken und sich neueren ökonomischen Konzepten von Netzwerk- bis hin zu Lock-in-Effekten zuzuwenden (letzter liegt vor, wenn der Wechsel eines Produkts substantielle Wechselkosten mit sich bringt). Sie sollten die Funktionsweise dieser Branchen erklären und standen auch im Zentrum der Netscape-Unterlagen.

Rubinfield hielt die zentrale These der Weißbücher für überzeugend: In dem Browserkrieg ging es um mehr als nur um Browser; Microsoft wollte damit auch sein Monopol im Bereich Betriebssysteme schützen. Je stärker er sich mit der ganzen Materie auseinandersetzte, desto mehr beunruhigte ihn die kurz bevorstehende Einführung des Internet Explorer 4, der neuen Version des Browsers, die so eng mit Windows verknüpft war wie keine andere zuvor. Wenn das Justizministerium nichts unternahm, dann, so befürchtete Rubinfeld, könnte der Browsermarkt seinen Siedepunkt, den Tipping point, erreichen, Netscapes Anteil daran schnell in die Bedeutungslosigkeit absinken und Microsoft sein Monopol auf einen neuen Markt von entscheidender Bedeutung ausweiten.

Etwa zur gleichen Zeit erhielt Rubinfeld einen Anruf von Reback, der ihn inständig bat, Saloner einmal vorbeischicken zu dürfen. Rubinfeld stimmte bereitwillig zu, hauptsächlich, weil er wollte, daß seine Kollegen in der Behörde hörten, was dieser zu sagen hatte. Wenige Tage später erschien Saloner und setzte sich auf die kleine Couch in Rubinfelds vollgestopftem Büro. Als er sich dann einem Haufen Ökonomen und Anwälten des Ministeriums gegenüber sah, ließ der gebürtige Südafrikaner sich ausgiebig (und »ziemlich emotional«, wie sich Rubinfeld erinnert) über das aus, was in der Schlacht von Microsoft und Netscape eigentlich auf dem Spiel stand. »Niemand würde sich darum streiten, welcher Browser auf dem Computer ist«, erklärte Saloner. »Hier geht es um die Kontrolle über das Gateway zum elektronischen Handel. Hier geht es um die Frage, wer dieses Geschäft potentiell beherrschen wird. Wir sprechen hier von Fluggesellschaften, Autos, Banken, was auch immer.«

In den folgenden Stunden wurde Saloner mit Fragen förmlich bombardiert, und die feindseligsten und skeptischsten kamen, wie es den Anschein hatte, von den Anwälten. Das überraschte Saloner. Die ganze Zeit über hatten er und Reback und Creighton geglaubt, daß das größte Hindernis der üblicherweise recht konservative Haufen von Wirtschaftsexperten war. Aber jetzt nahm Melamed Saloner in die Zange, während Rubinfeld schweigsam blieb und aufmerksam zuhörte. Was dachte er wohl? Saloner hatte keinen blassen Schimmer.

Nach dem Treffen begleitete ihn Rubinfeld zum Aufzug. »Er sagte: ›Danke, daß Sie gekommen sind, ich weiß das wirklich zu schätzen. Ehrlich. Ich will, daß Sie wissen, wie sehr mir diese Sache am Herzen liegt, sie steht bei mir an erster Stelle.‹ Ich weiß nicht, wieso, aber ich hatte das Gefühl, er wollte mir damit etwas Bestimmtes sagen. Als ich nach Kalifornien zurückkam, habe ich zu Gary gesagt: ›Ich glaube, mit Dan Rubinfeld kommen wir weiter.‹«

Damit lag er richtig. »Ich wollte ihm damit sagen: ›Ich bin auf Ihrer Seite, Garth, Sie haben alles bestätigt, was ich mir bereits gedacht habe‹«, so Rubinfeld. »Aber es wäre total unpassend gewesen, also hab' ich meinen Mund gehalten.«

BALD WURDE es höchste Zeit, Nägel mit Köpfen zu machen, denn für den Herbst war bereits die Freigabe der Version 4 des Internet Explorers angekündigt. Auf Drängen von Rubinfeld und anderer »Falken« in der Abteilung rief Klein schließlich Phil Malone in San Francisco an und wies ihn an, eine erneute Unterlagenanforderung an Microsoft zu schicken. Sie war umfangreicher als im Jahr zuvor und bezog sich insbesondere auf die Lizenzverträge zwischen der Firma und den Hardwareherstellern im Hinblick auf den künftigen Browser. Als ganze Stapel an firmeninternem Material hereingeflattert kamen, staunte das Justizministerium nicht nur darüber, was die Papiere enthielten, sondern auch über die unverfrorene Offenheit, mit der es gesagt wurde. Zwei E-Mails, die Microsofts Produktchef von Windows, Jim Allchin, Ende 1996 und zu Beginn von 1997 an Paul Maritz gesendet hatte, stachen besonders ins Auge. In der ersten fing Allchin an: »Ich weiß nicht, wie der Internet Explorer sich je durchsetzen soll. Unsere derzeitige Strategie ist doch, in puncto Gestaltung und Angebot alles zu kopieren, was Netscape so bietet. Nehmen wir einmal an, der Internet Explorer ist so gut wie der Navigator/Communicator. Wer gewinnt da wohl? Der mit 80 Pr Marktanteil natürlich ... Mein Vorschlag wäre, die Hebel bei Windows anzusetzen.« In der anderen schrieb er: »Sie sehen die Erhöhung des Browseranteils als Aufgabe Nr. 1. Aber der wesentliche Punkt ist doch, nicht die Kontrolle über die Schnittstellen auf dem Benutzerrechner und die Fertigkeiten des Endanwenders zu verlieren [...] Natürlich müssen wir bei den [Browser-]Funktionen konkurrenzfähig bleiben, aber wir brauchen mehr – die Integration in Windows.«

Die Allchin-E-Mails und ein ganzer Stoß anderer belastender Unterlagen erweckte die in Dornröschenschlaf versunkenen Ermittlungen des Justizministeriums mit einem Schlag zum Leben. Schon bald hielten die Ermittler auch Beweise für andere Schlüsselbehauptungen der Weißbücher und von Mike Hirschland in der Hand, laut denen es Exklusivverträge mit Hardwareherstellern und Internet-Dienstleistern gab und Microsoft gedroht hatte, Compaq die Windowslizenz zu entziehen, wenn es den Internet Explorer durch den Netscape Navigator ersetzen sollte.

Aber selbst dann noch debattierte man im Justizministerium darüber, was jetzt eigentlich zu tun sei. Viele drängten Klein, den Abzug jetzt noch nicht zu betätigen, weiter zu ermitteln und erst dann Klage zu erheben, wenn es einen triftigen Grund gab. Zu ihnen zählte auch der einflußreiche Melamed, der es immer noch für fragwürdig hielt, daß das Unternehmen überhaupt etwas Illegales getan hatte, so geschmacklos seine Geschäftspraktiken zweifellos auch sein mochten. Melamed wies daraufhin, daß das Gesetz bezüglich der illegalen »Kopplung« – bei der ein Monopolist es dem Kunden zur Auflage macht, ein zweites Produkt abzunehmen, damit er das eigentlich gewünschte erwerben kann – sehr unklar war und damit immer der Verteidigung in die Hände spielte. Außerdem fand er ungeachtet der eingegangenen Unterlagen die Beweise immer noch nicht eindeutig genug. Wenn das Justizministeriun vorhatte, eine großangelegte Wettbewerbsklage gegen Microsoft anzustrengen, dann war laut Melamed noch eine Menge zu tun.

Rubinfeld stieß in ein anderes Horn. Der Vergleich von 1995 zwischen dem Justizministerium und Microsoft verbot es dem Unternehmen ausdrücklich, den Hardwareherstellern den Erwerb einer weiteren Lizenz zur Auflage zu machen, um die gewünschte Windows-Lizenz zu erhalten. Aber genau das beabsichtigte Microsoft laut seinen Marketingplänen mit Version 4 des Internet Explorers. Tatsächlich hatte das Justizministerium endlich den Beweis dafür, was die Computerbranche schon seit Monaten wußte: daß Microsoft seit der Einführung der Version 3 des Explorers immer schon so vorgegangen war. Rubinfeld fragte: Wieso belangen wir das Unternehmen nicht einfach wegen Verstoßes gegen die Verpflichtungserklärung von 1994 und verschieben die Entscheidung über eine umfassendere Klage auf später? »Noch ist der Browsermarkt nicht umgekippt, aber er ist nahe dran«, sagte er. Indem man unverzüglich einen kleineren Fall vor Gericht brachte, konnte das Justizministerium dies vielleicht gerade noch verhindern.

Letztendlich lag die Entscheidung natürlich bei Klein. Trotz all seiner juristischen Erfahrung und seines Sachverstandes hatte er nur wenig Erfahrung mit Kartell- und Wettbewerbsrecht vorzuweisen, als er im Justizministerium angefangen hatte. Doch in den vergangenen zwei Jahren hatte Klein genug mitbekommen, um zu wissen, daß Melamed vollkommen richtig lag mit seiner Einschätzung des unklaren Kopplungsgesetzes und daß alles noch viel unklarer wurde durch den subtilen und abstrakten Charakter des Produktes, um das sich hier alles drehte: den Code. Dennoch konnte Klein sich nur schwer ein noch zwingenderes Beispiel für illegale Kopplungsverträge vorstellen als die, die Microsoft für den neuen Internet Explorer plante, und auch keines, das dem Geist und dem Buchstaben des Vergleichs von 1994 noch offensichtlicher widersprochen hätte. Überdies hatte er bemerkt, daß sich in den Monaten nach seiner Bestätigung durch den Senat der politische Wind in Bezug auf Microsoft merklich gedreht hatte. Er wußte, daß das Aufgebot an Bundesstaatsanwaltschaften, die das offensichtlich mit jeder Woche weiter wachsende Unternehmen untersuchten, zum Angriff übergehen und sehr wahrscheinlich handeln würde, ob er sich dem nun anschloß oder nicht. Nachdem seine Mitarbeiter noch ein paar Gespräche mit Mike Hirshland und Manus Cooney geführt hatten, wußte er, daß der Rechtsausschuß des Senats Anhörungen abhalten wollte. Er wußte, daß die Demokraten auf dem Capitol Hill noch immer daran zweifelten, daß er den Mumm besaß, gegen das Big Business anzutreten – und er bemühte sich, ihnen das Gegenteil zu beweisen. Zwar war er noch immer weit davon entfernt, einen umfassenden Rechtsstreit anzustrengen, aber aus dem Bauch heraus war er sich dennoch sicher, daß er ihn gewinnen könnte.

»Ich sage Ihnen, was passiert ist«, sagte ein Staatsanwalt und Bewunderer Kleins. »Ein ganzes Jahr lang haben die Leute vom Ministerium die Sache schleifen lassen und sie gar nicht richtig verfolgt. Dann haben sie mal ein bißchen tiefer gegraben und diesen glasklaren Fall von Kopplung aufgetan, wo Microsoft tönte: ›Wenn Ihr den Explorer nicht nehmt, geben wir Euch auch nicht Windows.‹ Da stand Joel nun und hat sich gesagt: ›Ich wurde fast nicht bestätigt, weil die Leute dachten, ich wäre nicht hart genug. Gut, jetzt haben wir hier so einen eklatanten Verstoß – dann geh ich mal vor Gericht.‹«

Gesagt, getan. Am 20. Oktober 1997 stand Klein neben der Justizministerin Janet Reno im Blitzgewitter und Kamerasurren, als sie verkündete, daß das Justizministerium nicht nur eine einstweilige Verfügung gegen Microsoft wegen Verstoßes gegen die Verpflichtungserklärung beantragte, sondern auch das Bundesgericht darum bat, eine Geldbuße von täglich einer Million Dollar zu verhängen – die größte zivilrechtliche Geldbußforderung in der Geschichte des Justizministeriums –, bis das Unternehmen die Kopplung seines Browsers an Windows aufhob. »Auch wenn wir heute mit dieser Klage vortreten«, fügte Klein hinzu, »möchten wir klarstellen, daß wir zur Zeit eine breit angelegte Ermittlung führen, um herauszufinden, ob Microsofts Geschäftspraktiken technische Innovationen und die freie Wahl des Verbrauchers unterbinden.«

Im entfernten Silicon Valley hörte Gary Reback zu, lachte, und fragte sich, ob Klein nur blauen Dunst von sich gab. »Diese Anklageerhebung ist ein erster kleiner Schritt, aber eben nur der erste«, murmelte Reback durchs Telefon. »Hoffen wir, daß sie auch B sagen.«

Niemand konnte ahnen – weder Reback noch Klein und schon gar nicht Bill Gates –, daß das erst der Anfang eines ganzen Hagelsturms von A's, B's und C's war, der erstaunlicherweise und unablässig in den nächsten drei Jahren auf Microsoft niederprasseln würde.

Kapitel 3
DER SCHATTEN EINES MANNES

ALS AN jenem Morgen die Nachricht aus Washington bekannt wurde, war Gates in der Wüste bei Phoenix und nahm an einer hochkarätigen High-Tech-Konferenz namens »Agenda« im prunkvollen Phoenician Hotel teil. Unter normalen Umständen hätte sich Gates gelassen in der Menge gezeigt, denn dies war seine Welt – die anerkannten Herrscher und Aufstrebenden einer Branche, an deren Entwicklung er wie kein anderer beteiligt gewesen war und die er anschließend ins Zentrum der Weltwirtschaft plaziert hatte. Andy Grove war da, Vorsitzender und CEO von Intel; außerdem John Chambers von Cisco, Steve Case von AOL, Scott McNealy von Sun Microsystems, und der legendäre Risikokapitalgeber John Doerr, sie alle wandelten durch die Korridore und spekulierten über die Bekanntmachung des Justizministeriums und was sie wohl zu bedeuten hatte.

Der Gegenstand dieser heißen Spekulationen war allerdings nirgends zu finden. Gates verbrachte den Großteil des Tages in seinem Zimmer und beriet sich per Telefon mit seinen Gefolgsleuten und Anwälten und analysierte die Lage mit Ann Winblad, einer Risikokapitalgeberin aus dem Silicon Valley, mit der er einmal zusammengewesen war. Erst am späten Nachmittag erschien Gates im großen Ballsaal, in dem die Konferenz stattfand, und stand für eine Weile ganz hinten im Raum und störte seinen Rivalen Scott McNealy durch hörbares Flüstern, als Suns CEO kritisierte, daß das Eingreifen der Regierung ein bißchen zu spät kam.

Anstatt sich in dieser Nacht unter die übrigen Stars der Computerwelt zu mischen, traf Gates ein paar enge Freunde zu einem ganz privaten Abendessen: den Venture-Capital-Geber Dave Marquardt, der Microsoft unterstützte und auch im Firmenvorstand war, William Randolph Hearst III, Nachfahre des sagenumwobenen Zeitungsmoguls und jetzt ebenfalls Venture-Capital-Geber im Valley, die Softwareunternehmerin Heidi Roizen, Winblad und noch ein paar andere. Als man schließlich auf das Justizministerium zu sprechen kam, erklärte Gates in wegwerfendem und zugleich trotzigem Ton, warum die Regierung Unrecht hatte, und Microsoft Recht, und warum er letztendlich nichts zu befürchten hatte. Er sprach eine ganze Weile darüber, aber erst ein Satz von Winblad faßte seine Haltung zu der Klage exakt zusammen:

»Diese Leute haben ja keine Ahnung, mit wem sie es zu tun haben.«

Am nächsten Tag bestieg der Mann, mit dem die Regierung es zu tun hatte, wieder die Bühne der Agenda. Er trug ein kariertes Leinenhemd und Khakihosen, und so ausstaffiert machte Gates den Standpunkt seiner Firma klar: Die Verpflichtungserklärung erlaube es Microsoft ausdrücklich, »integrierte Produkte« zu entwickeln, und der Internet Explorer war nichts anderes als das – im Wesentlichen mit Windows verschmolzen. »Es gibt einfach keine magische Grenze zwischen einem Anwendungsprogramm und einem Betriebssystem, die irgendein Bürokrat in Washington ziehen kann, wie's ihm gerade paßt. Das wäre ja so, als hätte man 1932, als die Autos noch keine Radios hatten, beschlossen, daß sie nie Radios haben sollen.« Laut Gates war die zentrale Frage: »Ist ein Unternehmen von technischer Innovation ausgeschlossen, oder nicht?«

Aus dem Publikum wurde Gates gefragt, was er von dem zunehmenden Eindruck nicht nur in Washington, sondern in weiten Kreisen der Branche halte, daß Microsoft seine Macht zu rücksichtslos einsetze. »Sie fragen mich, ob wir etwas ändern werden, ob wir unseren Technikern sagen werden: ›Nun mal ein bißchen sachter, Leute, langsamer. Geht doch am besten nach Hause‹«, antwortete Gates. »Nein, das werden wir nicht tun.«

Den Großteil der Sitzung über wirkte Gates ruhig und gelassen, wenn er auch hier und da kurz angebunden war. Dann trat Rob Glaser ans Mikrophon, ein ehemaliger Schützling von ihm und jetziger Chef der Internetfirma RealNetworks. »Bill, glauben Sie wirklich, daß es keine Grenze dafür gibt, was in ein Betriebssystem integriert werden darf und was nicht? Und wenn doch, wer legt sie fest? Microsoft? Oder das Justizministerium?«

»Jetzt passen Sie mal auf, so was nennt man Kapitalismus!« schnauzte Gates ihn an. »Wir stellen ein Produkt her, das Windows heißt. Aber wer bestimmt, was da rein soll? Die Kunden natürlich, die es kaufen.«

Für Gates war die Fragerunde auf der Agenda nur ein kleiner Vorgeschmack dessen, was folgen sollte. Mit Beginn des Rechtsstreits wurden die Fragen, die bisher nur in dem kleinen Rahmen der Computerbranche und hinter verschlossenen Türen in Washington aufgekommen waren, immer häufiger auch in den Fernsehnachrichten und landesweit auf den Titelseiten der Zeitungen und Zeitschriften gestellt. Das Justizministerium war vielleicht der Initiator des Ganzen gewesen, aber es sollte nicht der einzige bleiben. Die Europäische Kommission hatte ebenfalls eine eigene Untersuchung eingeleitet. Die japanische Regierung sollte kurz darauf dasselbe tun. Ralph Nader, der lautstärkste Demagoge der alten Wirtschaft, organisierte einen Anti-Microsoft-Gipfel in

Washington, an dem die stimmgewaltigsten Feinde Redmonds teil-
nahmen. Der bekannteste unter ihnen war McNealy, der gerade
selbst Klage gegen Microsofts Nutzung (oder, wie er es nannte,
»Mißnutzung«) der Trend-Software Java erhoben hatte, ein
Rechtsstreit, in dem Sun Microsoft der Vertragsverletzung, des
Warenzeichenmißbrauchs, irreführender Werbung und des unlauteren Wettbewerbs beschuldigte.

So stand Microsoft im Herbst 1997 im Mittelpunkt des öffentlichen Interesses, stärker als in seiner gesamten 22-jährigen Geschichte. Die Reaktion des Unternehmens darauf sprach Bände.

Den Anfang machte ein paar Tage nach der Anklageerhebung
Steve Ballmer in San José, als er fünf wirklich schlecht gewählte
Worte vom Rednerpult brüllte, die ihm noch Jahre danach
Kopfschmerzen bereiten sollten: »Zur Hölle mit Janet Reno!«
Dann folgte Microsofts erste offizielle Antwort auf die Klage, eine
Klageerwiderung, die die Beweisführung des Justizministeriums als
»abwegig«, »schlecht informiert«, »irrig«, »irreführend«, »falsch«,
»nur falsch«, »schlichtweg falsch« und »zwecklos« abstempelte und
mutmaßte, daß die Regierung nicht im Interesse des Verbrauchers,
sondern auf Geheiß der Konkurrenten des Unternehmens handelte. »Im ganzen Land gibt es nur eine Person, die nicht weiß, wie
empfänglich das Justizministerium für Beschwerden über Microsoft
ist«, höhnte das Papier, »und das ist der in einen Dauerschlaf verfal-
lene Rip van Winkle.«

Dann kam die Sache mit dem Schinkensandwich. In der
Stellungnahme des Ministeriums zu Microsofts Memorandum
schrie eine Passage inmitten all der nüchternen juristischen Prosa
regelrecht nach Aufmerksamkeit. »Microsoft behauptet, daß ›integriert‹ das bedeutet, was immer Microsoft behauptet, daß es bedeutet«, so der Schriftsatz. »In der Tat machte Microsoft in den
Unterredungen mit der Regierung vor Einreichung der Klageschrift unmißverständlich klar, daß seine Auslegung [der Verpflich-
tungserklärung] es dazu berechtigte, von Hardwareherstellern zu

verlangen, ›Orangensaft‹ oder auch ›ein Schinkensandwich‹ in einen PC zu packen, wenn darauf Windows 95 vorinstalliert ist.« Genau das aber hatte Microsoft gesagt. Während eines Treffens mit dem Justizministerium, kurz bevor Klein den Abzug betätigte, hatte sich Richard Urowsky von der New Yorker Anwaltssozietät Sullivan & Cromwell – Microsofts externer Rechtsbeistand – von seinem Hang zum Dramatischen hinreißen lassen. Selbst jetzt noch, drei Jahre später, kocht Microsofts Juristenteam vor Wut über den von ihnen so bezeichneten »Schinkensandwichpatzer«. »Das war völlig aus dem Kontext gerissen«, beschwert sich ein Anwalt von Microsoft. »Urowsky hat wörtlich gesagt: ›Wir könnten auch ein Schinkensandwich integrieren, aber keiner würde so was kaufen.‹ Das war absolut legitim. Die Leute würden es nicht kaufen, wenn wir ein Schinkensandwich ins Betriebssystem packen würden. Es war ganz einfach eine Metapher für Verbraucherwahl.« Unglücklicherweise betrachtete man Urowskys Tirade, die wieder und wieder durch die Presse ging, als eine Metapher für etwas ganz anderes: für die Überheblichkeit des Unternehmens, für seinen Widerwillen, irgendwelche Grenzen seiner Macht zu akzeptieren.

Als sich der Herbst allmählich dem Ende zuneigte und der Winter Einzug hielt, war Microsoft bereits ziemlich gebeutelt von den Medien, und seine Reaktionen wurden mit jedem Tag nur ungeschickter und paranoider. Diese Entwicklung erreichte einen neuen Höhepunkt auf der jährlichen Aktionärsversammlung, als Gates gegen die »Hexenjagd« seiner Feinde im Valley und in der Hauptstadt wetterte. Seine ganze Geschichte hindurch hatte Microsoft sein Image geschickt, ja sogar meisterhaft der Öffentlichkeit präsentieren können; jetzt sah es aus, als schmelze es dahin. Dieser Anblick war so fremd, so unerwartet, daß ich überzeugt davon war, die Pressemitteilungen würden einen übertriebenen Eindruck vermitteln. Es war für mich einfach ganz unmöglich, daß Microsoft wirklich so mitgenommen war, wie es den Anschein hatte.

Dann traf ich Steve Ballmer.

Ballmer war seit langem Gate' bester Freund. Er war in Harvard in demselben Jahrgang gewesen – er hatte allerdings seinen Abschluß gemacht, während Gates vorher ausgestiegen war –, hatte kurzzeitig für Procter & Gamble gearbeitet und anschließend ein Jahr an der Wirtschaftsschule von Stanford verbracht, bevor er schließlich 1980 zu Microsoft kam. Ballmer hat dort viele offizielle Funktionen bekleidet, inoffiziell war er jedoch die meiste Zeit über die Nummer 2 hinter Gates gewesen. (Paul Allen, Gates' Mitgründer, hatte Microsoft 1983 verlassen, nachdem er an der Hodgkin-Krankheit erkrankt war, von der er sich später jedoch erholen sollte). Noch inoffizieller war Ballmers Rolle als Gates' Spiegelbild: offen, wo Gates schüchtern war, taktisch, wo letzterer strategisch, impulsiv, wo er zurückhaltend war. Wenn Gates Microsofts »Ego« war, dann war der beleibte, ausgelassene und geborene Stimmungsmacher Ballmer sein tobendes »Es«. Ihn als reizbar zu bezeichnen, wäre so falsch wie Al Gore als steif abzutun. Auf einer Werbeveranstaltung der Firma grölte er so laut »Win-dösig! Windösig!«, daß seine Stimmbänder arg in Mitleidenschaft gezogen wurden.

Mit diesem Wissen im Hinterkopf war ich nicht gefaßt darauf, was sich an einem kalten Dezembernachmittag in San Francisco abspielen sollte, wo Ballmer eine Rede vor Verbrauchern zu halten hatte. Wir saßen in einem fensterlosen Konferenzraum im Westin St. Francis Hotel, und ich fragte Ballmer nach einem internen Dokument über Microsofts Java-Lizenz, das im Laufe der Untersuchungen des Justizministeriums ans Licht gekommen war. Darin erklärte Paul Maritz, daß es das Ziel des Unternehmens sei, Java »zu kontrollieren« und »zu neutralisieren«. Java galt zu dieser Zeit noch als eine Art digitales Esperanto, mit dem Programmierer Software schreiben konnten, die ohne Probleme auf jedem Betriebssystem laufen würde – eine *raison d'être*, die als Bedrohung für Windows verstanden wurde. Scott McNealy hatte mir erzählt, daß dieses

Dokument ein glaubhafter Beweis dafür war, daß Microsoft den Vertrag über Java in böser Absicht unterzeichnet hatte. Ich fragte Ballmer, ob McNealy damit richtig lag.

»Sun ist ganz einfach ein ziemlich dämliches Unternehmen«, fing Ballmer an.

»Wir haben unsere Lizenzgebühren immer bezahlt. Das hatten wir immer vor. Und das haben wir auch stets getan.« Seine Stimme wurde schnell lauter, als er fortfuhr: »Sun war die ganze Zeit über im Bilde. Wir sind da ja nicht 'reingegangen und haben gerufen ›Halleluja, Brüder! Wir lieben Euch, Sun!‹ – nein, wir haben gesagt: ›Wir mögen Euch nicht als Unternehmen‹ – ansonsten nette Leute; ich mag Scott, ehrlich – ›und Ihr mögt uns nicht!‹ Wir haben gesagt: ›Also gut, Sun, ihr wollt auf unserem Rücken Hoppehoppereiter spielen, ja? O.K., hier sind die Bedingungen!‹«

Ballmers Gesicht war mittlerweile rot wie eine Tomate und er schrie so laut, daß die Scheiben geklirrt hätten, wenn welche vorhanden gewesen wären. Er war aufgesprungen und beugte sich so weit über den Tisch, daß zwischen unseren Gesichtern nur noch ein paar Zentimeter waren und dabei hämmerte er mit seinen fleischigen Fäusten auf den Tisch, daß mein Tonband nur noch hüpfte und hin und her rutschte, während er brüllte: »Keiner war auch nur ein klitzekleines bißchen verwirrt, daß unsere strategischen Interessen so wunderbar mit denen von Sun übereinstimmten! Diese Gehirnamputierten bei Sun, die so was glauben, sind entweder schlecht informiert, verrückt, oder sie pennen!«

Für mich war das ein Ja.

»GEHIRNAMPUTIERTE.« »Zur Hölle mit Janet Reno.« »Schinkensandwich.« »Hexenjagd.« Der Regierung der Vereinigten Staaten und seinen Konkurrenten den Stinkefinger zu zeigen, ist nicht gerade üblich unter den Spitzenleuten von Spitzenunternehmen. Aber schließlich wäre Microsoft nicht da, wo es jetzt stand, wenn es sich in der Geschäftswelt wie die meisten anderen Topunternehmen verhalten hätte. Microsoft war anders, und das ganz bewußt. Die Unterschiede, die es von anderen abhoben, hatten es groß gemacht – vielleicht sogar zum größten Unternehmen in der zweiten Hälfte des zwanzigsten Jahrhunderts. Aber jetzt brachten es eben diese Unterschiede in die größten Schwierigkeiten.

Microsoft war in jeder Hinsicht ein noch sehr junges Unternehmen. Das Ausmaß seiner Dominanz täuschte allzu oft über diese Tatsache hinweg, ebenso wie die rasante Geschwindigkeit, mit der es diese Dominanz erreicht hatte. Noch 1990 hielt man sowohl innerhalb als auch außerhalb der Computerbranche Microsoft für einen ausgefallenen aber vielversprechenden Laden, auf keinen Fall jedoch sah man in ihm den zukünftigen tonnenschweren Bullen. Zwei Umstände allerdings garantierten dem Kälbchen diese Größe. Der erste war Microsofts Erfolg mit der Einführung von Windows 3.0 in 1990, gefolgt von Windows 3.1 in 1992, mit denen es sein graphisches Betriebssystem salonfähig oder zumindest anständig genug für viele Kunden und Unternehmen machte. Der zweite war die Einführung von Office in 1989, Microsofts Programmpaket mit Bürosoftware (Word, Excel, PowerPoint), das für viele seiner Konkurrenten den Anfang vom Ende auf dem Markt der Anwendungsprogramme bedeutete. Roger McNamee, Kapitalanleger im Silicon Valley und ehemaliger Aktienanalyst, der über viele Jahre das Unternehmen beobachtet hat, drückt es folgendermaßen aus: »Das war der Zeitpunkt, von dem an Microsoft von einer Firma, die Standards setzt, vom Branchenprimus, zum Gott seiner eigenen Religion wurde.«

Microsoft war noch in anderer Hinsicht ein junges Unternehmen. Vom ersten Tag an stellten Gates und seine Gefolgsleute vornehmlich junge Leute ein, die zwar schlau, aber noch grün hinter den Ohren waren. So lag das Durchschnittsalter bei Microsoft lange Zeit unter Dreißig, auch dann noch, als das Unternehmen bereits Zehntausende Mitarbeiter eingestellt hatte. »Wir fanden es leichter, eine Unternehmenskultur mit Leuten aufzubauen, die geradewegs von der Uni kamen, als solche aus anderen Firmen und anderen Kulturen anzuheuern«, erklärte einmal Charles Simonyi, einer von Microsofts ältesten und am meisten geschätzten Programmierern. »So kann man sich darauf verlassen, man kann es einschätzen, vorherbestimmen, gestalten: man kann daraus eine Maschine machen.«

Oberflächlich betrachtet war nichts maschinell an dem Leben in Redmond, dessen Details mittlerweile wohl vertraut sein dürften. Der weitläufige Campus, übersät mit den niedrigen Gebäuden und den immergrünen Pflanzen. Die kostenlosen Getränke. Die Shorts, Rucksäcke, Sandalen und Flanellhemden. Mittlerweile weiß man, daß unter dem extrem legeren Auftreten eine extrem angriffslustige Kultur verborgen ist, deren Anhänger sich selbst gern als »hard core« bezeichnen. Mit dieser Armee an jungen (vornehmlich) Männern, von denen die meisten ungewöhnlich helle Köpfe und viele unverschämt reich sind, und die endlos lange arbeiten und regelmäßig Nachtschichten einlegen, hat Microsoft das Gefühl von Brüderlichkeit bewahren können – eine Brüderlichkeit zwischen reichen Eierköpfen, aber Brüderlichkeit immerhin. Jahrelang liefen sogenannte Softies für gewöhnlich mit Ansteckern herum, auf denen FYIFV stand: Fuck You, I'm Fully Vested (Scheiß drauf, ich hab ausgesorgt). Ein anderes sehr beliebtes Akronym sollte zeigen, wie weit das Unternehmen gehen würde und welche Erniedrigungen es ertragen könnte – alles wegen der, wie Ballmer es formulierte, »Kunden. Kunden. Kunden« – es lautete BOGU: Bend Over, Grease Up (Buckeln und Bestechen).

Machogehabe, Jungspunde und Flüche waren allerdings nicht dasjenige, was Microsoft gegenüber anderen auszeichnete; das gesamte Silicon Valley war voll davon. Das Besondere an Microsoft war das vollkommene Inseldasein der Redmond-Kultur. Microsoft liegt Hunderte, wenn nicht sogar Tausende von Meilen von seinen

Konkurrenten und Partnern entfernt, es beschäftigt vorwiegend Leute, die noch nie woanders gearbeitet haben, und ist somit das kleine grüne Haus vom anderen Stern. Immer wieder äußern seine Programmierer ihren offensichtlichen Unglauben und fehlendes Verständnis dafür, daß andere High-Tech-Unternehmen ein altes und tiefverwurzeltes Mißtrauen gegen Microsoft hegen. Sogar Ballmer, der trotz all des Gezeters ein helles Kerlchen ist, wurde in der *Newsweek*-Ausgabe vom Juni 2000 zitiert mit: »Die Leute reden eine Menge über uns, aber noch nie hat uns jemand als nicht vertrauenswürdig bezeichnet.« Hallo, ist da jemand?

Das Herz der Microsoftkultur ist die Technologie – diese Behauptung klingt entweder selbstverständlich oder lächerlich, je nach Art der Vorurteile, die man hat. Für die meisten Amerikaner ist Microsoft mehr als nur eine Technologiekultur, es ist *die* Technologiekultur. Im Valley ist man da jedoch vollkommen anderer Meinung. Dort ist es selbst für einige von Microsofts Geschäftspartnern gewissermaßen ein Credo, daß dieses Unternehmen nicht in der Lage ist, etwas Neues zu erfinden, daß es ein sklavischer Nachahmer, ein »schneller Schüler« ist und Erfolge für sich verbucht, die anderswo erreicht wurden, daß seine Produkte trotz ihrer beeindruckenden Popularität furchtbar mittelmäßig sind. Doch ganz gleich, was Außenstehende auch denken mögen, ganz gleich, wieviel Spott und Beleidigungen ihnen ins Gesicht geschleudert würden, die Mitarbeiter von Microsoft sind felsenfest davon überzeugt, daß ihre Firma durchaus innovativ ist. Als Beweis dient ihnen die überdurchschnittliche Summe von drei Milliarden Dollar, die das Unternehmen jedes Jahr für Forschung und Entwicklung, von der Spracherkennung bis hin zu künstlicher Intelligenz, aufbringt. Die Leute von Microsoft sind nicht stolz auf das einfallsreiche Marketing oder die effektive Verkaufsstrategie ihres Unternehmens. Sie sind stolz, weil sie sich für großartige Informatiker halten, die großartige Software entwickeln.

Das soll allerdings nicht heißen, daß Microsoft keinen Wert auf

Marketing oder Verkaufsstrategie legt. Seit Beginn der 90er Jahre investiert das Unternehmen riesige Geldsummen, um sein Image aufzupolieren, führt millionenschwere Werbekampagnen und orchestriert sorgfältig die Presseberichterstattung, damit Microsoft, Windows und Gates selbst für jedermann zum Begriff werden. Als Gates 1994 Robert Herbold zum Geschäftsführer machte, war dies endgültig ein Zeichen dafür, daß Microsoft bald ebensosehr Marketing- wie Technologiekultur sein würde. (Ironischerweise war Jim Barksdale ein anderer Hauptanwärter für diesen Posten.) Herbold war ein sanftmütiger Zeitgenosse mittleren Alters, von mittlerer Statur und eher sprödem Charme, hatte in Computerwissenschaften promoviert und war zum Marketingchef bei Procter & Gamble aufgestiegen. Er schwang Reden über Branding, Corporate Identity und darüber, »Depots« auf den »mentalen Schlüsselkonten« der Kunden einzurichten. Als er bei Microsoft einstieg, führte Herbold schleunigst die ganze Palette an Techniken der Verbraucherforschung ein, die er schon bei Procter & Gamble eingesetzt hatte, von umfangreichen Befragungen bis hin zu Fokusgruppen.

Als Microsoft im Herbst 1997 begann, widerspenstig auf alles einzudreschen, kam ich nicht umhin, mich zu fragen, wie Herbold wohl darüber dachte. Da stand seine Firma nun, in der er noch immer als Newcomer gelten konnte, und verletzte jede erdenkliche Regel aus dem Handbuch des Krisenmanagements für große Marken. Frage: Was würde McDonald's tun, wenn es in ähnlichen Schwierigkeiten steckte? Was würde Coca-Cola tun? Oder Disney? Antwort: Die jeweiligen CEOs würden auf der Schwelle des Justizministeriums erscheinen und in einem Ton fragen, der vor Dienstbeflissenheit nur so trieft: »Was können wir tun, um das Problem zu lösen?« Diese Herangehensweise schien jedoch keinem von noch so geringer Wichtigkeit bei Microsoft in den Sinn gekommen zu sein. Ein paar Monate später besuchte ich Herbold in Redmond und fragte ihn, ob man die Streitlust des Unternehmens als Zeichen dafür verstehen könne, daß Microsoft bis jetzt noch nicht verstanden habe, wie stark sein Erfolg nicht nur auf seiner Technologie, sondern vor allem auch auf seinem Image beruht. »Doch, das hat es«, antwortete er mir. »Aber im Leben einer jeden Firma kommt einmal der Tag, an dem ein grundlegendes Prinzip ihrer Art der Geschäftstätigkeit bedroht wird, und dann bleibt einem nur noch übrig, sich zu wehren.« Herbolds Naturell war ganz und gar nicht »hard core« – er war eher »soft core«. Aber er war wie Gates und so gut wie jeder in Redmond fest davon überzeugt, daß die Klage die Fähigkeit der Firma zur Innovation bedrohte. Wenn die Bekämpfung dieser Bedrohung extreme und möglicherweise sogar selbstzerstörerische Mittel erforderte, dann mußte man eben in den sauren Apfel beißen.

»Man darf nicht vergessen, daß Microsoft von Informatikern geleitet wird«, gab ein ehemaliger Mitarbeiter später zu bedenken, der selbst Informatiker war. »Informatiker lieben Einfachheit. Klarheit. Sie lieben Regeln. Was sie nicht mögen, sind Nuancen. Sie mögen keine Graustufen. Sie denken vollkommen binär. Einsen oder Nullen. Schwarz oder Weiß. Richtig oder Falsch. Innovation oder keine Innovation. So sieht Bill die Welt. Und wenn Bill sie so sieht, dann sieht sie auch Microsoft so.

Schließlich hat ja auch niemand Microsoft beschuldigt, eine Demokratie zu sein.«

»HEUTE MORGEN um kurz nach 11 Uhr hat sich Michael in seinem Büro eingeschlossen und ist seitdem nicht wieder 'rausgekommen«, so beginnt Douglas Coupland seinen 1995 erschienenen Roman *Mikrosklaven*, die zur Zeit wohl scharfsinnigste Darstellung der Microsoftkultur überhaupt. »Bill (Bill!) hat Michael per Email einen höllisch fiesen Flame-Brief geschickt, in dem er sich nur über einen Code beschwerte, den Michael geschrieben hat. [Michael ist mit Sicherheit der sensibelste Programmierer in Haus Sieben – Kritik kann er gar nicht gut vertragen. Warum Bill es ausgerechnet auf Michael abgesehen hat, können wir uns auch nicht recht erklären. Vielleicht war es eine Stichprobe, damit keiner aus der Reihe tanzt. Bill ist so klug.

Bill ist weise.

Bill ist freundlich.

Bill ist gütig.

Bill, *bitte* sei mein Freund!«

Emersons Aperçu, »eine Institution sei der verlängerte Schatten eines Einzelnen«, hat sich nirgendwo in den Annalen der modernen Wirtschaft mehr bewahrheitet als bei Microsoft. Seit der Gründung der Firma war alles an ihr – ob gut oder schlecht, stark oder schwach – ein haargenaues Spiegelbild von Gates' Denken, seiner Persönlichkeit und seines Charakters. In der Computerbranche konnten oder wollten nur wenige Firmengründer ihren Unternehmen treu bleiben, wenn sie sich gemacht hatten, und sie von der Geburt bis zur Reife begleiten. Scott McNealy ist eine Ausnahme, ebenso Larry Ellison von Oracle. Doch obgleich sowohl McNealy als auch Ellison starke und dynamische CEOs sind, kommt keiner der beiden auch nur annähernd an die Art von Einfluß auf sein Unternehmen heran, die Gates die ganze Zeit über auf Microsoft ausgeübt hat.

Was Mitarbeiter von Microsoft für ihren Chef empfinden, geht weit über Loyalität oder Bewunderung hinaus und reicht fast bis an den Rand der Verblendung: so ziemlich jeder in Redmond ist offensichtlich in Bill verknallt. Dabei inspiriert Gates seine Anhängerschaft, ohne im konventionellen Sinne ein charismatisches oder besonders einnehmendes Wesen zu haben. Er ist lediglich außergewöhnlich schlau, und in der von ihm selbst erzeugten Kultur wird Schlauheit über die Maßen geschätzt. Für schlau erachtet zu werden – oder besser noch für superschlau – bedeutet im Sprachgebrauch Microsofts die höchste Auszeichnung. Dieses Kompliment dann noch von Gates persönlich zu erhalten … das wäre der Himmel auf

Erden. »Hier gibt es wahrscheinlich mehr schlaue Leute auf einem Quadratmeter Erde als sonstwo in der Welt«, sagte der ehemalige leitende Angestellte Mike Maples. »Aber Bill ist eben noch schlauer.«

Diese bedingungslose Treue bei Microsoft handelte Gates stürmisches Hohngelächter von seinen Kritikern und Konkurrenten ein. Netscapes Syndikus Roberta Katz behauptete einmal, daß »dieser blinde Gehorsam, diese Bereitwilligkeit, sein eigenes Urteil hintan zu stellen und mit dem Strom zu schwimmen, diese ganze schwachköpfige Hingabe an den Großen Führer« schuld an Microsofts Schicksal vor Gericht war. »Das ist wie mit dem Wort Gottes«, meinte Bill Joy, leitender Wissenschaftler bei Sun und langjähriger Widersacher von Gates. »Bei Microsoft wird immer gefragt: ›Was meint Bill wohl dazu?‹ Als wäre Bill ein Alleswisser. Als wüßte er es immer am besten. In so einem Umfeld ist es sehr schwer, kreativ zu sein, und außerdem ist es noch schwerer, ganz von vorn anzufangen, denn der ganze alte Kram kommt vom Alleswisser, und wer wird das schon verwerfen und neu anfangen? Deshalb können sie nichts Neues erfinden, ganz egal, wie wie viele schlaue Leute sie sich holen.« Laut Joy ist Gates »der Hohepriester eines niederen Kults«.

Gates wurde überdies ständig karikiert, was die Beurteilung seines Führungsprinzips noch erschwerte. In den 80er und 90er Jahren hatten es seine PR-Manager geschafft, ihn in einem schmeichelhaften, aber recht einseitigen Licht darzustellen: als den originellen Oberfreak, den brillanten, bebrillten und friedfertigen Fachidioten, dessen Firma tadellose Software entwickelte, um den Massen die Wunder der Computertechnik vorzuführen. Nachdem er der reichste Mann des Erdballs geworden war, durchlief Gates Mitte der 90er Jahre eine leichte Imagekorrektur, nach der er dann der noch immer brillante, noch immer wohltätige Anführer der Branche und technologischer Visionär war. Jetzt, da sein Unternehmen vor Gericht geschleift wurde und im Mittelpunkt von Kontroversen stand, bedienten sich seine Gegner einer anderen Karikatur: der vom postmodernen Räuberhauptmann, dessen Empfinden zwar bereits auf die Neue Wirtschaft ausgerichtet ist, dessen Grad an Gier und Raffsucht jedoch noch stark an die alte erinnert.

Keines dieser eindimensionalen Portraits wird jedoch der schillernden Figur an Microsofts Steuer auch nur annähernd gerecht. Denn wenn Bill Clinton den priapischen Präsidenten darstellte, dann war Bill Gates ein prismatischer Firmenchef: ein Mann, der eine breite Palette an bisweilen widersprüchlichen Eigenschaften widerspiegelte – er war schroff, aber zurückhaltend, gebieterisch, doch unsicher, weitblickend, aber kurzsichtig – je nach dem, was für ein Tag gerade war und aus welchem Blickwinkel man ihn betrachtete.

Gates selbst zuckte bei einer anderen Karikatur seiner Person zusammen: dem »Ultrakonkurrenten«, wie er es nennt. Aber in diesem Fall trifft die Beschreibung einen zentralen Punkt. Konkurrenzkampf reizt Gates, treibt ihn an. Das war schon in seiner Kindheit so, die er in den 60er Jahren in den vornehmen Vororten Seattles verbracht hat. Als Junge war Gates schmächtig und neurotisch, konzentrierte sich ganz auf seine Passionen – vornehmlich Bücher und Computer – und vernachlässigte Körperpflege, seine äußere Erscheinung und alle anderen Formen des persönlichen Verhaltens. 1955 geboren, hatte er zwei Schwestern, und gemeinsam mit den Eltern waren sie eine Familie, die auf zermürbende Weise unternehmungslustig war. Die Gates schienen entschlossen zu sein, jeden freien Augenblick mit einer organisierten Beschäftigung zu füllen und jede organisierte Beschäftigung in eine Art Wettkampf ausarten zu lassen. Sport, Spiele, Puzzle, Quizfragen, Wettrennen, ganz gleich was, sie machten alles, und zwar unablässig. »Ich mag Bills Familie wirklich gern«, bemerkte ein ehemaliger Mitarbeiter von Microsoft einmal. »Aber es wäre schön, wenn man ab und zu mit ihnen sprechen könnte, wenn sie mal nicht gerade versuchen, Rekorde zu brechen.«

Gates hat seiner Mutter Mary sehr nahegestanden, die Mitglied im Rat der Universität von Washington und eine Vorsitzende von United Way gewesen war, bevor sie 1994 an Brustkrebs starb. Aber man sah – und sieht es noch heute –, daß er der Sohn seines Vaters ist. William Gates Jr. (sein Sohn heißt übrigens William Henry Gates III, was ihm in seiner Kindheit den Spitznamen Trey eingebracht hat), war einer von Seattles erfolgreichsten Anwälten und stadtbekannter Intellektueller. Er war willensstark, liebenswürdig und frei von jeder Großspurigkeit. Er war kräftig gebaut und über einsachtzig groß, hatte sehr gute Beziehungen und weckte in seinem Sohn eine Begeisterung für die Juristerei, die bis heute anhält. Eine Zeit lang schien es sogar wahrscheinlich, daß der junge Bill einmal selbst Anwalt werden würde, was sein Vater im Stillen immer gehofft hatte. Steve Ballmer erinnert sich daran, daß seine ersten Gespräche mit Gates in Harvard sich um Rechtsfragen drehten; dazu fällt ihm besonders eine Unterhaltung ein, in der sein Freund lebhaft über ein Kartellverfahren redete, in der es um Wonder Bread ging und sein Vater eine Rolle gespielt hatte.

Gates sen. war außerdem ein aktiver Mitspieler auf der politischen Bühne des Staates Washington. Senatoren, Kongreßabgeordnete und Gouverneure kamen regelmäßig in das Haus der Familie zum Dinner, als Bill noch ein Junge war. Im Sommer 1972 verschaffte sein Vater ihm einen Job als Kongreßpage auf dem Capitol Hill. In dieser Zeit machte sich Gates einen Spaß daraus, die Unterschriften aller 100 Senatoren zu sammeln und sich ein paar Kröten dazu zu verdienen, indem er den Markt für Wahlanstecker des Demokraten Tom Eagleton »monopolisierte«; später, als Eagleton seine Kandidatur für den Posten des Vizepräsidenten zurückzog, schlug er sie wieder los. Außer dem Interesse für Politik, Juristerei und Wirtschaft erbte Gates von seinem Vater eine viel konservativere und elitärere Einstellung, als sie ihm von den meisten Beobachtern zugeschrieben wird. So gesehen ist es nicht verwunderlich, daß zwei seiner engsten Freunde außerhalb der Mauern von Microsoft – und das sind nicht gerade viele – Warren Buffett und Katherine Graham sind, beide ehrwürdige Symbole der alten Elite.

Gates Entscheidung im Sommer 1975, Harvard zu verlassen und sich mit seinem Kumpel aus der High-School Paul Allen zusammenzutun, um eine zunächst als Micro-Soft bekannte Firma zu gründen, hatte allerdings absolut gar nichts Elitäres an sich. Aber Gates liebte Computer und die Idee des Personal Computers – der damals noch als eine an Irrsinn grenzende Schnapsidee galt. Gemeinsam schrieben er und Allen die Software für einen der ersten primitiven Heimcomputer, den MITS Altair. Mit neunzehn war Gates dünn, ungewaschen, ungekämmt und ungesellig, kurz der Inbegriff eines Hackers, bis auf eine Sache. Die Hacker der 70er Jahre kamen von den Hochschulen, frönten einer kommunitaristischen Weltanschauung und betrachteten Software als Zeitvertreib. Gates hingegen war Unternehmer, Kapitalist bis auf die Knochen und betrachtete Software als Weg, um zu Geld zu kommen.

Gates Wurzeln in der Hackerkultur waren zu einem zentralen Bestandteil seiner öffentlichen Legende geworden, die ihn als technisches Genie hinstellte. Die Computerwelt hingegen verdrehte darüber die Augen (und reagierte weniger wohlwollend), denn sie hielt seine technischen Fähigkeiten zwar für ausreichend und solide, aber keinesfalls für außergewöhnlich. »Weder Bill noch Paul waren technisch besonders versiert, als sie Microsoft gegründet haben, und sie sind es auch heute noch nicht«, meint David Liddle, ehemaliger Direktor von Allens mittlerweile aufgelöster Ideenfabrik Interval Research und ein Freund der beiden. In den 25 Jahren, in denen er täglich Umgang mit Software hatte, hat Gates für seinen Teil keine nennenswerten Beiträge zur Computerentwicklung geleistet. Er besitzt lediglich ein einziges Patent. Doch bei Microsoft sprechen selbst Spitzeninformatiker von seinem technischen Können in ehrfürchtigem Ton. Gates, so sagten sie, sei ein Fuchs, kein Esel; ein Techniker, dessen Stärke in der Breite, nicht in der

Tiefe liegt. Craig Mundie, ein leitender Angestellter bei Microsoft, der im Jahr 2000 länger mit Gates über die Zukunft der Technik gesprochen hat als jeder andere, erklärt: »Bills große Begabung ist die Fähigkeit zur Synthese: er kann riesige Mengen an Informationen aufnehmen und dann zusammenfassen.«

In gewisser Weise hat der Mythos um Gates als begnadeter Techniker seinen rechtmäßigen Anspruch auf Genie als Geschäftsmann überschattet. Selbstverständlich wurde ihm oft und mit gutem Recht zugute gehalten, einer der ersten gewesen zu sein, die erkannten, daß Software die Basis für ein Unternehmen sein könnte. Gates hatte begriffen, daß Software, nicht Hardware, im PC-Bereich das große Geld bringen würde; und er hatte IBM 1980 geschickt davon überzeugt, daß Microsoft die Rechte an der Software MS-DOS behielt, als man ihn darum bat, ein Betriebssystem für den ersten PC von IBM zu liefern. Aber Gates' Weitsicht hatte noch weitaus größere Auswirkungen. Bevor er auf der Bildfläche erschien, war die Computerbranche vertikal strukturiert. Das heißt, sie bestand aus Unternehmen wie IBM oder DEC, die ihre Rechner selbst bauten, ihre Chips selbst designten und herstellten und das Betriebssystem und die Anwendungsprogramme selbst entwickelten, und das alles unter urheberrechtlichem Schutz. Gates entwarf nun Seite an Seite mit Andy Grove von Intel ein anderes System, die horizontale Struktur, in der auf jeder einzelnen Ebene der Branche Wettbewerb stattfinden würde: Chiphersteller gegen Chiphersteller, Softwarefirma gegen Softwarefirma, Hardwarehersteller gegen Hardwarehersteller. Er sah ein, wiederum gemeinsam mit Grove, daß man ein Maximum an Macht und Profit in dieser neuartigen Struktur nur dann erreichte, wenn man eine der beiden entscheidenden Industriestandards besaß: das Betriebssystem oder den Mikroprozessor. Und schließlich hatte er verstanden, daß die Kontrolle über den Betriebssystemstandard Microsoft auf eine Weise als Hebel dienen konnte, die der Firma ungeheure Wettbewerbsvorteile auch auf anderen Softwaremärkten verschaffte.

Gates strategischer Weitblick war gepaart mit einem ungewöhnlich hohen Grad an taktischer Disziplin und Zielstrebigkeit.
Lange Zeit schien er blind zu sein für die angenehmen Rand-
erscheinungen des unternehmerischen Lebens, für die Vergün-
stigungen und Statussymbole, die so vielen Topmanagern das
Leben versüßen. Sein Büro war bescheiden eingerichtet und gerade
einmal doppelt so groß wie das eines Angestellten. Er verabscheute
förmliche Anreden. Er flog Economy-Class. Und auch wenn es ihm
nie an Ego mangelte, war er doch relativ gefeit gegen intellektuelle
Eitelkeit und behielt neue Ideen und Trends außerhalb der Grenzen
Microsofts immer genau im Auge. »Er hält immer schön die Augen
offen«, sagt Liddle, »und er ist sich nicht zu schade, einen Fehler
einzugestehen« – was er bekanntermaßen tat, als er bei Microsoft
Mitte der 90er Jahre einen Kurswechsel vornahm, nachdem er
anfänglich die Bedeutung des Internets unterschätzt hatte.

Auch neigte er nicht zu technischer Eitelkeit. Während andere
Firmenoberhäupter der High-Tech-Branche viel Geld und Zeit verschwendeten, um perfekte, elegante Lösungen zu finden, weigerte
sich Gates, das Großartige zum Feind des Guten werden zu lassen
oder auch nur das Gute zum Feind des minimal Zweckdienlichen.
Immer wieder benutzte er dieselbe pragmatische Folge von
Schritten, um neue Märkte zu erobern: schneller Vorstoß mit einem
halbfertigen Produkt, um rechtzeitig einen Fuß in die Tür zu
bekommen, ständige Verbesserung (sogar Microsofties machen sich
darüber lustig, daß die Firma nichts richtig hinkriegt vor Version
3.0), dann das schlagende Argument niedriger Preise und schließlich das Ergreifen jeder Maßnahme, um den Großteil des Marktes in
die Tasche zu stecken. Die Ausmaße, die Microsofts Appetit annehmen
men konnte, versuchten Gates und seine Gefolgsleute nie zu ver-
heimlichen. »Es ist mein Job, einen fairen Teil vom Markt für
Anwendungsprogramme abzubekommen«, sagte Mike Maples
1991. »Und für mich sind das 100 Prozent.«

Gates Appetit auf immer neue Eroberungen ließ eine Blutspur

verendender Gegner auf Microsofts Marschroute zurück. Digital Research. WordPerfect. Novell. Lotus. Borland. Apple. »Bill [hatte ein] unglaubliches Verlangen zu gewinnen und andere zu besiegen«, erinnerte sich der ehemalige Mitarbeiter Jean Richardson in dem bekannten Dokumentarstreifen *Triumph der Nerds.* »Bei Microsoft ging es immer nur darum, Leute niederzumachen.«

Doch auch wenn Gates' Art des Wettbewerbs zugleich unerbittlich und unbarmherzig war, war sie offensichtlich ebenso aus Angst wie aus Grausamkeit geboren. Lange bevor Andy Grove den Satz »Nur die Paranoiden überleben« zum Losungswort im Silicon Valley machte, lebte Gates diesen Wahlspruch bei Microsoft vor. »Bill ist ängstlicher, als viele Leute denken,« erklärt Will Hurst, der zu Gates engeren Freunden zählt. »Was er tut, macht er aus Angst, nicht aus Lust am Quälen. Die Geschichte ist voll von Typen, die aus dem Fenster im fünfzigsten Stock ihres Hauptsitzes gucken, ganz unten ein paar Winzlinge sehen und denken: ›Ach, vergiß es, was können die schon gegen uns machen?‹ Und am Ende klingen ihnen gewaltig die Ohren. Bill ist sich bloß sicher, daß er nicht zu diesen Typen gehören will.«

Gates selbst drückte es mir gegenüber einmal so aus: »Die Tatsache, daß Sie nicht wissen, wo Sie einmal sterben werden, heißt nicht, daß Sie nicht auf Ihre Gesundheit achten sollten.«

DASS AUCH jene Herren in ihren Wolkenkratzern zu den Sterblichen zählen, war Gates in besonderem Maße vertraut. Als die Partnerschaft zwischen seinem Unternehmen und IBM begann, war Big Blue wohl das beste Beispiel für ein Unternehmen des modernen Zeitalters. Es war damals 3000mal größer als Microsoft und hatte drei Jahrzehnte lang den Computermarkt beherrscht. »Man vergißt leicht, wie groß der Einfluß von IBM auf die Branche eigentlich gewesen ist«, machte Gates einmal klar. »Wenn man es Leuten erzählt, die gerade erst in die Branche eingestiegen sind, will es einfach nicht mehr in ihre Köpfe: IBM war die Lebensgrundlage.« Dann trafen die Männer aus Armonk auf Gates, und alles änderte sich. Zu Beginn der 90er Jahre war IBMs Vorherrschaft schließlich nicht nur erschüttert, sondern die Firma hing nur noch am seidenen Faden – sie machte Verluste in Milliardenhöhe, mußte Tausende ihrer Angestellten entlassen und kämpfte ums nackte Überleben. Währenddessen begann Microsoft aufzusteigen. Im Januar 1993 übertrumpfte es IBM an Marktwert und warf nie mehr auch nur einen Blick zurück; ein paar Jahre später versuchte IBMs Vorstand vergeblich, Gates für den Vorsitz zu gewinnen. Der Rollentausch war perfekt: jetzt war Microsoft die Lebensgrundlage.

Der Sturz von IBM war eine sehr nützliche Erfahrung für Gates und Ballmer und hat ihre Sichtweise in vielerlei Hinsicht geprägt, sowohl direkt als auch eher unterschwellig. »Wenn Sie mich fragen würden, wo ich am meisten über das Geschäft gelernt habe, wäre die Antwort nicht die Schule, nicht meine zwei Jahre bei Procter & Gamble, auch nicht Microsoft«, sagt Ballmer. »Es waren die zehn Jahre Zusammenarbeit mit IBM.« Mit der Zeit fingen er und Gates an, IBMs Stärken zu rühmen und der Firma sogar nachzueifern – ihrer Hingabe an die Forschung, ihrer Aufmerksamkeit den Kunden gegenüber. Doch in den entscheidenden Jahren von Microsoft war ihre Haltung weitaus weniger positiv gewesen.

»Wir haben IBM gehaßt«, sagt Peter Neupert, ein ehemaliger Mitarbeiter von Microsoft, der eng mit Big Blue an der gemeinsamen Entwicklung des Betriebssystems OS/2 gearbeitet hat und mittlerweile Chef des Start-up-Unternehmens Drugstore.com ist. »Wir haben ihre Art gehaßt, Entscheidungen zu treffen, die unglaublich bürokratisch und steif war. Wir haßten ihre dämlichen Vorschriften und Anforderungen; dieser ganze Behördenkram war einfach unglaublich. Und außerdem hatten wir null Respekt vor ihrem technischen Können. Bei Microsoft lautet die Parole: Großes Talent ist das, was zählt. Wir hatten ein großartiges Team; ihres dagegen war groß, langsam und schlampig.« (Für die Programmierer von OS/2 stand IBM für »Idiotische Bande von Matschbirnen«.) »Bill hat immer daran geglaubt, daß kleine Teams besser funktionierten, und die Arbeit von IBM hat ihn darin noch bestärkt. Deshalb waren wir auch immer gegen jegliche Form von Größe. Wir hatten keine vorgeschriebenen Arbeitsabläufe. Wir hatten keine Planungsabteilung. Alles, was eine Entscheidung verlangsamt hätte, wurde von vornherein abgelehnt. Bill wollte einen offenen Arbeitsstil beibehalten, bei dem man schnell Entscheidungen treffen konnte und sich nicht verzettelte. Das liegt an seiner Einstellung als Programmierer. Die Leute, die bei Microsoft am besten bezahlt wurden, waren Windhunde und Außenseiter – Typen, die IBM niemals einstellen würde. Das war eben eine Frage des Stolzes.«

So wie IBM Gates kostenlosen Anschauungsunterricht über die Gefahren des Daseins eines Riesen erteilte, lieferte es ihm auch eine Fallstudie dazu, wie hinderlich die permanente Angst davor sein konnte, daß sich die Regierung einmischte. Seit Anfang der 50er Jahre und bis in die 80er hinein wurde IBM ständig von der Bundeskartellbehörde überprüft oder lag mit ihr im Rechtsstreit. 1956 hatte das Unternehmen einem Prozeßvergleich zugestimmt, dem zufolge es seine Patente zu einem »vernünftigen« Preis jedermann lizenzieren mußte; und 1969 hatte das Justizministerium dann den über 13 Jahre dauernden Mammutprozeß gegen IBM begonnen, in dem das Unternehmen der rechtswidrigen Monopolisierung der Computerindustrie beschuldigt wurde – ein Rechtsstreit, der trotz Einstellung des Verfahrens 1982 dem Unternehmen Wettbewerbsbeschränkungen aufhalste und es übervorsichtig in rechtlichen Dingen werden ließ, was nicht gerade unerheblich zu seiner Angreifbarkeit im Hinblick auf die von Microsoft angeführte PC-Revolution beitrug. »Jede ihrer Entscheidungen – ob nun über Produkte, Verpackungen oder im Marketing – wurde mit Blick auf gesetzliche Vorschriften oder sogar aufgrund dieser Vorschriften gefällt«, erinnert sich Neupert. »Es war echt bekloppt.« Und es hinterließ einen starken und bleibenden Eindruck bei den Jungs aus Redmond. »Bill hat darüber oft nachgedacht. Wenn man mit IBM zu tun hatte, saßen Anwälte sogar in den technischen Besprechungen. Einfach lächerlich! Also haben wir uns dann gefragt: Wie wichtig ist es, daß wir auch bei Microsoft Anwälte haben?«

Gates Antwort darauf lautete: nicht besonders. Das sollte sich als verhängnisvoll herausstellen. 1985, ein Jahr bevor Microsoft an die Börse ging, bestand seine Rechtsabteilung lediglich aus Bill Neukom und zwei weiteren Angestellten. In den darauffolgenden 15 Jahren sollte sich die Abteilung beständig auf über 400 Angestellte vergrößern, 150 davon Anwälte. Doch trotz all dieser Manpower versäumte es Microsoft, in den 80er und bis in die späten 90er Jahre hinein offizielle Richtlinien zur Einhaltung von wettbewerbsrechtlichen Bestimmungen oder umfassende Schulungsmaßnahmen in kartellrechtlichen Fragen für die Angestellten der Firma auf die Beine zu stellen. Heute geben sich Microsofts Anwälte redlich Mühe, das Gegenteil zu beweisen. Sie verfassen lange Listen mit einer stattlichen Reihe von Programmen (Beratung in Wettbewerbsfragen für Führungskräfte, Schulungen in Kartellrecht, Veranstaltungen zu juristischen Themen), mit der Absicht, »sicherzustellen, daß Angestellte von Microsoft Rechtspflichten des US-Kartellrechts und anderer Wettbewerbsgesetze verstehen und dementsprechend handeln«. Schulungen im Wettbewerbsrecht wurden sogar in das »Microsoft 101 Schulungsprogramm« für jeden neuen Mitarbeiter aufgenommen – obwohl diese Aufnahme erst 1999 erfolgte, kurz nachdem die heftige Auseinandersetzung des Unternehmens mit der Regierung begonnen hatte.

Ballmer betont nachdrücklich, daß es bei Microsoft schon seit Mitte der 80er Jahre »Antitrust-Audits, Antitrust-Überprüfungen und Antitrust-Schulungen« gegeben habe. »Schulen wir da Hinz und Kunz?« stellte er einmal die rhetorische Frage. »Natürlich nicht, schließlich treffen ja auch nicht Hinz und Kunz die Entscheidungen.« In Dutzenden von Interviews mit ehemaligen und jetzigen Angestellten Microsofts traf ich allerdings nur auf wenige, die sich an eine Schulung in Kartellrecht erinnerten, und von diesen fiel wiederum nur wenigen ein, was ihnen da überhaupt beigebracht worden war, das über die vage Anweisung hinausging, das »Gesetz zu befolgen«. Im Herbst 1998 berichtete *Business Week* darüber, daß Mike Maples kürzlich beauftragt worden war, einen Verhaltenskodex für das Unternehmen zu entwerfen – eine Aufgabe, die er nicht erfüllen konnte. »Ich konnte schlichtweg keine Grundsätze ausmachen, über die wir die Welt dazu gebracht hätten, uns mehr zu mögen«, sagt Maples. »Wir können schließlich den Leuten nicht sagen, seid nicht so aggressiv und konkurriert nicht so verbissen.« Ein paar Monate später sollte Paul Maritz dann im Zeugenstand unter Eid aussagen, daß er nichts über eine formelle Richtlinie zum Wettbewerbsrecht bei Microsoft wisse.

Für Kartellwächter wie Joel Klein war Gates' Weigerung, ein eingehendes Antitrust-Programm einzuführen, ein deutliches Zeichen für seine Unreife als CEO. »Große Unternehmen in Amerika haben so etwas – sie haben es einfach«, meint Klein. »Das ist nur vernünftig und klug.« Sogar in der High-Tech-Branche hat das Nichtvorhandensein eines solchen Programms bei Microsoft vielen die Sprache verschlagen, auch Gates' Geschäftspartner Andy Grove. Grove, der ein Monopol von Intel auf PC-Mikroprozessoren ebenso wenig zugeben würde wie seine geheime Vorliebe für New-Age-Managementmethoden, hatte seiner Firma bereits 1986 eine breit angelegte Aufarbeitungskur in Sachen Kartellrecht verordnet. Seitdem war das jahrelang ein Thema zwischen ihm und Gates gewesen, und Grove hatte sich bei anderen Führungskräften von Intel ständig über Gates' dickköpfige Weigerung mokiert, seinem Beispiel zu folgen. Allerdings ging es nicht um bloße Dickköpfigkeit, sondern die Angelegenheit war komplexer und hatte auch mit Berechnung zu tun. In Gates' Denkweise beinhaltete das Fehlen eines Antitrust-Programms mögliche juristische Risiken, doch war das Risiko, das die Einführung eines solchen Programms mit sich bringen würde, für ihn noch größer. »Bill dachte, daß die Unternehmenskultur sich zum Schlechteren verändern könnte, wenn wir uns selbst solche Einschränkungen auferlegen würden«, erklärte ein ehemaliger leitender Angestellter Microsofts. »Es würde unserem Konkurrenzgeist schaden.«

Gates selbst brachte seine Angst noch genauer auf den Punkt. Als er sich einmal privat mit einem anderen bedeutenden CEO der Branche unterhielt, der ihn gefragt hatte, ob Microsoft auch genügend Vorsorge traf, um eine Einmischung der Regierung zu verhindern, antwortete Gates geradeheraus: »In dem Augenblick, da wir damit anfangen, uns zu viele Gedanken über wettbewerbsrechtliche Fragen zu machen, werden wir zu IBM.«

Jahre später versuchten verwirrte Analysten und Kommentatoren das Verhalten zu erklären, das Microsoft so große Schwierigkeiten mit der Regierung eingebrockt hatte, und eine Theorie war dabei ganz besonders beliebt: Nachdem Microsoft sich jahrelang als David gesehen hatte, der quirlige Winzling, der sich mit den Behemoths der Branche herumschlug, hatte es nicht bemerkt, daß es auf seinem Weg irgendwann selbst zu Goliath geworden war – und daß Goliaths eben strengeren Regeln unterliegen als Davids. Die Wahrheit klang jedoch ein bißchen anders. Gates hatte gar nichts übersehen. Er hatte den Zusammenbruch von IBM hautnah miterlebt und war seitdem entschlossen gewesen, Microsoft nicht zum Opfer derselben Krankheit werden zu lassen; immer wieder hatte er entsprechende Schritte unternommen, um die Davidrolle seines Unternehmens ungeachtet dessen aufgebauter Muskelkraft zu bewahren. Das Ergebnis war eine Kultur, die ganz bewußt auf die Suspension von Skepsis gebaut war; eine Kultur, deren offizielle Haltung der Geschäftsführer Bob Herbold 1997 äußerst treffend – aber lachhaft – zusammenfaßte: »Denken Sie mal ganz allgemein an die Technologiebranche. Microsoft ist ein kleiner aber wichtiger Mitspieler in dieser riesigen Branche.«

Das war die offizielle Haltung der Firma. Aber im privaten Kreis, wenn der Mann, der Microsoft leitete, mal nicht auf der Hut war, gab er sich nicht im geringsten überrascht darüber, was aus ihm und seiner Firma geworden war. Ein enger Freund von Gates erinnert sich an ein Abendessen 1993 mit ihm und seiner damaligen Verlobten (und jetzigen Frau) Melinda French. »Wir sprachen über Clinton, der gerade gewählt worden war, und Bill sagte irgend etwas zu irgendeinem Thema«, erinnert sich dieser Freund. »Dann machte er eine Pause und sagte: ›Klar habe ich genauso viel Macht wie der Präsident.‹ Melinda kriegte ganz große Augen und trat ihn unter dem Tisch gegen das Schienbein, woraufhin er versuchte, es als einen Witz abzutun. Aber es war schon zu spät; die Wahrheit war heraus. Wenn Bill sich je für ein kampflustiges kleines Kerlchen gehalten hatte, dann tat er das jetzt auf jeden Fall nicht mehr.«

MITTE DER 90er Jahre mochte Bill Gates in mancher Hinsicht so mächtig wie der Präsident gewesen sein, aber er blieb dennoch so paranoid wie ein Speedabhängiger nach einem langen, ausgiebigen Trip. Die unmittelbare Ursache für seine Angst war Netscape. Im Mai 1995 räumte Gates in dem mittlerweile berühmt gewordenen Memo mit dem Titel *Die Internet-Welle* ein, daß der Browser des Start-up-Unternehmens durchaus das Potential habe, das »darunter liegende Betriebssystem – sprich, Windows – zu einem austauschbaren Produkt zu degradieren«. Doch Gates beunruhigte nicht allein die Bedrohung durch den Browser und andere Formen von in seiner Branche sogenannter »Middleware« (Software, die kein voll funktionsfähiges Betriebssystem ist, aber trotzdem als Plattform für Anwendungen genutzt werden kann), sondern vor allem der plötzliche Auftrieb, den Netscape in der Branche gewonnen hatte. »Das ging ab wie der Blitz«, sagte Gates. »Man glaubte, sie wären sensationell, ganz groß im Kommen. Dann geht man auf die Entwicklerkonferenzen, zu Marc Andreessens Pressekonferenzen und liest in der Zeitung, welche Pizza er am liebsten mag. So was bringt die Entwickler dazu, Netscapes Browser viel Aufmerksamkeit zu schenken.« Er fügte hinzu: »Erwartungen sind so etwas wie eine Wahrheit erster Klasse: Wenn die Leute daran glauben, stimmt es auch.« Und die Leute glaubten eben an Netscape.

Genau wie Microsoft auch, in gewisser Weise zumindest. Als Andreessen und seine Kollegen zum ersten Mal davon sprachen, ihren kleinen feinen Browser in eine ausgewachsene Plattform umzuwandeln, hielten auch Gates und Ballmer diese Idee für einleuchtend – was nicht überrascht, denn schließlich hatte Microsoft dieselbe Masche auch schon abgezogen. »Ich will ihnen eine Geschichte erzählen«, hatte Ballmer damals einem Reporter angekündigt. »Es war einmal eine kleine Software, die Erweiterung eines großen Betriebssystems, sie hatte niedliche kleine Benutzerschnittstellen, ein paar Anwendungsprogramm-Schnittstellen, und die Leute mochten sie ganz gern. Eines Tages verlor das Ding, auf dem sie lief, an Bedeutung und wurde ihr gewissermaßen untergeordnet, ihr, die doch zuvor lediglich eine Erweiterung gewesen war.« Diese Geschichte, fuhr Ballmer fort, erzählte davon, was Windows, das ursprünglich nichts anderes als eine Anwendung auf DOS-Basis gewesen war, innerhalb von zehn Jahren widerfahren war. »Wenn ich mit Microsoft konkurrieren würde«, schloß Ballmer, »dann würde ich es genauso machen wie Netscape. Ich würde mir sagen, ich baue etwas auf Windows drauf und nehme ihnen dann einfach die Zukunft.«

Lediglich die Dreistigkeit, mit der Netscape seine Strategie in die Welt hinausposaunte, überraschte Microsoft. Nathan Myhrvold sagte dazu: »Das ist so ähnlich wie beim Radrennen. Beim Radrennen will man erst ganz zum Schluß der erste sein. Vorher versucht man nur, den Vordermann zu hetzen. Und in letzter Minute schnellt man dann nach vorne. Bei der Middleware geht's nur darum, den Marktführer zu ermüden.« Doch im Sommer 1995 kündigte Andreessen in aller Öffentlichkeit und unverblümt an, daß

Netscape plante, Windows auf eine »armselige, fehlerbereinigte Ansammlung von Treiberprogrammen« zu reduzieren. »Die haben sich echt nichts aufgespart«, so Myhrvold. »Sind einfach neben uns aufgetaucht und haben getönt: ›Hey, tut uns leid, aber der da ist schon Geschichte.‹«

Netscapes unverfrorenes Auftreten machte Redmond rasend. Einen Tag nach Erscheinen von Andreessens Aussage in der Presse erhielt John Doerr, der Risikokapitalgeber hinter Netscape und Mitglied in dessen Vorstand, eine furchteinflößende E-Mail von seinem Freund Jon Lazarus, Führungskraft bei Microsoft und wichtiger Berater von Gates. Im Großen und Ganzen lautete sie: »Junge wedelt mit rotem Tuch vor einer Herde schnaubender Stiere und ist dann noch überrascht, sich aufgespießt auf dem Boden wiederzufinden.«

In den folgenden drei Jahren sollte Microsoft Netscape mit einem ganzen Sortiment an Hörnern aufspießen. Doch bereits der erste Stoß führte zu der Klage wegen Verstoßes gegen die Verpflichtungserklärung von 1994: Microsofts Entscheidung, den Internet Explorer im Bundle mit Windows zu vertreiben und ihn dann in Windows zu integrieren. Auch abgesehen von der Auswirkung auf Netscape glaubte Gates fest daran, daß ein Internet-Browser eine selbstverständliche Ergänzung für jedes Betriebssystem darstellte, die dem Kunden diente und das Arbeiten mit dem Computer erleichterte. Den Internet Explorer umsonst mit Windows zu liefern, war, so sagt er, »das Beste, was wir je gemacht haben und was zu verteidigen sich lohnt.« Außerdem war es ohne Zweifel legal, beharrt er. Als Microsoft 1994 mit dem Justizministerium (und der Europäischen Kommission, die zur gleichen Zeit ihre eigenen Ermittlungen anstellte) über einen Vergleich verhandelt hatte, war Gates sehr darum bemüht gewesen, die Kopplungskausel so offen wie möglich zu formulieren, damit Microsoft die Freiheit behielt, neue Funktionen in Windows zu integrieren. Einmal hatte Neukom Gates einen möglichen Entwurf vorgelegt, in dem stand,

Microsoft sei es weiterhin erlaubt, »integrierte Produkte zu entwickeln, die technisch gesehen Vorteile mit sich bringen«, woraufhin Gates ihn angeschnauzt hatte: »Die letzten sechs Wörter werden gestrichen!«

Gates, Neukom und Microsofts Rechtsteam waren deshalb sprachlos, als das Justizministerium 1997 Klage wegen Verletzung der Verpflichtungserklärung erhob. Für sie waren die Bundesbehörden entweder jämmerlich uninformiert, was die Geschichte der Verhandlungen zu dieser Erklärung betraf (wenn man bedenkt, daß der Vergleich unter Anne Bingaman, der Vorgängerin Kleins, ausgehandelt wurde), oder sie stellten sich absichtlich dumm. Die Prämisse, die den Behauptungen des Ministeriums zugrunde lag, war genauso zum Verrücktwerden: Weil der Explorer an Hardwarehersteller auf einer anderen CD-Rom geliefert wurde als Windows und weil er auch als eigenständiges Produkt vertrieben wurde, war er per definitionem nicht »integriert«. Während eines Treffens zwischen Vertretern des Justizministeriums und Anwälten von Microsoft in jenem Herbst hielt Klein zwei CD-Roms hoch und sagte: »Sehen Sie? Zwei einzelne Produkte.« Für Microsoft war diese Geste der schreiende Beweis für Kleins technologische Unbedarftheit. Waren der Internet Explorer und Windows erst einmal zusammen installiert, fügten sie sich zu einem nahtlosen Ganzen zusammen; daß sie auf zwei verschiedenen Datenträgern vertrieben wurden, was für Softwareprodukte durchaus üblich war, war ganz einfach irrelevant. »Das sind doch nur Bits«, meint Neukom. »Im Antitrustgesetz geht es nicht darum, wie man diese Bits unter die Leute bringt; da geht es darum, wie diese Bits zusammenhängen.«

Klein mochte vielleicht unbedarft sein, wenn es um Codevermischungen ging, aber der Vorwurf des Justizministeriums stieß an dem großen runden Kopf von Thomas Penfield Jackson auf ein Paar interessierte Ohren. Jackson war ein schroffer, großväterlicher Bundesrichter, dem das Anhörungsverfahren zugefallen war. Nach fast zwei Monaten, in denen der Schwarze Peter ständig hin- und hergeschoben worden war, verkündete er schließlich am 11. Dezember eine hilfsweise Aufteilung des Klageanspruchs, die Microsoft hart traf. Einerseits fand Jackson, daß das Unternehmen eine »plausible Auslegung« des Begriffs »integriert« sowie eine »vernünftige Erklärung« dafür geliefert habe, warum sein Verhalten hinsichtlich der Verpflichtungserklärung koscher war; also hatte der Richter den Antrag der Regierung auf eine Geldstrafe von 1 Million Dollar pro Tag abgewiesen. Andererseits hielt er einen Erfolg des Justizministeriums für »ziemlich sicher«, und »die Wahrscheinlichkeit, daß Microsoft ein weiteres Monopol, diesmal auf dem Markt der Internetbrowser erreichte, schlichtweg für zu groß, als daß man sie bis zu einer endgültigen Entscheidung des Gerichts tolerieren« könne, auch wenn Jackson, was die speziellen Aspekte des Falles betraf, noch unentschlossen war und mehr Zeit benötigte, um sich Klarheit zu verschaffen. Deshalb verkündete er eine einstweilige Verfügung, der zufolge Microsoft es »einstellen und fortan unterlassen« sollte, von PC-Herstellern zu verlangen, daß sie den Internet Explorer installierten, wenn sie die Windowslizenz haben wollten. Bis zur endgültigen Urteilsfindung sollte Microsoft eine browserfreie Version des Betriebssystems anbieten.

Microsoft hatte den Eindruck, daß Jacksons Anordnung das Unternehmen zu etwas schier Unmöglichem verpflichtete. In allen seinen Schriftsätzen hatte Microsoft immer wieder betont, daß die Entfernung des Browsercodes aus dem Betriebssystem zu Fehlfunktionen führen würde – es würde nicht mehr ordnungsgemäß hochladen. Die Entfernung des Codes war jedoch genau das, was Jackson von ihnen verlangte. In einem Konferenzraum nahe des Büros von Gates in Gebäude 8 auf dem Microsoft-Campus zerbrachen sich der Firmenchef und sein Gefolge den Kopf über diese Zwickmühle. Selbstverständlich würde das Unternehmen sofort gegen Jacksons Entscheidung Einspruch einlegen. Aber was tat man in der Zwischenzeit? Nachdem man zahlreiche Wochenenden mit Krisensitzungen zugebracht hatte, kamen die Führungskräfte von Microsoft zu einer krassen, provokanten und schlecht durchdachten Lösung. Um der Anordnung des Richters nachzukommen, würden sie den Hardwareherstellern die Wahl lassen zwischen einer zwei Jahre alten Version von Windows ohne Internet Explorer oder aber einer aktuellen Version, die allerdings nicht richtig funktionierte. Mit anderen Worten, keine Wahl. In der Sitzung an einem Sonntag Nachmittag, als Gates dem Beschluß zustimmte, waren sich alle einig, daß Microsoft äußerst genau und sorgfältig dem Buchstaben des Gesetzes folgte. Ein hohes Tier bei Microsoft erkannte trotzdem das Unvermeidliche: »Das wird uns Kopf und Kragen kosten.«

Er sollte Recht behalten. Das Justizministerium reagierte mit einer Beschwerde, in der es die Firma des »offenen Versuchs der Unterwanderung der richterlichen Entscheidung« und einer »eklatanten Mißachtung« von Jacksons Autorität beschuldigte. Erneut machte es auf Microsofts Mißachtung des Gerichts aufmerksam. Noch Wochen später spuckte Klein Gift und Galle, wenn er von dem, wie er meinte, schockierenden Mangel an Respekt für Rechtsstaatlichkeit sprach. »Das Bundesgericht fällt eine Entscheidung, und die denken, ohne uns zu fragen, ohne auch das Gericht zu fragen, sie könnten einfach ein Produkt rausbringen, daß nicht richtig läuft?« bellte Klein. »Normalerweise ist der Satz ›Mißachtung des Gerichts‹ im übertragenen Sinne gemeint. Aber in diesem Fall traf er wortwörtlich zu.«

Zwei Tage nach der Beschwerde des Justizministeriums zitierte Jackson die beiden Parteien in seinen Gerichtssaal in Washington. Vor den überfüllten Zuschauerrängen beugte sich der Sechzigjährige zum Mikro und machte eine unerwartete Aussage: er und seine Mitarbeiter hätten ein wenig auf dem Computer gehackt. Am Tag zuvor, so Jackson, habe er einen Techniker damit beauftragt, den Vorgang »Installation rückgängig machen« unter Windows 95 laufen zu lassen, um den Internet Explorer zu entfernen. Nach

»weniger als 90 Sekunden«, fuhr er fort, sei auf dem Bildschirm die Nachricht erschienen, daß der Explorer nicht mehr länger verfügbar sei – und trotzdem habe Windows weiterhin »genauso tadellos wie vorher« funktioniert. Jackson brummte: »Wenn dieser Vorgang doch nicht so einfach sein sollte, möchte ich dafür jeden erdenklichen Beweis haben, den Microsoft anzubringen wünscht.« Es folgte eine dramatische Pause. »Ich möchte schon wissen, ob ich meinen eigenen Augen trauen kann oder nicht.«

Ein paar Wochen später, Mitte Januar, als Jackson Microsoft und seine Zeugen in einer weiteren Anhörung mit Verachtung gestraft hatte, gab das Unternehmen schließlich klein bei. Nach Rücksprache mit dem Justizministerium willigte es ein, Computerherstellern eine Version von Windows anzubieten, die noch immer etwas von dem ursprünglichen Code des Internet Explorers enthielt, aber in dem der Browser deaktiviert war und nicht mehr aufgerufen werden konnte. Heute wollen Gates und seine Anwälte noch immer nicht zugeben, daß sie das gleich von Anfang an hätten tun sollen, nicht zuletzt, weil die meisten Hersteller ohnehin die Version von Windows gewählt hätten (und es tatsächlich auch getan haben), die den Internet Explorer noch enthielt. »Ob ich mir wünschte, wir hätten eine politisch, persönlich und atmosphärisch ansprechendere Reaktion gewählt?« fragte sich einer der führenden Anwälte von Microsoft. »Sicher sogar. Aber das konnten wir damals nicht und können es heute immer noch nicht.«

»Vielleicht hätten wir einfach zum Ministerium gehen und sagen sollen: ›Hallo, Ihr da, das wird so nicht funktionieren. Warum gehen wir nicht alle zum Richter und versuchen, eine Lösung zu finden?‹« räumte ein anderer Rechtsbeistand Microsofts ein. »Aber man darf nicht vergessen, daß wir damals in einer ungünstigen Lage waren. Und außerdem hatten wir versucht, einen Standpunkt einzunehmen, der vom Gericht abgelehnt worden ist.«

DER PREIS für diesen Standpunkt sollte sich als höher herausstellen, als Microsoft sich jemals hätte träumen lassen. Als Richter Jackson zweieinhalb Jahre später die Zerschlagung des Unternehmens verfügte, zitierte er dessen »illusorisches« und »unaufrichtiges« Einverständnis mit seiner Verfügung im damaligen Fall als eindeutigen Beweis dafür, daß Microsoft »nicht vertrauenswürdig« sei und Verhaltenssanktionen allein nicht ausreichten, um seine Macht zu zügeln. Aber auch kurzfristig betrachtet war der Schaden enorm. In Amerika und im Ausland tauchten auf einmal in den Nachrichtenspalten und Leitartikeln Karikaturen, Kritik, Sarkasmus und selbst Spott über Microsoft auf, wo einst außer Lobhudelei wenig anderes zu finden gewesen war. Zum ersten Mal überhaupt mußte Ballmer eingestehen, daß die Umfragen und Fokusgruppen des Unternehmens hier und da bereits auf die Auswirkungen hindeuteten, die die negative Publicity auf das Image von Microsoft hatte. »Es ist zwar nicht verheerend, aber doch ziemlich eindeutig«, sagte er gegenüber dem *Wall Street Journal.*

Zur gleichen Zeit schien Microsofts unverschämtes Gebaren das Justizministerium und die Bundesstaaten lediglich in ihrem bis dato zweifelhaften Entschluß zu bestärken, eine groß angelegte Antitrustklage gegen die Firma anzustrengen. Eine Nachricht sollte schließlich auch die letzten Zweifler von dem Ernst der Lage überzeugen: Klein hatte den berühmten New Yorker Prozeßanwalt David Boies, der in den 70er und 80er Jahren IBM erfolgreich gegen die Kartellklagen der Regierung verteidigt hatte, als Berater des Justizministeriums gewinnen können.

Der Sturm, der sich nun über ihm zusammenbraute, war anders als alle anderen, die Gates zuvor überstanden hatte. Trotz seiner sozialen Unbeholfenheit und seiner kindlichen (manche würden sagen, kindischen) Neigungen, war er keinesfalls naiv. Er war an

Härte und bedrohliche Situationen gewöhnt und hatte seine helle Freude am Wettbewerb, am knallharten Wettbewerb, Schläge unter die Gürtellinie und ausgefahrene Ellbogen eingeschlossen. Im Gegensatz zu der verbreiteten Ansicht, die Hochtechnologie sei eine Branche voll idealistischer Kindsköpfe und barfuß laufender Milliardäre – eine Ansicht, die sich äußerst hartnäckig hält, selbst angesichts der erbärmlichen Ausschweifungen und übertriebenen Raffgier des Dotcom-Booms –, war das Computergeschäft nie ein wirklich angenehmer Ort gewesen. Persönliche Verleumdungen, selbstsüchtige Rachefeldzüge und postindustrielle Spionage hatte es immer mehr als genug gegeben. Seit über einem Jahrzehnt hatten Wettbewerber Gates und sein Unternehmen in jeder nur erdenklichen Art und Weise angegriffen. Und auch wenn er manchmal dünnhäutig war und zu Jähzorn neigte und gerne gegen die Anti-Microsoft-Meute wetterte, die in den Medien oder hinter seinem Rücken auf ihn losgehe, wußte Gates sehr wohl, daß das alles ein Teil des Spiels war. Und selbstverständlich konnte er ebenso gut austeilen wie er einstecken mußte.

Doch was jetzt vor sich ging … das war ganz einfach anders. Das hier war nicht mehr Business. Das war die US-Regierung, ein nicht ganz unbekannter Gegner für ihn, doch einer, gegen dessen Waffen seine Abwehr alles andere als gut gewappnet war. In den kommenden Monaten sollte *ad nauseam* wiederholt werden, daß Microsoft für ein Unternehmen seines Kalibers in all den Jahren herzlich wenig Interesse an Politik gezeigt hatte. Das stimmte: Noch 1995 hatte die Firma kein Büro für Regierungsangelegenheiten in Washington unterhalten. Aber Gates persönlich hielt sich nicht für politisch unerfahren. Er war zwar nie ein eifriger Parteigänger gewesen, aber wer war das heutzutage schon? Einige Themen lagen ihm am Herzen – Handel, Einwanderung, Verschlüsselungstechniken, Steuern –, und er hatte diesbezüglich auch schon Einfluß genommen. Er hatte sich sogar ein wenig in der Kunst des Small Talk versucht. Bei mehr als einer Gelegenheit hatte er mit Bill

Clinton Golf gespielt. Er hatte mit Newt Gingrich diniert, als das noch etwas bedeutet hatte. Er hatte Al Gore zu einem Besuch bei Microsoft empfangen. (Eine Zeit lang hatte Gores Tochter Karenna in dem von Microsoft unterstützten Online Magazin *Slate* gearbeitet.) Auf den Punkt gebracht: Gates war davon überzeugt, daß er und Microsoft dieser Regierung das wohl größte politische Geschenk der gesamten Nachkriegszeit gemacht hatten: die New Economy. Wer hatte stärker als er selbst die PC-Revolution ins Rollen gebracht? Welches Unternehmen hatte mehr zum Aufbau des Informationszeitalters beigesteuert? Direkt wie indirekt hatte Microsoft unaussprechlichen Wohlstand hervorgebracht. Es hatte mit Windows eine Plattform erstellt, auf der ein Großteil der High-Tech-Wirtschaft basierte. Es hatte Produkte entworfen, auf die sich Millionen von Arbeiternehmern verließen. Es hatte den Technologie-Index Nasdaq in bislang unvorstellbare Höhen schnellen lassen. Doch jetzt, nach all dem, was er getan hatte, und die Regierung ihn eigentlich mit Lobpreisungen und Dankbarkeit hätte überschütten müssen, stellte sie ihn als Schurken hin, als einen Gauner, einen habgierigen Monopolisten. Es war verrückt und höchst ärgerlich; und es ging ihm so langsam an die Nieren.

Als das kleine Zwischenspiel mit der Verpflichtungserklärung sich dem Ende zu neigte, blieb die tiefe Empörung, die Gates Stimmung seit Monaten geprägt hatte, bestehen, wurde aber langsam von etwas noch viel Düsterem überschattet. In seinem engsten Freundeskreis sprach man davon, daß Gates einen riesengroßen Bammel bekommen habe. »Sein eigenes Land verklagt ihn, das ist nicht gerade ein Zuckerschlecken«, sollte sein Vater später *Newsweek* erzählen. »Er war besorgt, wütend, wurde von Dingen abgehalten, die er eigentlich besser erledigt hätte.« Tatsächlich war es viel schlimmer. Laut eines alten Freundes machte Gates eine Zeit durch, in der er ständig wiederholte: »Ich hasse meinen Job. Ich hasse mein Leben. Ich hasse diese ganze Situation. Ich weiß einfach nicht mehr, was ich machen soll.«

Es beunruhigte Gates' Freunde, ihn bis zur Mutlosigkeit demoralisiert zu sehen. Auch der Aufsichtsrat von Microsoft machte sich Sorgen. Am 24. Januar trafen sich die Aufsichtsratsmitglieder (Paul Allen, Microsofts ehemaliger Präsident Jon Shirley, der Risikokapitalgeber Dave Marquardt, Mattels CEO Jill Barad, Richard Hackborn von Hewlett-Packard, der Finanzier William Reed) zu ihrem allmonatlichen Meeting. Es war an einem grauen Samstag, genau 72 Stunden, nachdem die Firma sich mit Jackson und dem Justizministerium über die einstweilige Verfügung geeinigt hatte, und der Aufsichtsrat rechnete damit, daß lange über das Wiederaufrollen des Vergleichs und die wahrscheinlich bevorstehende Klage der Regierung diskutiert werden würde. Einige von Microsofts Aufsichtsräten hofften allerdings, auch noch einen anderen Punkt zur Sprache bringen zu können: Ballmer von seiner momentanen Position als Vice President zum Präsidenten zu befördern – um, wie es ein Aufsichtsratsmitglied ausdrückte, »einen Teil der Last von Bills Schultern zu nehmen«. Aber erst als Gates persönlich zu sprechen begann, wurde ihnen allen richtig bewußt, wie schwer diese Last mittlerweile geworden war.

Gates sah abgespannt aus, als hätte er seit Tagen nicht mehr richtig geschlafen, und verfiel in eine ausgedehnte, sehr emotionsgeladene Tirade, beschimpfte das Ministerium, kritisierte den Richter, beklagte die schiere Ungerechtigkeit, die über ihn und seine Firma gekommen war. Jeder im Raum war vertraut mit Gates' Ausbrüchen, die ein unangenehmes aber unvermeidliches Kennzeichen seines Führungsstils waren. Doch das hier war eine neue Art der Schmährede – mehr Bewußtseinsstrom und bei weitem persönlicher als sonst. Seine Stimme bebte; er zitterte am ganzen Körper. Und wenn ein Gates in voller Fahrt normalerweise herablassend und manchmal sogar grausam war, so wurde er jetzt von hemmungslosem Selbstmitleid gequält. Das Justizministerium verteufelte ihn. Die Presse haßte ihn. Seine Gegner verbündeten sich, um ihn zu vernichten. Das gesamte politische Establishment stellte sich geschlossen gegen ihn. Eine Legion von Feinden; seine Verteidiger verstummt.

Wie hatte das passieren können? Was sollte er bloß machen?

Gates Augen röteten sich. »Diese ganze Sache bricht über mir zusammen«, sagte er. »Es bricht alles zusammen.«

Und damit verstummte der reichste Mann der Welt und begann zu weinen.

Kapitel 4

DIE DINGE BRECHEN AUSEINANDER

SELBST IN der tiefsten Verzweiflung war Bill Gates kein Dummkopf. Sein Glück hatte sich in den letzten drei Monaten so drastisch gewendet, daß er gespürt haben mußte, wenn auch nur sehr vage, daß sich seine Lage durchaus noch verschlimmern sollte. Vor der Klage wegen Verstoßes gegen die Verpflichtungserklärung war Gates' Welt wohl geordnet gewesen. Stürmisch, keine Frage, unberechenbar auch und oft grausam. Aber es war eine Welt, die Gates verstand und die er besser als jeder andere beherrscht hatte. Doch jetzt, mit den Wunden aus der Auseinandersetzung mit Jackson und der drohenden Klage des Justizministeriums gegen die Firma wegen Verletzung des hundert Jahre alten Sherman Antitrust Act, stand Microsoft an der Schwelle zu einem komplexeren und chaotischeren Universum.

Komplexität war Gates' große Stärke. Anhänger wie Gegenspieler sprachen ihm mehr als jedem anderen CEO der Geschichte die unglaubliche Fähigkeit zu, nicht nur mehrere Schachzüge vorauszudenken, sondern das auch noch auf mehreren Spielbrettern parallel zu tun. Aber gleichgültig, wie viele Spiele man gerade spielt, für jedes Brett gelten dieselben Regeln. Bekannte Regeln. Festgelegte Regeln. Die Herausforderung, der sich Gates und Microsoft jetzt stellen mußten, war weniger ein Schachspiel als vielmehr Improvisationstheater, bei dem die Bühne voll von Akteuren ist, die unterschiedliche Drehbücher, unterschiedliche Motive und Ziele haben. Manchmal sollten die Akteure – Microsoft, das Justizministerium, die Bundesstaaten, Silicon Valley, Richter Jackson und der ganze Rest – brav ihre Rolle spielen, manchmal nicht. Manchmal sollten sie ihre auswendig gelernten Parts aufsagen, ein andermal hingegen wild improvisieren. Diese bunt gemischte Besetzung sollte auf der Bühne herumtollen und das Drama um Microsoft in einer Weise vorantreiben, die niemand erwartet, beabsichtigt oder auch nur gewünscht hatte.

Die Nebenhandlung, die Microsoft am meisten verwirrte, spielte in der Sphäre der Politik. 1997 hatten einige bekannte Figuren des Valley damit begonnen, Brücken nach Washington zu schlagen, was bis dato in der High-Tech-Branche noch nie vorgekommen war. Dieser Vorstoß mündete in der Zweiparteienorganisation namens TechNet, deren Vorsitzende Jim Barksdale von Netscape und der Risikokapitalgeber John Doerr waren, der nicht nur in Netscape investiert hatte, sondern auch in Sun, Intuit, @Home und eine ganze Reihe weiterer Rivalen von Microsoft und der sich auffallend gut mit Al Gore verstand. (So auffallend, daß ein Running Gag im Valley lautete: »Gore & Doerr 2004«.)

In Redmond brodelten die Gerüchte, daß Barksdale, Doerr und andere »TechNetter« ihren neuen Draht zur Hauptstadt nutzten, um die Regierung und den Kongreß gegen Microsoft aufzubringen. Diese Verdächtigungen waren allerdings völlig aus der Luft gegriffen. Im Spätsommer 1997 hatte TechNet einen Besuch des damaligen Stabschef des Weißen Hauses, John Podesta, arrangiert, der sich mit Topmanagern von Unternehmen wie Cisco, Adobe, Sybase und Marimba traf. Bei vielen solcher Zusammenkünfte wurde das Thema Microsoft angeschnitten, gibt Podesta zu, »oft nur indirekt, etwa in Form von Vorbehalten gegen die Dominierung des High-Tech-Bereichs und gegen die Machtkonzentration«, sagt er, doch hier und da auch mal ganz offen, »etwa dergestalt: die haben uns in der Mangel.« Und obwohl Doerr und andere TechNet-Funktionäre hoch und heilig schwören, daß sie niemals mit Gore über Microsoft gesprochen hätten, behauptet eine Person, die mit der Gruppe in Verbindung steht, daß wenigstens bei einer Gelegenheit eine führende Persönlichkeit des Silicon Valley darüber mit Clinton geredet habe. Wie hat der Präsident darauf reagiert? »Er hat seinem Verständnis für unser Problem Ausdruck verliehen«, sagte diese Person. »Aber das war eben Clinton, also konnte das auch ohne Bedeutung sein.«

Die Ergebnisse dieses Lobbyismus' waren gleich Null. Podesta und andere im Weißen Haus, die Verbindungen zum Silicon Valley pflegen, streiten ab, jemals ernsthaft mit Klein über Microsoft gesprochen zu haben; und Klein seinerseits streitet ab, daß es zu diesbezüglichen Unterredungen zwischen dem Justizministerium und dem Weißen Haus gekommen ist – weder vor der ersten noch vor der anschließenden großen Antitrustklage. Auch wenn Silicon Valley eine wichtige Geldader für Wahlkampagnen ist, blieben die politischen Bemühungen im Fall Microsoft recht schwach. »Da springt nichts bei raus«, sagt Greg Simon, Leiter von Gores Kampagne, der dem Vizepräsidenten einst als Guru für Cyberpolitik gedient hatte. »Die Leute würden sagen: ›Warum seid Ihr denn hinter denen her? Wollt Ihr etwa die Gans umbringen, die die goldenen Eier legt?‹« Simons Schlußfolgerung war unzweideutig: »Politisch betrachtet ist Kartellrecht ein Schreckgespenst.«

Dennoch machte sich Microsoft zu Recht Sorgen darum, daß die Gegner der Firma die Machtspielchen besser beherrschten als das Unternehmen selbst. Auch wenn der Fischzug in die trüben Clinton-Gewässer wenig handfeste (oder zumindest öffentliche) Ergebnisse für das Valley einbrachte, stieß man dadurch auf ertragreichere Gründe bei denen, die konkrete Ziele verfolgten. Auf der linken Seite gab es Ralph Nader, dessen Anti-Microsoft-Gipfel im November 1997 Scott McNealy von Sun, Roberta Katz von Netscape und Gary Reback als Redner vorweisen konnte. Dieses Ereignis sorgte für nur wenige Überraschungen, aber für eine Fülle von Schlagzeilen.

Unerwartete und einflußreiche Unterstützung fand das Valley auf der Rechten, vor allem dank der Anstrengungen von Mike Pettit. Pettit war ein alter Hase in Washington, ein ehemaliger Topberater Bob Doles im Senat, der 1996 und 1997 Lobbyarbeit für Netscape geleistet hatte. Im Februar 1998 wurde er zum Vorsitzenden der Anti-Microsoft-Arbeitsgruppe ProComp, die ursprünglich von Sun, Netscape und Sabre (später auch von Oracle und anderen) unterstützt wurde. Pettit war unermüdlich, ein Mann, der sich – auf verblüffende Weise – für rein gar nichts zu schade war. Schon nach kurzer Zeit holte er Dole zu ProComp. Er mischte sich unter die Republikaner auf dem Capitol Hill und die konservativen Planungsstäbe in Washington. Und schließlich kam ihm eine leicht verrückte Idee: Warum versuchte man nicht, Robert Bork für die Sache zu gewinnen?

Bork, ein umstrittener konservativer Jurist, dessen Berufung an den Obersten Gerichtshof im Sommer 1987 großes Aufsehen erregt hatte, war einer der großen Männer des Antitrust. Sein 1978 erschienenes Buch *The Antitrust Paradoxon* war aufgrund seiner überzeugend vorgetragenen These, daß eine Durchsetzung der Kartellgesetze nur in Ausnahmefällen gerechtfertigt war, zur Bibel für die Ökonomen der Chicagoer Schule und eine ganze Generation von rechtsgerichteten Richtern geworden, die unter Richard Nixon und Ronald Reagan in ihr Amt berufen worden waren. Microsoft sollte Bork später mit der Begründung fallen lassen, er habe seine Prinzipien verraten und sich als bezahlter Killer von Netscape und ProComp anheuern lassen. »Ich weiß nicht, ob er sich hat kaufen lassen oder ob er es einfach leid ist, aber seine Argumentation ist ganz einfach Mist«, sagte Charles F. »Rick« Rule, der unter Reagan und Bush den Posten von Klein bekleidet hatte und mittlerweile Microsoft beriet. »Traurig.«

Rule vergaß zu erwähnen, daß Microsoft ebenfalls versucht hatte, Borks Dienste in Anspruch zu nehmen, und es zunächst auch so aussah, als sollte es der Firma gelingen. Anfangs stand Bork der Klage Netscapes äußerst skeptisch gegenüber – bis er einen Blick in Netscapes Weißbuch warf. Darin las er, daß Susan Creighton Microsofts Vorgehen gegen Netscape mit einem Fall verglich, der 1951 vor dem Obersten Gerichtshof unter dem Namen *Lorain Journal* verhandelt worden war. Dabei ging es um eine Lokalzeitung mit einem Anzeigenmonopol, die sich plötzlich mit einer neuen Technik konfrontiert sah – dem Radio, einem »partiellen Ersatz«, der das Monopol der Zeitung bedrohte – und die versuchte, es »zu zerstören und auszulöschen«, indem man Anzeigen von jedem Inserenten ablehnte, der zugleich mit der Radiostation Geschäfte machte. Als Creighton auf den Fall *Lorain Journal* gestoßen war, wußte sie, sie hatte den Jackpot geknackt, und das nicht nur, weil das Gericht damals entschieden hatte, daß die Zeitung das Antitrustgesetz verletzt hatte, oder weil der Fall so passend erschien. Creighton begeisterte vor allem, wo sie den Fall entdeckt hatte: in Borks Opus *The Antitrust Paradoxon*, und noch dazu vom Autor beifällig zitiert. »Ich hielt den Vergleich für perfekt, und sollte ich richtig liegen, hatten wir den Gott der Chicagoer Schule auf unserer Seite«, sagte sie. »Ich träumte davon, ihm eines Tages die Stelle zu zeigen und zu sehen, ob er von seinem hohen Roß heruntersteigen würde.«

So war es. Als Pettit und Christine Varney ihm das Weißbuch zeigten, starrte Bork abwechselnd sein Buch an, dann wieder Creightons und so weiter und sagte dann über die Gläser seiner Lesebrille hinweg: »Sie haben Recht, ich habe das geschrieben. Es paßt, haargenau.« Im März 1998 schloß er sich offiziell der Anti-Microsoft-Brigade an.

Microsoft war getroffen, wußte man doch, daß Borks Unterstützung der Sache der Feinde intellektuelle Glaubwürdigkeit verschaffen würde. Natürlich würde das Unternehmen seine eigene Schlägertruppe in Washington anheuern. Doch die verhältnismäßig geringe Zahl an Führungskräften in Redmond, die mit politischem Hintergrundwissen aufwarten konnten, beunruhigte es schon, daß sich das Silicon Valley auf beiden Seiten des politischen Spektrums Unterstützung sichern konnte. Ein leitender Angestellter drückte es so aus: »Meine Güte, wenn Ralph Nader und Bob Bork schon, was uns betrifft, einer Meinung sind, dann ist es wirklich kein politisches Risiko mehr, Microsoft zu jagen.«

Auftritt Orrin Hatch. Im Februar verkündete Hatch seinen Plan, eine Microsoft-Anhörung abzuhalten – und Bill Gates ebenfalls zu laden. Die Idee stammte von Mike Hirshland, der im Begriff war, einer der eifrigsten, effektivsten und dabei unauffälligsten Microsoftjäger der Hauptstadt zu werden. Im vergangenen November hatte Hirshland eine öffentliche Anhörung zum Wettbewerb in der Softwarebranche durchgeführt, die nur wenig Staub aufgewirbelt, aber um so mehr interessante Informationen ans Licht gebracht hatte. Seitdem hatte der junge Anwalt immer gründlicher die Machenschaften Microsofts erforscht und war mit der Zeit zu der felsenfesten Überzeugung gelangt, daß hier ein ernstzunehmender und vielversprechender Fall zum Antitrustgesetz nur darauf wartete, aufgenommen zu werden. Hirshland sah sich dabei selbst als Motor des Justizministeriums, und in dieser Funktion ging er zu Hatch und schlug ihm vor, Gates zusammen mit mehreren erklärten Gegnern von Microsoft vorzuladen.

In Sachen Microsoft galt Hirshland in nicht geringem Maße als Vordenker von Hatch, aber zufällig hegte der Senator aus Utah bereits eine ganz persönliche Abneigung gegen die Firma. Jahrelang waren Hatch Geschichten über Microsofts angebliche Verfehlungen gegen in Utah angesiedelte High-Tech-Firmen wie Novell und Caldera zu Ohren gekommen. Irgend jemand (er konnte sich nicht mehr erinnern, wer genau, aber es war ihm im Gedächtnis geblieben) hatte ihm erzählt, daß Steve Ballmer ein Gangster sei. Und wenn das noch nicht reichte, um Hirshlands Plan zu unterstützen, so wurde Hatch zu guter Letzt davon überzeugt, daß, sollte Gates wirklich auftauchen, ihm die Anhörung Lobhudeleien seitens des Silicon Valley und eine beachtliche Sendezeit einbrächte – und damit die zwei Hauptanliegen Hatchs befriedigen würde, Kampagnenfinanzierung und landesweite Publicity. Doch Hatch wußte ebenso gut, daß eine solche aufgeheizte Kraftprobe auch leicht nach hinten losgehen konnte. »Ich will das nur durchziehen, wenn wir sicher wissen, daß wir Erfolg haben können«, sagte er zu Hirshland, der ihm versicherte, sie würden damit einen Volltreffer landen.

Als der Termin der Anhörung immer näher rückte, machte Hatch Hirshland klar, daß er sich jede erdenkliche Mühe geben sollte, sie absolut fair vonstatten gehen zu lassen. Als Hatch dann schließlich Gates anrief, lehnte der Microsoftchef es ab, neben Barksdale und McNealy allein auszusagen, so wie Hirshland es ursprünglich geplant hatte, sondern bestand darauf, daß zwei handverlesene Verbündete – Michael Dell von Dell Computer und Doug Burgun von Great Plain Software – der Zeugenliste hinzugefügt wurden. Widerspruchslos willigte Hatch ein, und der Senator nahm sich sogar einen Tag vor der Anhörung eine ganze Stunde Zeit für eine Besprechung mit Gates, während er ansonsten niemals mehr als 20 Minuten für ein Treffen erübrigte.

Es nieselte an jenem 2. März, einem Montagnachmittag, als Gates mit gut einem Dutzend Leuten im Schlepptau in Hatchs Büro im ersten Stock des Russell Senate Office Building erschien. Die Einrichtung des Zimmers war in der für Senatoren typischen Eintönigkeit gehalten – blauer Teppich, dunkles Holz, das Sternenbanner in der Ecke. Hatch befand sich noch zu einer Stimmabgabe im Senat, kam aber bald nach und entschuldigte sich für die Verspätung. Gates warf einen Blick auf die Uhr an der Wand, wandte sich an den Vorsitzenden des Rechtsausschusses des Senats und sagte kühl: »Da wir jetzt mit 15 Minuten Verspätung anfangen müssen und mir nur noch 45 Minuten bleiben, schlage ich vor, wir kommen gleich zur Sache.«

Hatch war wie vom Donner gerührt und sagte erst einmal gar nichts mehr.

Von da an ging es nur noch abwärts. Als Gates Hatch erzählte, daß das Justizministerium Microsoft zwingen wollte, den Internet Explorer aus Windows zu entfernen, meldete sich Hirshland und sagte, diese Beschreibung der Position der Regierung sei nicht zutreffend. Daraufhin drehte sich Gates ruckartig um und schnauzte: »Das stimmt nicht. Sie wissen doch gar nicht, wovon Sie reden.« Als Gates wissen wollte, welche Fragen man ihm ungefähr stellen würde, gab ihm Hirshland eine Liste mit sehr allgemeinen Punkten. Auf einen der Punkte deutend beschwerte sich Gates: »Wenn Sie mich dazu was fragen, wird das eine Scheinverhandlung!« Dann erkundigte sich Gates nach der geplanten Sitzordnung während der Anhörung. Als man ihm sagte, er werde zwischen Barksdale und McNealy sitzen, sprang Gates auf und zeterte: »Nein! Nein! Nein! Wenn Sie mich zwischen die beiden setzen, komme ich erst gar nicht!«

Hatch, den das Ganze mittlerweile mehr belustigte als verärgerte, lehnte sich zurück und sagte: »O.K., O.K., wir setzen Sie einfach ans eine Ende des Tisches und lassen Sie zuerst sprechen. Zufrieden?«

Verglichen mit diesem Vorspiel war die eigentliche Anhörung eher ernüchternd. Hunderte Gaffer hatten sich angesammelt, um einen Blick auf Gates zu erhaschen, der herausgeputzt war wie ein Junge im Sonntagsstaat – er trug einen Anzug, Schlips und anständige Lederschuhe, sein Haar war frisch geschnitten und gescheitelt. Seine Sekundanten hatten ihn in nachgestellten Anhörungen, in denen ein Anwalt von Microsoft als Hatch fungierte und zwei weitere Mitarbeiter McNealy und Barksdale verkörperten, sorgfältig vorbereitet. Dennoch rangierte Gates' Vorstellung zwischen ganz passabel und armselig. Er wich oft aus und bemühte sich erst gar nicht, es zu überspielen. Er behauptete immer wieder, Microsoft sei kein Monopolist, was auf zunehmende Skepsis stieß. In den letzten Minuten der Anhörung wurde es schließlich kurzzeitig dramatisch, als es einem beharrlichem (und gut vorbereiteten) Hatch gelang, von Gates bestätigt zu bekommen, daß Microsofts Verträge mit Internetfirmen Werbung für Netscapes Browser ausdrücklich verboten.

Für viele Beobachter, besonders für diejenigen, denen das geheimnisvolle Kauderwelsch, in dem Rechtsverdreher miteinander kommunizieren, nicht vertraut war, hatte Hatchs Versammlung wenig oder gar nichts bewirkt. Ein langwieriges Schauspiel ohne große Substanz, so die Skeptiker. Überhaupt war es ja kein Geheimnis, daß das juristische Schicksal Microsofts nicht in den Händen des Kongresses, sondern in denen des Justizministeriums und der Gerichte lag.

Doch Joel Klein war nicht der Mann, der sich auf einen Kreuzzug gegen Microsoft begab, ohne vorher einen angefeuchteten Finger in die Luft zu halten, um herauszubekommen, aus welcher Richtung der politische Wind wehte. Er war lange genug in Washington, um zu wissen, daß ein Fall dieses Ausmaßes mit dem Segen von Capitol Hill leichter durchzufechten war – und sollte dieser auch nur stillschweigend erfolgen. Deshalb schaute Klein auf Hatch, seinen wertvollsten Verbündeten in dem Kampf um Zustimmung. Sein Blick ging in die richtige Richtung. Mit der Anhörung versuchten Hatch und Hirshland ausdrücklich, wenn auch auf undurchsichtige Weise, Klein eine Botschaft über die Stimmung auf dem Capitol Hill zukommen zu lassen und ihm für den Fortgang der Dinge den Rücken zu stärken. Die Botschaft war nicht schwer zu entschlüsseln: In der vier Stunden dauernden Anhörung hatte nicht ein einziges Mitglied des Rechtsausschusses des Senats ernsthaft versucht, Microsoft zu verteidigen, geschweige denn einen präventiven Angriff auf das Justizministerium zu starten.

Genau wie Hatch und Hirshland gehofft hatten, machte der Ausgang der Anhörung Klein Mut. »Ich wußte auf einmal, daß eine Untersuchung von Microsoft politisch unterstützt werden würde«, sagte er ein paar Wochen später. »Das war nun keine Überraschung für mich. Aber die Anhörung verschaffte einem doch ein beruhigendes Gefühl. Die ganze Sache wurde klarer. Microsoft geht auf den Capitol Hill und verkündet, es hätte kein Monopol, und die Leute sagen ganz einfach: ›Das ist doch Quatsch.‹«

Andere Politiker hielten »Quatsch« noch für untertrieben. Jeff Eisenach, Kopf der Progress & Freedom Foundation, jenes Planungsstabs, der einst als Brain Trust von Newt Gingrich bekannt geworden war, sagte damals: »Gates' Auftritt spiegelte nicht einfach ein bißchen Arroganz wieder; im Gegenteil, sogar ungeheuer große Arroganz. Deshalb hat Microsoft im Moment auch keine Fürsprecher in Washington, mal abgesehen von ein paar Extremisten am CATO Institut und ein paar österreichischen Wirtschaftsleuten an zweitklassigen Unis.« Und kopfschüttelnd weiter: »Als Gates die Anhörung verließ, war er einem großen Antitrustverfahren näher als je zuvor. Wenn man der reichste Mann der Welt ist und sich kein einziger Senator für einen einsetzt, dann weiß man einfach, daß man ein Problem hat.«

DIE ANHÖRUNG von Hatch mochte für Gates die reine Hölle gewesen sein, doch für seine anwesenden Gegner war es der reine Zirkus: ein Medienzirkus. Barksdale war in seinem Element. Mit seinem silbergrauen Haar und der südlichen Bräune, seinem vornehmen Auftreten und dem Gehabe eines Amateurschauspielers schien der Chef von Netscape selbst ein Senator zu sein. Er begann seinen Beitrag damit, daß er sich an das Publikum wandte und es in schönstem Mississippi-Dialekt fragte, wie viele von ihnen einen PC hätten. Etwa drei Viertel hoben die Hand.

Anschließend fragte Barksdale: »Und wie viele von Ihnen haben einen PC ohne das Betriebssystem von Microsoft?«

Alle nahmen die Hand wieder herunter.

»Meine Herren, so etwas nennt man Monopol.«

McNealy schien dagegen ein wenig nervös zu sein. Sein Eingangsstatement schien von einem Mann zu kommen, der eigentlich woanders sein sollte – was, wie sich herausstellte, auch so war. Nach etwa zwei Dritteln der Anhörung beging er einen kolossalen Fauxpas, indem er abrupt aufsprang und sich wegen eines geschäftlichen Treffens in New York entschuldigte. Doch bevor er ging, machte er noch ein paar Punkte gut und frotzelte: »Das Einzige, was ich noch lieber besäße als Windows ist Englisch ... dann könnte ich Ihnen 249 Dollar für das Recht abknöpfen, Englisch zu sprechen, und ich könnte nochmal was verlangen, wenn ich neue Buchstaben hinzufüge – zum Beispiel N und T.«

Bereits vor diesem ganzen Remmidemmi im Senat hatten sich Barksdale und McNealy als die öffentlichen Figuren der Anti-Microsoft-Bewegung hervorgetan. (Larry Ellison war zwar der lauteste Gatesklatscher im Silicon Valley, doch hatte ihm seine alberne Selbstgefälligkeit in der Öffentlichkeit lediglich den Ruf eines Playboys eingebracht.) Netscape und Sun waren lose, aber unbestreitbar miteinander verbunden, auch wenn hier und da zwischen den Angestellten kleine Fehden aufloderten. Sun war ein Hardwareunternehmen, das sich nebenbei auch in Software versuchte und mit 8,6 Milliarden Dollar Umsatz im Jahr 1997 auch beträchtlich größer und etablierter als sein Verbündeter Netscape mit 533 Millionen Dollar war. Doch in der juristischen und politischen Kampagne gegen Microsoft war Netscape immer der Seniorpartner, sowohl vor als auch hinter der Kamera. Netscapes Versuch, den Allesfresser zu Fall zu bringen – auf seine so wagemutige, romantische, mitreißende und dem Untergang geweihte Art – hatte die öffentliche Phantasie in einer Weise gefangen genommen, die Sun nicht einmal mit Java erreicht hatte. Netscape war Microsofts größtes Opfer. Und Netscape hatte schließlich mit seinen Weißbüchern und den unermüdlichen lobbyistischen Anstrengungen von Reback und Creighton die Trägheit des Justizministeriums überwunden und die Dinge vor Gericht in Gang gebracht.

Am ersten Arbeitstag des Januars 1998 verkündete Netscape dann, es hätte die prognostizierten Ertragszahlen des letzten Quartals um Längen verfehlt; letzten Endes hatte das Unternehmen einen Verlust von 88 Millionen Dollar zu beklagen und mußte 400 seiner 3200 Angestellten entlassen. In diesem Augenblick wendete sich das Blatt. Niemand machte eine entsprechende Pressemitteilung, doch mit jenem Tag stand Netscape endgültig zum Verkauf. (Der erste Interessent, den Barksdale später im Januar auftun sollte, war in der Tat McNealy, der sich zwar nach Netscapes Unternehmenssoftware die Finger leckte, aber nicht das geringste Interesse an seinem Webportal hatte, was das Zustandekommen eines Geschäfts unmöglich machte.) Während Netscape für immer das Aushängeschild des Microsoftfalles bleiben sollte, war das aufstrebende Start-up-Unternehmen nicht länger der Kopf oder das Herz des Anti-Microsoft-Bündnisses. Das war jetzt Sun.

McNealy hatte den Ruf, der bissigste und schamloseste Kritiker Gates zu sein – abgesehen von Reback natürlich –, pflegte im Übrigen aber einen eher unbeholfenen Führungsstil. Suns CEO war einer der vier Gründer des Unternehmens und übte seine Funktion bereits seit 1984 aus. Er war einer der aufrichtigsten und gleichzeitig rätselhaftesten Firmenchefs Amerikas. Der Mittvierziger McNealy gilt in der Öffentlichkeit als gelassener, altmodischer und kumpelhafter Spaßvogel – der »Huckleberry Finn der Wirtschaft«, wie es ein leitender Angestellter bei Sun einmal ausdrückte. Insgeheim allerdings hat er ein eher aufbrausendes Gemüt und legt ein Konkurrenzverhalten an den Tag, das dem von Gates in seiner Art noch in seinen Ausmaßen in nichts nachsteht. Er ist ein außergewöhnlich intelligenter Kopf, liest jedoch keine Bücher und liebt es, mit seiner maßlosen Unbelesenheit auch noch anzugeben. Eifersüchtig hütet er seine Privatsphäre, genießt es aber in vollen Zügen, im Rampenlicht zu stehen. Trotz seines Images als dreister, hartnäckiger und geschwätziger Firmenrebell, war sein Führungsstil bei Sun seit jeher nahezu krankhaft vorsichtig und vermied Konflikte jeglicher Art. Er ist bekannt dafür, niemanden feuern zu können (dazu schickt er immer einen Vertreter) und trifft nur selten eine Entscheidung, ohne sie vorher von seinem Führungsstab absegnen zu lassen. »Sein Verhalten ist vielleicht radikal«, bemerkte Suns Syndikus Mike Morris. »Aber sein Instinkt ist durch und durch konservativ.«

Da Sun sich selbst von einer unbedeutenden Herstellerfirma von Workstations zum führenden Produzenten von Servern im High-End-Bereich hochgearbeitet hatte, der sich mit Riesen wie IBM und HP messen konnte, geboten McNealy einige Mitarbeiter aus seiner näheren Umgebung, besonders aber Suns Nummer zwei, Ed Zander, seine Angriffe gegen Microsoft ein wenig zu mäßigen. Was wir brauchen, ist Détente, Entspannung mit Redmond, ermahnte man ihn; unsere Kunden bitten uns inständig darum. Im Oktober, nachdem er zugestimmt hatte, als Hauptredner auf der Konferenz von Nader in Washington aufzutreten, mußte McNealy so viele Ermahnungen von Zander und anderen über sich ergehen lassen, daß er schließlich absagte. Dann sagte er wieder zu. Dann wieder ab. So ging es eine Woche vor dem fraglichen Ereignis hin und her, bis McNealy schließlich einräumte, er werde kommen, wenn Nader einen weiteren Firmenchef dazu bewegen könne, in Ergänzung zu ihm zu sprechen. Mit Hilfe eines sympathisierenden und ebenfalls involvierten Risikokapitalgebers aus dem Valley überredete Nader den damaligen Vorsitzenden von Sybase, Mitchell Kerzman, via Satellit anwesend zu sein; was reichte, um McNealy zufriedenzustellen.

Der Boß von Sun schreckte auch vor Lobbyarbeit zurück, selbst wenn es gegen Microsoft ging, weil er ganz einfach nicht an die Regierung glaubte. »Washington ist für mich die letzte Stadt der Welt«, sagte er mir einmal. »Da stehen diese ganzen unglaublichen

Monumente der Regierung herum, Ministerien, die überhaupt kein Existenzrecht auf diesem Planeten haben – das Ministerium für Landwirtschaft, für Transport und Verkehr, für Gesundheit, Erziehung, Handel – all diese riesigen Bauten aus Stein und Mörtel mit ihren Massen an Leuten, die herumlaufen und den Reichtum umverteilen. Das alles stinkt mir gewaltig.«

Ich warf ein, daß McNealy in seiner Aufzählung das Justizministerium vergessen hatte. Er lächelte. Ich fragte ihn, was die Bundesbehörden denn seiner Meinung nach gegen Microsoft unternehmen sollten. »Ein bißchen von dem ganzen Mist einstellen, für den die Regierung Geld ausgibt, und es für den Kauf aller Microsoftaktien verwenden. Dann deren ganzes geistiges Eigentum in den öffentlichen Sektor stecken. Kostenloses Windows für alle! Meinetwegen können wir Gates dann auch in Bronze gießen und als Statue vorm Handelsministerium aufstellen.«

Wären McNealys juristische Vorstellungen alles gewesen, was Sun zur Anti-Microsoft-Bewegung beigetragen hätte, dann hätte Redmond leichtes Spiel gehabt. Aber die Firma hatte ja noch Mike Morris, der seit 1987 Chef der Rechtsabteilung war. Morris war ein kleiner Mann mit einem großen runden Bauch, braunem Bart und einem Haarschnitt, als hätte man ihm einen Topf auf den Kopf gesetzt. Wie McNealy kam auch er aus Michigan. Allerdings waren die beiden in völlig unterschiedlichen Gegenden aufgewachsen – McNealy als Sohn eines hohen Tieres in der Autobranche im piekfeinen Bloomfield, Morris dagegen in der tiefsten Provinz als Sohn eines Werkzeugmachers. Und das war noch der geringste Unterschied zwischen den beiden. McNealy war in Bezug auf Politik eine Donnerbüchse und ein Freigeist, der am liebsten Steve Forbes als Präsidenten gesehen hätte; Morris hingegen war ein Liberaler – liberal mit großem L – und besaß den vorsichtigen Instinkt des geborenen politischen Beraters. McNealy war geradezu aufreizend heterosexuell, Morris hingegen bekannte ganz offen, schwul zu sein. Und wo McNealy vor jedem Konflikt und jeder Konfrontation zurückschreckte, ging Morris darin auf, besonders wenn der Gegner Microsoft hieß. Morris war es auch, der McNealy dazu brachte, die Java-Angelegenheit im Oktober 1997 vor Gericht zu bringen. Nachdem man dort einen Sieg errungen hatte, überredete Morris seinen Chef, ein weiteres Mal wegen Java zu klagen, dieses Mal jedoch radikaler, in dem Sinne, daß Microsoft dazu verurteilt werden sollte, Veränderungen an Windows vorzunehmen. Während eines heftigen firmeninternen Streits über diese zweite Klage warf Ed Zander Morris vor, ein »Fanatiker« zu sein.

»Ich bin nicht fanatisch, bloß realistisch«, gab Morris wütend zurück. »Wir haben sie gerade fest an der Gurgel. Das einzig Wahre wäre es jetzt, richtig zuzudrücken und ihnen die Luft zu nehmen. Will man den König stürzen, köpft man ihn am besten.«

Morris hatte die Enthauptung Microsofts wieder im Sinn, als er in den ersten Tagen des Jahres 1998 zum Telefon griff und Joel Klein anrief. In den letzten neun Monaten hatte Morris oft mit Klein zu tun gehabt, um der Regierung wegen einer Klage gegen Microsoft ein wenig auf die Sprünge zu helfen. Seine Partner in dieser Sache waren Roberta Katz von Netscape und Sabres Rechtsbeistand Andy Steinberg. Gemeinsam hatten sie ProComp gegründet, das Justizministerium bearbeitet, Mike Hirshland bei seinen Ermittlungen unterstützt, ihre Geschichte jedem erzählt, der sie hören wollte; und sie hatten mißtrauische Mogule aus dem Silicon Valley zu vertraulichen Gesprächen mit dem Justizministerium bewegen können. Jetzt heckte Morris eine Solomission aus: Er wollte eine Art private Sonderkommission aus landesweit anerkannten Kartellanwälten und Ökonomen zusammenstellen, die einen dem Antitrustgesetz entsprechenden Klageentwurf aufsetzen sollten, der für das Justizministerium Sinn machen würde, eingeschlossen eine Diskussion der in Frage kommenden Sanktionen, und das Ganze schließlich Klein und seinen Leuten vorlegen.

Würde das dem Ministerium weiterhelfen? fragte Morris den Chef der Kartellbehörde.

Selbstverständlich, gab Klein zurück.

So startete ein Projekt, das sich über drei Monate hinziehen und drei Millionen Dollar von Suns finanziellen Mitteln verschlingen sollte: das »Projekt Antitrust«. Wie Morris es vorgesehen hatte, bestand das Projekt Antitrust aus einigen Stars in Sachen Wettbewerbsrecht, darunter der berühmte Houstoner Prozeßanwalt Harry Reasoner, der Ökonom Dennis Carlton von der Universität von Chicago und mehrere seiner Kollegen aus der Beratungsfirma Lexecon, der prominente Washingtoner Anwalt Michael Sohn, der Stanford-Ökonom Garth Saloner und schließlich der ehemalige Syndikus der Federal Trade Commission Kevin Arquit, der Sun in Sachen Kartellrecht in Washington betreute. Bei der Auswahl seiner Experten hatte Morris sorgfältig darauf geachtet, nur diejenigen mit tadellosen Referenzen aus seriösen, allgemein anerkannten Quellen aufzunehmen; Leute, die Kleins Sprache sprachen; die einigermaßen objektiv erschienen, obwohl Sun ihnen 600 bis 700 Dollar pro Stunde zahlte. Überflüssig zu erwähnen, daß dieses Projekt politisch betrachtet ein großes Risiko darstellte; denn hier finanzierte einer der schärfsten Konkurrenten von Microsoft eine kostspielige Unternehmung, um das Justizministerium zu beeinflussen – und das noch dazu mit der Unterstützung dieses Ministeriums. Also ging alles unter strengster Geheimhaltung vonstatten. Abgesehen von McNealy informierte Morris keinen anderen bei Sun darüber, und jeder darin Verwickelte wurde zu absoluter Vertraulichkeit angehalten. Als einer der Teilnehmer über seine Rolle in dem Projekt befragt wurde, sagte er hinter vorgehaltener Hand: »Ich habe nicht einmal meiner Frau davon erzählt.«

Von Mitte Januar bis Mitte April traf sich das Team des Projekts Antitrust alle zwei Wochen für gewöhnlich im O'Hare Hilton in Chicago. Zunächst waren diese Treffen äußerst umstritten. Zum einen »gab es da eine ganze Menge Ego in diesem Raum«, erinnert sich jemand. »Eine Menge Effektehascherei.« Zum anderen teilte sich die Gruppe schon bald in verschiedenste Fraktionen: in Anwälte und Wirtschaftsexperten, in technisch Versierte und technisch Unbegabte, in Insider Washingtons und Außenstehende. »Es gab da solche, die behaupteten, Joel gut zu kennen«, erinnert sich ein Teilnehmer. »Die sagten immer: ›Laßt es Euch gesagt sein, ich kenne Joel, und der wird das so nie akzeptieren.‹« Dieses Problem war besonders hinderlich, wenn es um die in Frage kommenden Sanktionen ging. Einer der Wirtschaftsleute erzählte mir erst kürzlich: »Die Leute aus Washington haben die ganze Zeit auf Verhaltenssanktionen bestanden, weil sie überzeugt waren, Joel würde strukturellen Maßnahmen niemals zustimmen.« Dann lachte er. »Mann oh Mann, ich wette, die kommen sich jetzt ziemlich blöde vor.«

Die Gruppe war aber noch in anderer Hinsicht gespalten. Für diejenigen aus dem Valley war die These, Microsofts Monopol und seine miesen Machenschaften hätten technische Innovation behindert und Investitionen verzerrt, längst bewiesen; es war eine Tatsache. Doch für Leute wie Reasoner, Carlton und Sohn – die großen Geschütze, die Morris vor Klein auffahren wollte – waren das alles mit ein paar Gerüchten gewürzte Spekulationen. Reasoner fragte immer wieder: »Wo zum Teufel ist der Beweis?«

Schließlich sah Morris' Plan noch vor, die Projektgruppe Antitrust direkt dem Einflußbereich des Valley auszusetzen. Er wandte sich an Gary Reback, mit der Bitte, eine Reihe streng geheimer Treffen mit Persönlichkeiten der Branche zu arrangieren, die die Fragen kompetent beantworten konnten. Nichts reizte Reback mehr als verdeckte Operationen, bei denen er die Fäden zog. Er erwiderte Morris: »Ich werde alle meine Schulden eintreiben.« (Morris dazu: »Wenn Gary jedes Mal alle seine Schulden eintreiben würde, wenn er davon spricht, dann müßte er mittlerweile ganz schön im Minus sein mit seinen Schuldscheinen.«) Innerhalb weniger Tage hatte Reback eine ganze Mörderbande von Führungskräften, Finanziers und Technikern aus dem Valley versammelt, die während eines 24-Stunden-Marathons vor Morris' Gruppe aufmarschieren würden. Reback informierte seine Zeugen, daß dieses Treffen äußerst wichtig war und dazu beitragen dürfte, das Justizministerium zu beeinflussen; sehr viel mehr erzählte er aber nicht, sagte weder die Namen der Wirtschaftsexperten und Anwälte, die ihnen gegenübersitzen würden beziehungsweise wer die anderen Zeugen waren, noch wer das Treffen finanziell unterstützte. Damit sie sich in der Kanzlei von Wilson Sonsini nicht gegenseitig über den Weg liefen, ließ er sie durch unterschiedliche Vorzimmer eintreten und hinausgehen.

Der Privatunterricht, den die Mitglieder des Projekts Antitrust an jenem Tag Ende März erhielten, war intensiv und umfassend, und laut eines Anwesenden reagierten sie auf vieles mit Bestürzung und hellem Erstaunen. Von Eric Schmidt, dem Chef von Novell, erfuhren sie, wie verletzlich eine Firma war, die mit der Software von Microsoft konkurrierte, aber gleichzeitig auch auf den Konkurrenten angewiesen war. Von Apples Softwareguru Avie Tevanian erfuhren sie, warum Sanktionen, die das Verhalten der Firma betreffen, etwa die Freigabe von Microsofts Anwendungsprogramm-Schnittstellen, sinnlos wären. Bill Joy von Sun (der aufgrund der Geheimhaltung nicht die geringste Ahnung hatte, daß seine eigene Firma das ganze Spektakel bezahlte) erzählte ihnen, warum Tevanian Recht hatte, aber eine Zerschlagung Microsofts in drei identische Unternehmen, die sogenannte »Baby-Bills«-Lösung, sogar noch schlimmer sein würde: »Ich muß dabei immer an den ›Zauberlehrling‹ denken.« Von John Doerr erfuhren sie von Microsofts neuester Angewohnheit, die Risikokapitalgeber des Valley um sich zu scharen und ihnen »hilfreiche« Anleitung und Vorschläge anzubieten, in welche Techniken sie am besten investieren und was sie möglichst Redmond überlassen sollten. »Die Strategie meiner Firma ist es, niemals eine Unternehmung zu unterstützen, die in direktem Konkurrenzkampf mit Microsoft steht«, so Doerr. »Nur ausgemachte Dummköpfe stellen sich einem rollenden Zug in den Weg.«

Und sie hörten sich Jim Clark an. »Als ich bei Silicon Graphics ausstieg, hatte ich netto 16 Millionen Dollar, von denen ich fünf Millionen in den Aufbau von Netscape investiert habe«, erzählte Clark. »Microsoft hat Netscape förmlich gekillt. Ich werde mein Geld nie wieder in eine Sache stecken, um mit denen zu konkurrieren. Ich lasse die Finger von jedem Markt, der auch nur im entferntesten auf Microsofts Weg liegt. Und wenn ich vor vier Jahren gewußt hätte, was ich heute weiß – daß Microsoft uns zerstören und die Regierung drei verdammte Jahre lang nichts dagegen unternehmen würde – hätte ich Netscape erst gar nicht aufgebaut.«

Ein paar Wochen später, nach einem wilden Gerangel bei der Beschlußfassung und der Fertigstellung der Vorlage flogen Morris und eine Handvoll seiner Experten (die schweren Geschütze plus Saloner; aber nicht Reback) gen Washington zur Audienz im Justizministerium. Es war jetzt Mitte April. Vier Monate waren vergangen, seit das Verfahren wegen Verletzung der Verpflichtungserklärung seinen Höhepunkt erreicht hatte, und Morris wußte nur wenig mehr über den Stand der Ermittlungen des Ministeriums als das, was er in den Zeitungen gelesen hatte. Sicher, die Beamten der Kartellbehörde schienen ihn unbedingt sehen zu wollen: Klein hatte zweimal angerufen, ob man die Präsentation nicht vorverlegen könne. Als Morris dann im Justizministerium ankam, sollte seine Truppe vor ausverkauftem Haus spielen. Klein war da, Melamed, Rubinfeld, Malone und David Boies zusammen mit einer Schar weiterer Angestellter der Kartellbehörde, und alle drängten sich in den Konferenzraum gleich neben Kleins Büro.

Morris' Team setzte sich Klein und seinen Leuten gegenüber und schickte sich an, den Entwurf der Klage zu umreißen, die das Justizministerium ihrer Meinung nach einreichen sollte. Wie schon die Weißbücher von Netscape war auch jetzt illegale Aufrechterhaltung und Ausdehnung des Monopols das Herzstück des Falls – ein Verstoß gegen Paragraph 2 des Antitrustgesetzes. Jahrelang hatte Microsoft seine Vorherrschaft auf dem PC als Hebel benutzt, um in angrenzende Märkte einzudringen, von Büroanwendungen bis hin zu Betriebssystemen für Server. Manchmal waren diese Märkte an sich schon ungeheuer wertvoll; allein Office brachte Gates' Firma jährlich Milliarden, und das nächste von Microsoft anvisierte Ziel, der Serverbereich, in dem Sun führend war, war sogar noch einträglicher. Manchmal allerdings waren die Märkte auf Heller und Pfennig gerechnet so gut wie gar nichts wert, dafür war ihre Beherrschung aber maßgeblich, um die Vorherrschaft Microsofts auf dem PC zu sichern. Die Browser waren ein Beispiel dafür. Java ein anderes: Indem es Programmierern ermöglichte, Software zu schreiben, die unter jedem beliebigen Betriebssystem lief, drohte es, Windows bedeutungslos, wenn nicht gar obsolet werden zu lassen. Microsofts Reaktion darauf hatte darin bestanden, sich von Sun die Nutzungsrechte für Java zu sichern und dann, so beklagte sich Sun, diese Rechte zu verletzen, indem es eine auf Windows beschränkte Variante entwickelte, um den eigentlichen Zweck, nämlich Plattformunabhängigkeit, zu untergraben. Microsofts *modus operandi* war in beiden Fällen, bei Java wie dem Browser, immer der gleiche: »Wir werden es zu fassen kriegen, es uns einverleiben, an unser Betriebssystem koppeln, und dann werden wir es vernichten. Wir werden alles Notwendige tun, um das Mutterschiff – das Betriebssystem – zu retten.«

Die Präsentation von Sun dauerte fast vier Stunden. Indem er seine Experten aufmarschieren ließ, um den größten Teil der Argumente und Beweisführungen vorzutragen – Reasoner und Sohn in bezug auf die Gesetzeslage, Carlton hinsichtlich der wirtschaftlichen Aspekte –, versuchte Morris Microsofts Klageerwiderung zu antizipieren und abzuschmettern. Insbesondere befaßte sich das Team mit der Frage des Schadens – damit, wer durch Microsofts Geschäftspraktiken Nachteile erlitt. Letzten Endes, so würde das Unternehmen argumentieren, sind die Kunden zufrieden; die Preise fallen; der High-Tech-Bereich wächst und gedeiht – Sun auch, nur so nebenbei bemerkt. Was diese Darstellung jedoch ausließ, war der Schaden, den die technische Innovation nahm – all die Produkte, die nicht entwickelt, die Bereiche der Technik, die niemals erschlossen werden würden. Es gab zum Beispiel keine Forschung und Entwicklung mehr im Betriebssystembereich. Was bedeutete das für die Zukunft der Technik? Und wie lange konnte einer Branche, die von Angst erfüllt war, noch die Kraft zur Innovation erhalten bleiben?

»Ich habe Silicon Valley besucht«, erzählte Mike Sohn Klein und seinen Leuten. »In all den Jahren, in denen ich nun schon mit Kartellrecht zu tun habe, habe ich noch nie so viele mächtige Leute so verängstigt gesehen. Das hat mich sehr erstaunt.«

Am Ende des Nachmittags kam man auf die möglichen Sanktionen zu sprechen, und Dennis Carlton hatte das Wort. In gewisser Weise war Carlton ein atypisches Mitglied der Suntruppe und hinterließ deshalb wohl auch den größten Eindruck. Er war einer der angesehensten Ökonomen des Landes und außerdem ein klassischer Konservativer ganz nach Art der Chicagoer Schule: mißtrauisch Klägern gegenüber, unternehmerfreundlich, von Natur aus skeptisch gegenüber staatlichen Interventionen im Allgemeinen und der Durchsetzung von wettbewerbsrechtlichen Bestimmungen im Besonderen. Und gerade deshalb hatte Morris hartnäckig daran gearbeitet, ihn von vornherein zu gewinnen.

Den ganzen Tag über hatte Carlton ruhig und überzeugend über die volkswirtschaftliche Seite des Falles gesprochen; über Monopolerhalt, Marktmacht und Microsofts rücksichtslose Wettbewerbsmethoden. Jetzt, da die Beamten des Ministeriums an seinen Lippen hingen, tat er etwas, das vor kurzem noch undenkbar schien. Zunächst zählte er eine Reihe von in Frage kommenden Sanktionen auf, die das Verhalten der Firma beträfen (Vertragseinschränkungen, technische Vorschriften), und führte für jede systematisch alle Pros und Contras auf, wobei die Contras in jedem Fall überwogen. Schließlich spielte er, ohne auch nur eine Sekunde zu zögern, den Fall einer strukturellen Sanktion durch – keine vollständige Zerschlagung von Microsoft, sondern ein Modell, das die Firma zwang, ihr geistiges Eigentum einer bestimmten Anzahl von Drittfirmen zur Nutzung zu überlassen und damit eine Reihe geklonter Unternehmen zu schaffen, die für Wettbewerb in den Märkten für Betriebssysteme und Anwendungen sorgen würden.

Garth Saloner war zwar darauf vorbereitet gewesen, aber sogar für ihn war das ein bewegender Moment. Später bemerkte er einmal: »Da redetet nicht einer von uns Irren aus Silicon Valley. Kein Gary Reback, keine Roberta Katz, kein Garth Saloner. Das war Dennis Carlton. Die Dinge waren in Bewegung geraten. Die Welt hatte sich verändert. Wenn Sie Joel Klein oder Dan Rubinfeld wären, dann müßten Sie sich dabei richtig wohlgefühlt haben.«

Mike Morris machte sich keine Illusionen darüber, daß Klein und seine Kollegen die Klageerhebung, wie sie sein Team vorgestellt hatte – geschweige denn die Sanktionen – auf einmal schlucken würden. Statt dessen versuchte er vielmehr, etwas zu erreichen, das nicht ganz so ehrgeizig war, aber gleichermaßen zählte: »Denen zu vermitteln, daß das hier keine vergebliche Liebesmüh war; das hier war ein guter Fall, ein richtiger Fall.«

Am Ende des Treffens konnte niemand sagen, ob sich die ganze Mühe auch gelohnt hatte. Schon seit Stunden hatten die Ministeriumsbeamten, wie es ein Teilnehmer beschrieb, die »Haltung von Highwaypolizisten« angenommen: professionell, unnahbar neutral, Poker Face. Sie hatten zahllose Fragen gestellt, aber sich nie selbst geäußert.

Doch viele Monate später kommentierte Dan Rubinfeld die Präsentation von Sun in einer Weise, die Morris' Brust vor Stolz hätte anschwellen lassen. »Das war unvergeßlich. Beeindruckend. Vieles war uns ganz neu. Aber vor allem bestärkte es uns darin, daß das, was wir vorhatten, nicht verrückt war – und das sollte man nicht unterschätzen.«

DAS JUSTIZMINISTERIUM rüstete sich für den Krieg. Mitte April hatte Klein David Boies dazu bringen können, sich für ungefähr ein Fünfzehntel seines üblichen Honorars von 600 Dollar pro Stunde von der Kartellbehörde anheuern zu lassen. (»Es bedurfte keiner großen Überredungskunst«, erinnert sich Klein. »Schon eine knappe Sekunde, nachdem ich gefragt hatte, meinte er: ›Wann fange ich an?‹«) Klein holte noch einen weiteren Spitzenspieler in seinen engsten Kreis: Jeffrey Blattner. Er hatte im Rechtsausschuß des Senats als Kopf des Beraterstabs von Senator Edward Kennedy gearbeitet und sich in Washington als raffinierter Drahtzieher einen Namen gemacht, als er gegen die Berufung Robert Borks an den Obersten Gerichtshof gekämpft hatte. Sein neuer Titel lautete Sonderberater für Informationstechnologie, de facto übernahm er jedoch die Rolle des Stabschefs im Fall Microsoft, und zu seinen Pflichten gehörte es, dem Senat Honig um den Bart zu streichen, Fäden mit Presseleuten zu spinnen und jedes (unerwünschte) Leck in der Behörde zu stopfen.

Kurz, alle Rauchsignale aus dem Justizministerium schienen darauf hinzudeuten, daß Klein kurz vor einer umfassenden Antitrustklage stand. Die Frage war nur: Wie umfassend? Und mit welchem Ziel?

Um das herauszufinden, hatte ich ein Treffen mit Klein am Samstagmorgen nach der Sun-Präsentation arrangieren können. Es war ein heller Frühlingstag und durch ganz Washington stoben die Kirschblüten und der Hartriegel. In den kommenden zwei Jahren sollten Klein und ich noch ein Dutzend solcher Unterredungen haben. Der Schauplatz war immer derselbe: Kleins Büro im vierten Stock, wo er in einem großen Ledersessel sitzen, gewöhnlich einen dunklen Anzug mit Krawatte tragen und für ein oder zwei Stunden über die Strategie, die Taktik und die Rechtsprinzipien in einem Fall reden würde, von dem er glaubte, er würde dazu beitragen, die Wettbewerbsregeln des Digitalen Zeitalters festzulegen. Er sprach schnell, ruhig, offen, nicht ohne einen gewissen Humor, und in seiner Stimme klang immer noch der Akzent von Astoria und Bensonhurst mit, wo er aufgewachsen war.

»Wir befinden uns in einer entscheidenden Phase«, fing er an und wies darauf hin, daß die Einführung von Windows 98 erst ein paar Wochen her war. Nach monatelangen angestrengten Ermittlungen konnte ein zufriedener Klein endlich genügend Beweise vorlegen, um mehrere Beschuldigungen gegen Microsoft vortragen zu können: die Exklusivverträge der Firma mit Internet-Dienstleistern und Multimediafirmen seien wettbewerbsschädigend; ihre Verträge mit Hardwareherstellern, die Einschränkungen hinsichtlich der Modifikation des Windows-Dektop und des Urladeablaufs enthielten, seien illegal; und die Integration des Internet Explorers in Windows stelle eine gesetzwidrige Kopplung zweier separater Produkte dar. All das, so Klein, mache die Motive von Microsoft deutlich, und die zielten eindeutig auf Verdrängung ab. »Wenn man Dokument für Dokument von Gates abwärts durchliest, in denen steht, daß Netscape das Betriebssystem im Grunde zu einem Produkt unter anderen macht, dann ist das nicht gerade unwichtig«, sagte er. »Das hatten diese Leute auch immer im Hinterkopf, als sie sagten: O.K., dann müssen wir jetzt schnurstracks darauf reagieren und ihnen den Sauerstoff abdrehen.«

Klein war sich sicher, daß jede dieser Geschäftspraktiken ein Verstoß gegen Paragraph 1 des Antitrustgesetzes darstellte, in dem es heißt: »Jeder Vertrag, Zusammenschluß in Form eines Kartells oder in anderer Weise, oder eine Verschwörung zur Beschränkung des freien Wettbewerbs oder des Handels zwischen den verschiedenen Bundesstaaten oder mit anderen Nationen wird für rechtswidrig erklärt.« Es stellte sich außerdem die Frage, ob man nicht noch einen Schritt weiter gehen und Microsoft der Monopolerhaltung nach Paragraph 2 anklagen sollte. Dort steht: »Jede Person, die monopolisiert oder den Versuch unternimmt zu monopolisieren oder sich mit anderen Personen zusammenschließt oder verschwört, um Bereiche des Handels zwischen den Bundesstaaten oder anderen Nationen zu monopolisieren, ist eines Verbrechens schuldig.«

Hielt man sich an die Ausführungen von Netscape und Sun, war Monopolerhaltung kein gewöhnlicher Vorwurf. Und sie wäre außerdem schwer zu beweisen, besonders bei den Produkten, um die es hier ging. Um beispielsweise nur zu erklären, inwiefern die Kombination von Java und Netscapes Browser eine Bedrohung für das Betriebssystem darstellte, obwohl keines der beiden Programme in direktem Wettbewerb mit Windows stand, war vom Justizministerium gefordert, die technischen Feinheiten von Anwendungsprogramm-Schnittstellen aufzudecken, und das mit einem Wortschatz, den Richter Jackson problemlos verstehen konnte (er würde nämlich in jedem weiteren Prozeß zum Antitrustgesetz den Vorsitz haben, da er bereits die Verhandlungen zur Verpflichtungserklärung geleitet hatte). Eine harte Nuß, die da zu knacken war.

Im Justizministerium entbrannten deshalb heiße Diskussionen zwischen denjenigen, die das Ganze einfach halten wollten und zu einem konventionellen Verfahren gemäß Paragraph 1 tendierten, und denen, die stark auf Paragraph 2 schielten. Wie schon in der Startphase des letzten Rechtsstreits war Dan Rubinfeld auch jetzt der härteste Hardliner, obwohl David Boies ihm da durchaus das Wasser reichen konnte. »Im Gegensatz zu anderen Ökonomen und Anwälten in der Kommission habe ich immer gedacht, es wäre vielleicht einfacher, einen größeren Fall zu gewinnen als einen kleinen«, erinnerte sich Rubinfeld. »Bei Microsoft lag ein Verhaltensmuster vor, bei dem das Ganze größer war als die Summe der einzelnen Teile.« Der Großteil der bislang vom Justizministerium aufgedeckten Missetaten – einschließlich des Treffens zwischen Microsoft und Netscape im Juni 1995 – drehte sich zwar um den Browser, aber die Ermittlungen hatten ebenfalls Beweise dafür ans Tageslicht gebracht, daß Microsofts gesetzwidriges Verhalten sich auch auf den

Umgang mit anderen Wettbewerbern erstreckte. »Wir hatten nicht mehr die Zeit gehabt, das Schema, nach dem die Verstöße abliefen, vollständig zu untermauern«, erklärte Rubinfeld. Aber mit der Einreichung einer Klage gemäß Paragraph 2 »konnten wir einen juristischen Platzhalter in unsere Klageschrift einbauen und versuchen, ihn dann später zu ersetzen. Wenn wir das schaffen würden, wäre es eine umfangreiche Klage. Wenn nicht, bliebe es halt nur ein Browserfall.«

Klein sagte, er selbst habe zu einer Klage gemäß Paragraph 2 tendiert. »Der Browser ist schon ein großer Teil dieser Geschichte, aber ich will auch wissen, welche anderen Produkte in dieselbe Klemme geraten könnten«, sagte er. »Wenn nicht gerade zeitgleich Windows 98 erschienen wäre, hätten wir eben andere Punkte gefunden, die wir auch jetzt noch haargenau untersuchen. So gesehen würde die prinzipielle Struktur des Falls, was Monopolmacht, Monopolerhaltung, Monopolausdehnung betrifft – wenn wir ihn von dieser Seite aufrollen –, ganz von allein zu einer Ausweitung führen.«

Die Ausmaße, die Klein für die Klage im Auge hatte, waren gewagt, doch der Grundton seiner Bemerkungen entsprach weiterhin seinem Charakter: er blieb vorsichtig, beherrscht, sorgfältig ausbalanciert. Neun Monate lang hatte sich bei Klein beinahe jedes mutmaßliche Opfer von Microsoft gemeldet. Er hatte sich Geschichten über Verrat, Heimtücke und ausgewachsene Verbrechen angehört. Er hatte mitangesehen, wie sich die Stimmung in Washington langsam, aber sicher gegen Gates und seine Firma gewendet hatte. Trotzdem war er weit davon entfernt, Streit vom Zaun zu brechen, und wirkte noch immer mißtrauisch und ein wenig waffenscheu. Auf die Frage hin, welchen Typ von Sanktionen er befürwortete, äußerte Klein seinen Wunsch nach einer »chirurgischen« Lösung. Hieß daß, er ziehe eine Zerschlagung nicht in Betracht? »Ja, ich denke, das kann man so sagen – zumindest im Augenblick«, gab er zurück. »Da kommen eine Menge Kosten auf einen zu, die man sich immer vor Augen halten muß, wenn man ein Unternehmen wie Microsoft zerschlagen will.« Als ich ihn fragte, ob er sich von Microsofts Verhalten auch moralisch angegriffen fühlte, rief er entrüstet: »Nein, nein, nein und nochmals nein. Hier geht's ja nun wirklich nicht um Zigaretten oder so. Ich denke, man darf es nicht als diese Art von Unaufrichtigkeit und Betrug verstehen. Und was die einzelnen Punkte angeht, so sind ihre Argumente durchaus legitim. Wir vom Justizministerium haben schließlich kein Monopol auf Weisheit.«

Ich fragte Klein, ob er Gates schon einmal persönlich begegnet sei, was er verneinte. Freue er sich auf den Tag?

»Weiß ich nicht. Die Leute fragen mich das oft. Vielleicht hat das wirklich etwas von einem blinden Fleck. Ich meine, ganz offensichtlich hat so ein Treffen mit Bill Gates etwas – obwohl meine Kinder behaupten würden, daß es nicht annähernd so aufregend ist, wie irgendeinen Popstar zu treffen. Es ist schon seltsam, weil ich das Gefühl habe, jeder erwartet diesen großen Tag. Aber ich nehme so was nie persönlich. Ehrlich nicht.«

NUR ZWEI WOCHEN später war der große Tag gekommen, als Gates und Neukom zu einem Treffen mit Klein und seinen Adjutanten von Seattle nach Washington reisten. Das Justizministerium hatte Microsoft darüber informiert, daß es beabsichtigte, noch vor dem 15. Mai, dem Start von Windows 98, Anklage zu erheben; mindestens ein Dutzend Justizminister der Bundesstaaten hatten dasselbe vor. Jetzt war es an der Zeit, dem angehenden Beklagten die letzte Gelegenheit zu einer außergerichtlichen Einigung zu geben – ein Treffen, das im Jargon der Kartellbehörde auch als »letzte Ölung« bezeichnet wurde. Am Abend des 5. Mai trafen die beiden Parteien in den Räumen der Kanzlei Sullivan & Cromwell aufeinander, in einem Konferenzzimmer im achten Stock mit Blick auf das Old

Executive Office Gebäude. Für Microsoft saßen Gates, Neukom und einige Anwälte von S & C am Tisch; für das Justizministeriums Klein, Boies, Blattner und Melamed. Wenn die Regierung und ein Unternehmen sich zusammensetzen, um eine massive gerichtliche Auseinandersetzung zu vermeiden, geht es im Grunde immer um ein Geben und Nehmen, und jede Seite bemüht sich darum, eine gemeinsame Basis zu finden, für wie irrtümlich man die Position der Gegenseite auch hält. Doch Gates' Vorgehensweise »war eher wie eine Vorlesung – die Welt, wie Gates sie sieht – als ein konstruktiver Dialog«, erzählte Klein später. Zwei Stunden lang ließ sich Microsofts Vorsitzender eindringlich, hitzig und oft herablassend über das Wesen der Softwarebranche und die Bedürfnisse seiner Firma aus. Er stellte keine einzige Frage an das Justizministerium, und seine eigenen Antworten arteten immer in verlängerte Selbstgespräche aus.

In der Welt, wie Gates sie sieht, war die Annahme, Microsoft besäße ein Monopol, einfach lächerlich. »Geben sie mir irgendeinen anderen Part in diesem Spiel, den von Java, OS/2 oder Linux, und ich würde doch immer wieder da landen, wo ich jetzt sitze«, rief er aus. »Ich könnte Microsoft abschießen! Ich könnte Programmierer in Indien finden und unsere Anwendungsprogramm-Schnittstellen klonen lassen. Wenn Sie schlau genug wären, könnten auch Sie es tun.« Als er gefragt wurde, ob der Browser von Netscape dazu bestimmt wäre, mit Windows zu konkurrieren, gab er zurück: »Nicht konkurrieren. Eliminieren.«

Als das Ministerium Gates zu einer Stellungnahme zu der ganzen Palette ihrer Vorwürfe bewegen wollte, den Exklusivverträgen, den Auflagen beim Standardbildschirm, ließ er sie immer wieder abblitzen und kam stets auf ein und denselben Punkt: Integration. Klein erinnert sich: »Er brachte in tausend verschiedenen Varianten das Argument, die Zukunft der Technik liege in der Produktintegration; daß er unzählige Sachen in sein Betriebssystem gepackt hätte und weiterhin darauf angewiesen war, in Windows zu packen, was er wollte. Wenn die Regierung das verhindern sollte, würde es seine Firma umbringen. Das war das A und O sowie alles, was dazwischen lag.« Besonders verwundert war Klein über die persönliche Note, mit der Gates das alles vorbrachte. »Da hieß es nicht nur: ›Sie bringen meine Firma um.‹ Er sagte: ›Das wird mich umbringen.‹ Und wir, das Justizministerium, waren ganz eindeutig das Instrument dieses großen Angriffs auf seine Persönlichkeit.«

Je länger David Boies dem unbeherrschten Gates zuhörte, desto weniger konnte er sich des Eindrucks erwehren, daß dieser CEO seinen Gegner gefährlich unterschätzte. Aus seiner jahrzehntelangen Arbeit in den Schützengräben des IBM-Prozesses wußte Boies so gut wie jeder andere, daß das Justizministerium nicht irgendein Gegner war; daß es sich, was die ihm zur Verfügung stehenden Mittel und sein Engagement betraf, mit jedem Unternehmen messen konnte, ganz egal, wie entschlossen dieses sein mochte. Das sollte man vielleicht einmal klarstellen, sagte er sich. Also wandte er sich gegen Ende des Treffens an Gates und Neukom und fragte, ob er ihnen einen Rat geben dürfe.

»Wissen Sie«, fing er an, »wenn die Regierung der Vereinigten Staaten erst einmal Anklage gegen Sie erhoben hat, wird sich alles verändern. Leute, denen Sie meinten, vertrauen zu können, werden sich gegen Sie wenden. Ihre Verbündeten werden sich auf einmal als Ihre Feinde herausstellen. Jeder wird Sie schneller in Frage stellen, sich Ihnen in den Weg stellen. Die ganze Welt wird sich ändern.«

Verdutzt starrten Gates und Neukom ihn an. »Die Regierung machte ständig so melodramatische Ankündigungen«, erinnert sich einer der Anwälte von Microsoft. »Die haben die Grundlage unserer Branche einfach nicht kapiert. Es war, als würden zwei Schiffe bei Nacht aneinander vorbeifahren.«

Anfangs sah Klein die Sache genauso. Aber als er sich das Treffen nochmals durch den Kopf gehen ließ, meinte er hinter Gates' Unnachgiebigkeit die feinen Konturen einer möglichen Einigung zu erkennen. Microsoft schien andeuten zu wollen, daß ihm das Modifikationsverbot beim Standardbildschirm und die Knebelverträge nicht sehr wichtig waren. Wenn ihnen das Unternehmen in diesen Punkten entgegenkäme und das Ministerium sich hinsichtlich der Produktintegration großzügig zeigte, konnte man vielleicht eine Übereinkunft erzielen, die beide Parteien zufriedenstellen würde.

In den folgenden neun Tagen liefen die Drähte zwischen Klein und Neukom vor lauter Vorschlägen und Gegenvorschlägen heiß. Microsoft willigte ein, den Zugriff der Firma auf den Windows-Desktop zu lockern und Hardwareherstellern größeren Spielraum zu geben. Die Firma machte außerdem eine Reihe von Vorschlägen, wie zum Beispiel einen »Browserordner« oder einen »Bildschirm nach Wahl«, auf dem der Benutzer zwischen Internet Explorer und Navigator wählen könnte. Um 1 Uhr an jenem Donnerstagmorgen, an dem das Ministerium Anklage erheben wollte, rief Gates persönlich Klein zu Hause an, um zu klären, ob Microsoft nicht einer Selbstverpflichtung zustimmen könnte, aufgrund derer jede Version von Windows mit dem Browser von Netscape ausgeliefert werden sollte. Ein paar Stunden später und nach einer weiteren Unterredung mit Neukom beschloß Klein, die Anklageerhebung bis zum nächsten Montag aufzuschieben, so daß Microsoft und das Justizministerium das Wochenende für Verhandlungen von Angesicht zu Angesicht nutzen konnten.

Im Silicon Valley wurde Kleins Entschluß zähneknirschend aufgenommen; in Washington raunte man von zynischen Vermutungen, die sich nun bestätigten. Was das Valley schon seit langem befürchtet und die politische Kaste seit langem erwartet hatte, war offensichtlich eingetreten: Fünf vor zwölf zog Joel Klein den Schwanz ein. Auch wenn dieses Urteil etwas zu hart war, beinhaltete es doch ein Fünkchen Wahrheit: Klein wollte eine Einigung, und er wollte sie unbedingt.

Dafür gab es zahllose Gründe. Indem er Microsoft anklagte, würde er gegen ein Unternehmen antreten, das schier unbegrenzte

Mittel hatte und die größten juristischen Talente, die mit Geld zu bekommen waren, ganz zu schweigen von einer PR, die im wahrsten Sinne des Wortes aus Hunderten von Fußsoldaten, Strategen und hochdotierten Marketinggurus bestand. Zudem blieb der Chef von Microsoft trotz all der Kratzer, die Gates' Image in der letzten Zeit bekommen hatte, eine Ikone der New Economy. Selbst für einen waghalsigeren Mann als Klein waren sowohl die politischen als auch die juristischen Risiken, die eine Herausforderung von Gates mit sich brachte, entmutigend, der Erfolg unsicher. Wenn Klein hingegen eine Vereinbarung erzielte, hatte er gewonnen und konnte nach Hause gehen. Es wäre nur ein eingeschränkter Sieg, dafür aber würde er sich unverzüglich einstellen, was in einer Branche, die mit Internetgeschwindigkeit Richtung Zukunft raste, nicht zu verachten war. Außerdem würde man auf diese Weise einen langwierigen Rechtsstreit umgehen, bei dem die Aussichten für die Regierung gar nicht rosig waren. Einen Monat zuvor war das Berufungsverfahren bezüglich der Verletzung der Verpflichtungserklärung am Distriktgericht von Columbia über die Bühne gegangen, und das Gespann aus drei Richtern hatte der Position der Regierung merklich ablehnend gegenübergestanden. Was die umfassende Klage betraf, die das Ministerium jetzt vom Stapel lassen wollte, so betrachtete das Antitrust-Establishment (die Experten um Mike Morris nicht mitgezählt) sie als einen Schuß in den Ofen.

Sogar Boies hatte seine Zweifel. »Zu diesem Zeitpunkt hatten wir noch nicht all die Beweise, die wir nachträglich noch bekommen sollten«, erklärte er später. »Uns lagen zwar Beweise für Microsofts Verhalten vor, aber die Firma stritt es einfach ab. Wir hatten eine Menge Vermutungen, aber ob wir die später auch beweisen konnten, war äußerst unsicher. Wir hatten es mit einem Richter zu tun, den wir für fähig hielten, der aber sehr vorsichtig, sehr konservativ war. Wir wußten, daß er von uns für jedes Vergehen einen handfesten Beweis verlangen würde. Also befanden wir uns in einer

Situation, in der wir uns auf alles gestürzt hätten, was nach einer vernünftigen Einigung aussah.«

Dan Rubinfeld weiß noch, wie er damals dachte: Microsoft hätte doch aus dem Eifer, mit dem das Ministerium auf eine Einigung drängte, einen Vorteil ziehen können, ziehen sollen. »Wenn ich ihnen einen Rat hätte geben können, hätte ich ihnen rundweg erklärt: ›Jetzt wird's Zeit, Leute. Machen wir ein Geschäft. Ihr kennt mich doch. Ihr vertraut mir. Ich meine es ernst. Auf geht's.‹«

Statt dessen jedoch flog Neukom zurück nach Washington, setzte sich mit dem Justizministerium und den Bundesstaaten an einem Freitagnachmittag zusammen und spielte in einem derart harten Stil, daß die Verhandlungen schnell ins Stocken gerieten. Bereits in der ersten Sitzung schien es der Regierung, als wären einige der Zugeständnisse von Microsoft, insbesondere die Einflußnahme der Hersteller auf die Arbeitsfläche des PC, plötzlich vom Tisch. Wenn dem so war, gab es nicht mehr viel zu verhandeln. Einem von Microsofts Topanwälten zufolge saßen ihnen die Regierungsvertreter jedoch »mit verschränkten Armen und einer Wir-wollen-mehr-Haltung« gegenüber. »Sie machten kein einziges Gegenangebot. Wir waren gar nicht schwierig oder nonchalant. Wir haben einfach nur alles versucht.«

Später am Samstagmorgen entwarf Neukom ein Memo, in dem er Microsofts Standpunkt darlegte (darin enthalten der Verzicht auf Exklusivverträge und die Einrichtung eines »Bildschirms nach Wahl« für den Browser, aber nicht viel mehr) und gab es Jeff Blattner, der das Team des Justizministeriums leitete. Blattner spürte, daß die Gespräche zu scheitern drohten, und befürchtete, daß Microsoft das Memo der Presse zuspielen könnte. Während er es über den Tisch zurückschob, sagte er schlichtweg: »Ich verhandle nicht über eine Liste.« Grob gesprochen bedeutete das ›Sayonara‹.

RÜCKBLICKEND betrachtet erscheint Microsofts Ablehnung einer friedlichen Einigung als ein kolossaler und unerklärlicher Fehler. Selbst abgesehen von dem mysteriösen Rückzug bei den Zugeständnissen in bezug auf den Standardbildschirm (Hatte Neukom Gates nun doch überzeugen können? Hatte Gates womöglich von allein seine Meinung geändert? Hatte das Justizministerium die vorausgegangenen Angebote der Firma etwa falsch verstanden?), gab es noch eine Menge anderer möglicher Lösungen. In dem juristischen Nachspiel zu der Verpflichtungserklärung hatte Microsoft zum Beispiel eingewilligt, PC-Herstellern zwei Versionen von Windows 95 anzubieten, eine mit einer sichtbaren und eine andere mit einer verdeckten Version des Internet Explorers; schon damals war klar, daß die Hersteller die Version wählen würden, die auch die Firma bevorzugte. Hätte Gates dieselbe Abmachung auch für Windows 98 vorgeschlagen, hätte das Unternehmen nur wenig in geschäftlicher Hinsicht opfern und keine Zugeständnisse dabei machen müssen, was sein künftiges Recht betraf, neue Funktionen ins Betriebssystem zu integrieren. Die Regierung hingegen wäre arg in Bedrängnis geraten, wenn sie dieses Angebot ausgeschlagen hätte, wie ihre Vertreter später eingestanden. Doch Gates, Neukom und der Rest von Microsofts Rechtsabteilung sagen alle, daß diese so offensichtliche Idee dem Unternehmen selbst nie gekommen sei; und daß diese Frage ohnehin irrelevant sei, da das Justizministerium niemals einer Lösung zugestimmt hätte, die hinter der Forderung zurückgeblieben wäre, den Browser von Netscape mitzuliefern.

Es gibt allerdings noch eine andere Erklärung: Trotz der zehn Tage des Sturm und Drang in jenem Mai war Microsofts Ziel in den Verhandlungen ein ganz anderes als das Zustandekommen einer Vereinbarung. »Es war eine Expedition in die Fischgründe«, mutmaßt Christine Varney. »Microsoft wollte herausfinden, was hinter dem Fall eigentlich steckte. Wenn man einen Prozeß führt, will man immer möglichst genau wissen, woran man ist – ob da noch irgendwo etwas im Busch ist, von dem man nichts weiß. Also findet man es heraus, berichtigt den Kurs und entscheidet dann, ob man sich drauf einläßt oder nicht.«

Microsoft fand nun heraus – oder glaubte zumindest herausgefunden zu haben –, daß die Klage, die das Justizministerium anstrengen wollte, nicht einmal annähernd so weit ging, wie die Firma anfangs befürchtet hatte. Für Microsofts Anwälte hörte es sich an wie ein Browserfall, ein Kopplungsfall, und Kopplung war der rechtliche Grund, auf dem sie noch recht fest zu stehen glaubten. »Sie haben sich gedacht: ›Das wird ein kleiner Fall, also was soll's‹«, beurteilte Boies die damalige Situation. »›Wenn wir verlieren, dann verlieren wir einen kleinen Prozeß. Wir können es uns leisten, einen kleinen Fall zu führen und zu verlieren.‹« Weiter sagte er: »Man darf dabei nicht außer acht lassen, daß Microsoft schon fast zehn Jahre lang auf die eine oder andere Weise mit der Regierung im Clinch gelegen hat. Und jedes Mal ist es ihnen gelungen, unbescholten davonzukommen. Ich denke, sie hielten sich ganz einfach für schlauer als uns. Sie dachten, sie wüßten mehr als wir. Das mag beides sehr wohl stimmen. Aber sie haben ganz einfach unsere Fähigkeit und unseren Willen zu lernen unterschätzt.«

Mit der Annahme, daß der Prozeß mit der Regierung von beschränktem Ausmaß wäre, stand Microsoft aber nicht allein. Als das US-Justizministerium und die stattliche Zahl von 20 Bundesstaaten am 18. Mai, dem Montag nach dem Scheitern der Verhandlungen, Anklage erhoben, bezichtigte man Microsoft in vier Punkten der Verletzung des Antitrustgesetzes: Auschließlichkeitsgeschäfte und widerrechtliche Kopplung gemäß Paragraph 1; Monopolerhaltung auf dem Betriebssystem- und Versuch der Monopolisierung des Browsermarktes gemäß Paragraph 2. Die Ausführungen von Klein zu dem Fall stellten allerdings Netscape als Helden und Opfer dar,

und die kurzfristigen Sanktionen, die das Justizministerium beantragte, waren ebenfalls stark auf Netscape zugeschnitten: eine einstweilige Verfügung, die Microsoft dazu zwingen sollte, entweder
eine Version von Windows 98 ohne den Internet Explorer anzubieten oder den Navigator in das Programmpaket zu integrieren.
Netscape war aus dem Häuschen: Für Jim Barksdale sah es natürlich
ganz nach einem Browserfall aus. Sun war untröstlich: Auch für
Mike Morris sah es nur nach einem Browserfall aus. Das übrige
Valley verdrehte die Augen: Hatte die Regierung noch nicht
gemerkt, daß der Browserkrieg längst vorbei war? »Wenn sie das
zwei Jahre früher gemacht hätten, wäre es vielleicht ganz nützlich
gewesen«, stöhnte Reback in einer New Yorker Telefonzelle. »Es
war ein weiter Weg, das zu erreichen. Wir haben noch einen weiten
Weg vor uns, bis wir dahin gelangen, wo wir eigentlich hin müssen.
Und ein paar von uns werden so langsam richtig müde.«

Ein paar von ihnen waren sogar noch schlechter dran. Seit den
ersten Tagen von Rebacks Anstrengungen war ihm niemand in der
Regierung ein so unermüdlicher Verbündeter gewesen wie Mark
Tobey. Der stellvertretende Justizminister von Texas hatte mit den
Zeugenbefragungen und dem wilden Werben um einen Rückhalt
der einzelnen Bundesstaaten den Fall erst ins Rollen gebracht. Doch
einige Tage vor Erhebung der Klage zum Antitrustgesetz sah sich
Texas unter dem Druck der Könige der texanischen Computerbranche, Compaq und Dell, gezwungen, seine Unterstützung
zurückzuziehen. Da beide Unternehmen von Microsoft abhängig
waren, war die weitverbreitete Vermutung, daß sie auf Geheiß von
Redmond agiert hatten. Tobey erzählte Reback: »Nie im Traum
hab ich gedacht, daß sie mich mal völlig auf Eis legen könnten.«

Dann traf die Anti-Microsoft-Bewegung ein weiterer harter
Schlag, der auch das Justizministerium zur Verzweiflung brachte.
Am 23. Juni fällte das Bundesberufungsgericht das Urteil in Sachen
Verpflichtungserklärung. Es hob die einstweilige Verfügung von
Richter Jackson auf, da er nach Meinung des Berufungsgerichts

118

erstens einen »verfahrensrechtlichen Fehler« begangen habe, als er Microsoft nicht die Möglichkeit gegeben hatte, die Verfügung anzufechten, und zweitens einen sachlichen Fehler, da er das Kopplungsgesetz falsch ausgelegt habe. »Kartellexperten haben schon seit langem erkannt, daß eine Überwachung des Produktdesigns durch die Gerichte unerwünscht ist, und jede Behinderung technischer Innovation stünde im Gegensatz zu den Zielen des Antitrustgesetzes«, so die Meinung des Gerichts. »Angesichts der begrenzten Kompetenz der Gerichte, das Design von High-Tech-Produkten zu beurteilen, und des hohen Schadens, den diesbezügliche Fehler verursachen können, empfehlen wir den Gerichten Zurückhaltung bei der Beurteilung von Nutzenerwägungen betreffs bestimmter Designentscheidungen.«

In den Augen von Microsoft war das ein überwältigender Sieg. Die ganze Zeit über hatten Neukom und sein Team Gates versichert, daß das Gesetz eindeutig auf Microsofts Seite stünde – und hier war nun der Beweis dafür, schwarz auf weiß. Sie hatten ihm erklärt, daß das Herzstück der Regierungsklage die Produktkopplung war – und jetzt gab es endlich eine Urteilsbegründung, die im wesentlichen behauptete, die Forderungen des Justizministeriums seien unsubstantiiert. Als Neukom die Neuigkeit erfuhr, frohlockte er gegenüber Reportern: »Wir betrachten das im Großen und Ganzen als eine Rechtfertigung unserer Geschäftspraktiken und juristischen Vorgehensweise.« Ausnahmsweise einmal schien sein Optimismus mit der Realität übereinzustimmen.

Am nächsten Morgen nahm Neukoms Chef die *New York Times* zur Hand und las, daß selbst die Mitstreiter von Klein Microsofts Einschätzung der Entscheidung des Berufungsgerichts teilten. »Das entzieht dem Justizministerium den Boden für ihre neue Klage«, zitierte man den Kandidaten der Demokraten, Robert Litan, der unter Anne Bingaman in der Kartellbehörde gearbeitet hatte. »Das ist möglicherweise vernichtend.«

Zum ersten Mal seit Monaten entlockte die Lektüre der *Times* Bill Gates ein Lächeln.

DAVID BOIES lächelte auch, obwohl ihn seine Kollegen deswegen schon für verrückt erklärten. Nach allgemeiner Einschätzung war Boies der brillanteste Prozeßanwalt seiner Generation. Bevor er sich 1997 selbständig gemacht hatte, war er nach einem Abschluß als Zweitbester seines Jahrgangs an der Yale Law School zu der New Yorker Nobelkanzlei Cravath, Swaine & Moore gekommen und dort 30 Jahre lang geblieben. In dieser Zeit hatte Boies ein breites Spektrum erstklassiger Mandanten gegen eine ansehnliche Reihe mindestens ebenso erstklassiger Gegner verteidigt. Außer seiner Zuständigkeit in Sachen Kartellrecht für IBM hatte er CBS gegen ein Übernahmeangebot von Ted Turner und eine Verleumdungsklage von General William Westmoreland verteidigt. Er hatte Texaco geholfen, den Aufkäufer Carl Icahn abzuwehren und Westinghouse im Prozeß gegen den Philippinischen Präsidenten Corazon Aquino vertreten. Im Auftrag von George Steinbrenner hatte er die Baseball Major League, im Auftrag der Regierung Michael Milken verklagt. Er verlor nur höchst selten einen Fall, und noch nie war ein Gerichtsurteil zu seinen Gunsten von einem Berufungsgericht wieder aufgehoben worden.

Boies war Mitte fünfzig, hatte braunes Haar, das sich schon zu lichten begann, den leicht näselnden Tonfall des Mittelwestens und einen geradezu ordinären Geschmack, was Kleidung angeht (billige Anzüge, dazu blaue Strickkrawatten, die er sackweise kaufte), der seinen jährlichen Verdienst von mehr als 2 Millionen Dollar Lügen strafte. Im Gerichtssaal bewegte er sich lässig und ungezwungen, was seine Gegner stets in einen Zustand fataler Selbstzufriedenheit einlullte. Er hatte ein photographisches Gedächtnis, und sein Ehrgeiz zu gewinnen war, vorsichtig ausgedrückt, schlichtweg be-

ängstigend. Einem Kollegen bei Cravath hatte er einst die Worte
zugeflüstert, die mit Sicherheit einmal auf seinem Grabstein stehen
werden: »Willst Du lieber schlafen oder gewinnen?«

Boies erhielt eine Abschrift des Urteils des Berufungsgerichts,
kurz bevor er eine Maschine von New York nach San Francisco
bestieg. Als das Flugzeug schließlich zur Landung ansetzte, war er
überzeugt, daß dieser Beschluß weit davon entfernt war, dem
Justizministerium den Todesstoß zu versetzen, sondern ihm vielmehr in die Hände spielte. »Er half uns auf dreierlei Weise«, bemerkte er später. Erstens hielt er nicht damit hinter dem Berg, daß
Microsoft ein Monopol besaß, ob das Gericht nun eindeutig auf der
Seite der Firma stand oder nicht. Zweitens, so Boies, »hat das
Gericht gesagt, wenn Ihr beweisen könnt, daß sie auch ohne
Produktkopplung Gewinne erzielen, dann bedeutet das, daß die
zwei Produkte einfach so miteinander verschraubt worden sind,
und das würde die Kopplungsbestimmungen verletzen.« Drittens,
fuhr er fort, »hat das Gericht gesagt, wenn ihr beweisen könnt, daß
sie es nicht aus Gründen der Effizienz, sondern der Wettbewerbs-
beschränkung getan haben, dann ändert das alles. Mit anderen
Worten, das Gericht gab uns damit eine Meßlatte vor, und in
Anbetracht der Unterlagen von Microsoft, die wir in der Hand hatten, konnten wir dieser Meßlatte meiner Ansicht nach ohne
Probleme gerecht werden.«

Das Berufungsgericht hatte Boies also erfolgreich eine Route
vorgegeben, einen Rahmen für seine Argumente hinsichtlich der
Produktintegration. Gleichzeitig berührten die Ausführungen des
Gerichts nicht die Forderungen des Justizministeriums gemäß
Paragraph 2 – Forderungen, die die Regierung, wie Boies nun sah,
unbedingt noch vor Prozeßbeginn ein wenig aufmöbeln mußte.
Vor allem aber bestärkte das Urteil Boies darin, was den Fall insgesamt anging. »Selbst in diesem Urteil, das nun wirklich fast hun-
dertprozentig zu Gunsten von Microsoft ausfiel, gab es keinen einzigen Hinweis darauf, daß das Gericht etwa behauptete: ›Das

Antitrustgesetz greift hier nicht, Microsoft und die Software-branche erhalten hiermit einen Freibrief‹«, merkte er an. »Und als ich einmal sicher sein konnte, daß sie keinen Freipaß erhielten, wußte ich, daß wir eine Verletzung der Antitrustbestimmungen beweisen konnten.«

Dazu, und besonders um einen handfesten Fall von Monopol-erhaltung untermauern zu können, brauchte Boies aber erst einmal Zeugen – starke und glaubwürdige Zeugen. Unglücklicherweise blieb dem Justizministerium aber nur noch herzlich wenig Zeit, diese aufzutreiben. Als die Regierung die Klage eingereicht hatte, waren beide Seiten darauf vorbereitet gewesen, daß Richter Jackson eine schnelle Anhörung zu dem Antrag der Regierungsseite auf eine einstweilige Verfügung abhalten und dann einen Zeitplan für das Verfahren entwerfen würde, das vielleicht ein Jahr später beginnen sollte. Aber Jackson hatte da offensichtlich ganz andere Pläne. In einem Überraschungsmanöver entschied er, jede vorherige Anhö-rung zu übergehen und gleich zum Wesentlichen zu kommen – und so bald wie möglich, nämlich Anfang September, den Termin für den Prozeßbeginn festzulegen. Wenn es nach Jackson ging, würde der Fall *Die Vereinigten Staaten gegen Microsoft* kurz und schmerz-los über die Bühne gehen. Um ganz sicher zu gehen, wählte er ein ungewöhnliches Verfahren und begrenzte die Anzahl der Zeugen jeder Seite auf zwölf, die alle ihre Aussage nicht im Zeugenstand machen, sondern schriftlich einreichen sollten, so daß die Zeit im Gerichtssaal ausschließlich den Kreuzverhören vorbehalten blieb.

Der beschleunigte Zeitplan stellte das Justizministerium vor eine gewaltige Aufgabe. Im Verlauf ihrer Ermittlungen hatte die Regierung eine Menge Hinweise auf Fälle von rechtswidrigem Verhalten seitens Microsofts zusammentragen können. Jetzt blie-ben Klein und seinem Team nur noch die Sommermonate, um die-sen Behauptungen nachzugehen, ihre Richtigkeit zu belegen und dann eine entsprechende Zahl Geschädigter davon zu überzeugen, vorzutreten und unter Eid und im grellen Licht eines aufsehenerregenden Prozesses ihre Aussage zu machen. Kurz nachdem die Entscheidung des Berufungsgerichts bekannt geworden war, traf sich Reback mit Klein in Washington zum Frühstück und fand den Chef der Kartellbehörde in völlig derangiertem Zustand vor. »Wir gehen vor Gericht«, sagte Klein, »aber wir haben nicht einmal Zeugen.«

»An Joels Stelle hätte ich mir da glatt in die Hosen gepinkelt«, erinnert sich Reback. »Der Richter sagte, zwölf Zeugen. Ich starrte die ganze Zeit auf meine Finger und dachte nur, wie sollen wir das bloß schaffen?«

Nach Rebacks Ansicht konnte das Justizministerium nur versuchen, irgendwie das giftige Gemisch aus Angst vor Microsoft und Zynismus gegenüber den Kompetenzen der Behörden zu neutralisieren – eins so tödlich wie das andere –, das wie eine Smogglocke über dem Silicon Valley hing. Der technischen Welt war die Verpflichtungserklärung von 1994, die allgemein als ein kläglicher Mißerfolg betrachtet wurde, immer noch gut in Erinnerung. Selbst mit der Klage zum Antitrustgesetz war es der derzeitigen Truppe von Kartelljägern nicht besonders gut gelungen, der Branche Vertrauen in das Justizministerium einzuflößen. »Es gab eine Menge Skeptiker im Valley, die nicht daran glaubten, daß die Regierung jemals in der Lage wäre, irgend etwas richtig hinzukriegen«, erinnert sich Reback. »Niemand wollte mit der Sache zu tun haben. Keiner wollte vorgeladen werden. Keiner war sicher, das Ding überhaupt durchziehen zu können.«

Es herrschten also Unsicherheit und Zweifel, als die Jagd nach Zeugen begann. Selbstverständlich unterstützte Reback das US-Justizministerium, ebenso Orrin Hatch und Mike Hirshland. Kleins Team von ungefähr 20 Anwälten spielte überdies jeden Trumpf aus, zog an den einzelnen Fäden, wenn es sich die Dutzende von Unternehmen, denen Microsoft zu nahe gekommen war, zur Brust nahm. Software- und Hardwarefirmen. Internetneulinge und alte Bekannte aus der Rangliste der Top 500 Firmen von *Fortune*. Sie sprachen mit Yahoo!, Excite, RealNetworks, Palm. Mit dem Großteil der Computerhersteller – mit Compaq, Acer, Gateway, Packard, Bell, HP, Sony. Doch noch Mitte Juli war die Zeugenliste des Ministeriums so karg besetzt, daß Klein schon in Erwägung zog, ein Viertel der Lücken mit Mitarbeitern von Netscape zu stopfen, eine weitere mit jemandem von Sun und den Rest mit Ökonomen und Technikexperten. Er hatte kaum eine andere Wahl. Trotz wochenlanger Anstrengungen war die Ausbeute äußerst mager.

Dann aber, ganz plötzlich, konnte das Justizministerium doch noch ein paar Früchte ernten.

ES BEGANN mit Intuit, dessen Vorstandsvorsitzender Bill Campbell einst Footballtrainer am College gewesen war und aus diversen Zusammenstößen mit Bill Gates seinen Teil an blauen Flecken bereits davongetragen hatte. In den frühen 80er Jahren hatte Campbell für Apple gearbeitet und bei der Markteinführung des Macintosh geholfen, der auf Microsoftanwendungen angewiesen war, um sich auf dem Markt behaupten zu können. Später in jenem Jahrzehnt wurde er Vorstandsvorsitzender des vom Schicksal arg gebeutelten Pen-Computer-Unternehmens GO, dessen Flaggschiff ein klobiger, unhandlicher und kostspieliger Vorgänger des Palm Pilot war. Noch Jahre nachdem GO baden gegangen war, beschuldigten die Führungskräfte des Unternehmens Gates des Ideenklaus, um das Produkt nachzubauen und Hersteller zu bedrängen, sich nicht mit dem Start-up zusammen zu tun. Insbesondere waren sie davon überzeugt, daß Microsoft ein Geschäft mit Compaq vereitelt hatte, das GO vom Rand des Ruins weggebracht hätte. »Wir hatten gehört, daß Gates persönlich gekommen war und Eckhard Pfeiffer [Compaqs damaligem CEO] ein Angebot gemacht hatte, das dieser nur schwer ausschlagen konnte – nämlich einen großen Preisnachlaß auf Windows – unter der Bedingung, daß Eckhard unsere Abmachung vergessen und statt dessen Microsofts Produkt nehmen würde«, erinnert sich Campbell. »Das hatten wir aus zuverlässigen Quellen, aber wir konnten es nie beweisen.«

Bei Intuit waren Campbell und Vorstandsmitglied John Doerr (der sowohl Intuit als auch GO finanzierte) in Campbells Worten die »letzten Ladenhüter«, als der Vorsitzende Scott Cook die Firma 1995 an Microsoft zurückverkaufen wollte. Nachdem das Justizministerium dem allerdings einen Riegel vorgeschoben hatte, führte Microsoft einen erbitterten Feldzug, um Intuit auf dem Finanzsoftwaremarkt zu stürzen. Wider Erwarten konnte sich Campbell letzten Endes durchsetzen und alles Nötige tun – einschließlich der Auflösung eines Bündnisses mit Netscape –, um Intuits Platz auf dem Windows Desktop zu verteidigen.

Das Justizministerium hatte schon lange vermutet, daß Intuit eine interessante Geschichte zu erzählen hatte. In ihren Gerichtsakten zitierte die Regierung eine E-Mail, in der Gates schrieb: »Ich war offen und ehrlich mit [Cook] und sagte ihm, wenn wir ihm einen Gefallen tun könnten, der uns so um eine Mio. Dollar herum kosten würde … als Gegenleistung für das Austauschen der beiden Browser in den nächsten paar Monaten, wäre ich so frei, das zu tun.« Aber Campbell wollte nichts vom Justizministerium. Er hielt die Staatsanwälte für jämmerlich überschätzt (»Ich hab' denen gesagt, die Bill Neukoms dieser Welt werden Euch Memmen ordentlich in die Pfanne hauen«) und die geforderten kurzfristigen Auflagen für schlimmer als bloß bedeutungslos (»Jetzt müssen sie beide Browser ins Betriebssystem packen? Na toll, dann muß ich jetzt doppelt soviel Lösegeld zahlen«). Dann erhielt Campbell in jenem Sommer einen Anruf von Hirshland, der ihm von den Beweisen des Ministeriums erzählte, daß Microsoft tatsächlich den Deal mit Compaq verhindert hatte, der GO hätte retten können. Überdies wurde Campbell von Hirshlands Chef angerufen. »Sie wissen verdammt gut, daß da draußen was Mieses abgeht, das höchstwahrscheinlich illegal ist«, sagte Hatch. »Die einzige Möglichkeit, diesen Fall auszuweiten, ist, daß Leute wie Sie endlich anfangen zu reden.«

Ende Juli war Campbell stark ins Wanken geraten und wollte die Meinungen von Intuits Vorstand und seinen Führungskräften hören. Während des drei Stunden dauernden Meetings wurde heiß diskutiert. Für eine Zeugenaussage war Doerr, der folgendermaßen argumentierte: »Wenn wir der Meinung sind, wir werden beschissen, dann sollten wir das auch sagen.« Dagegen war Cook, der sagte, der Regierung zu helfen wäre ein Eingeständnis der eigenen Niederlage und ein Zeichen von Schwäche; es stellte Intuit auf eine Ebene mit den Erzjammerlappen des Silicon Valley. Schließlich wurde abgestimmt: Alle außer Cook waren für eine Zeugenaussage von Intuit. Für Campbell war es im Grunde eine Sache von Mumm: »Ich dachte nur, Scheiß drauf, vergiß die Reaktion des Marktes, vergiß Microsofts Reaktion. Wir sollten doch wohl stark genug sein, um Stellung zu beziehen und Beachtung zu finden.«

Genau zu der Zeit, als Campbell an Bord kam, konnte das Justizministerium einen weiteren Durchbruch verzeichnen. Die staatlichen Ermittler hatten schon seit Monaten vergeblich versucht, Gerüchte zu belegen, laut denen Microsoft vor einigen Jahren seinen Partner Intel bezüglich dessen Internetplänen unter Druck gesetzt hatte. Als das Justizministerium nun Aussagen von verschiedenen Angestellten Netscapes zu Protokoll nahm, erinnerte sich Jim Clark daran, daß ein leitender Angestellter von Intel namens Steve McGeady ihm einmal von einem Treffen erzählt hatte, in dem Gates seine Absicht kund getan hatte, »Netscape die Luft abzudrücken«.

Clark schickte flugs eine E-Mail an McGeady und fragte ihn, ob er vor dem Ministerium aussagen wolle. McGeady schrieb augenblicklich zurück, korrigierte Clarks Erinnerung (es war Maritz, und nicht Gates, der auf Netscapes drohenden Mangel an Sauerstoff angespielt hatte), fügte aber hinzu: »Wenn mich das Justizministerium um eine Aussage in dieser Sache bittet, werde ich das tun, ohne zu zögern.« Kurz darauf ordnete die Regierung die Vernehmung von McGeady an.

Schon längst hätte das Justizministerium auf Steve McGeady aufmerksam werden müssen. Drei Jahre zuvor hatte die Kartellbehörde auf Anraten Rebacks von dem Intelmanager Unterlagen angefordert, die sich auf den Konflikt zwischen Intel und Microsoft über eine Software von Intel namens Native Signal Processing (NSP) bezogen. Aber wie die Bundeslade am Ende des ersten Teils von *Indiana Jones* lagen auch jene Unterlagen zu NSP offensichtlich in den Tiefen der Ministeriumsarchive vergraben, und die ganze Sache war aus dem Kollektivgedächtnis der Abteilung verschwunden – und aus dem von Intel ebenfalls. »Vier Tage vor meiner Vernehmung sagte ich zu meinem Anwalt bei Intel: ›Ich nehme doch an, daß Sie die Papiere von 1995 noch einmal durchgegangen sind‹«, erinnert sich McGeady. »Er fragt: ›Welche Papiere?‹ Er hat keine Ahnung. Also ruft er im Justizministerium an. Die wissen es auch nicht!« McGeady verdrehte die Augen. »Das war, als würden Dick & Doof Antitrust spielen.«

McGeadys Aussage war reines Dynamit. Doch der Umgang des Ministeriums mit Intel war noch vorsichtig und zurückhaltend. Fast 20 Jahre lang hatten Intel und Microsoft so eng zusammengearbeitet, daß sie oft als eine Einheit angesehen wurden: »Wintel«. Der Name war allerdings irreführend, denn die Beziehung der beiden wies zahllose Sprünge und Brüche auf; Andy Grove bezeichnete die beiden Firmen gerne als »Reisegefährten« und nicht als strategische Partner (»Ich hasse diesen Ausdruck wie die Pest«, pflegt er zu knurren) – nicht als Seelenverwandte, die für alle Ewigkeit verbunden sind, sondern als Platznachbarn im selben Zug, dessen Fahrt irgendwann auch einmal enden wird. Da Intel aber stark auf Microsoft angewiesen war und umgekehrt, hatte der Frieden mit Gates für Grove höchste Priorität. Als Intel schließlich bestätigte, daß McGeady im Prozeß aussagen würde, war das Unternehmen äußerst darum bemüht, eine vollkommen neutrale Haltung einzunehmen. McGeady wurde nicht »geschickt«, um auszusagen; er wurde ihm lediglich »gestattet« auszusagen. Was haben wir denn für eine Wahl?, fragte Intel. Die Regierung will ihn, da können wir uns doch wohl kaum verweigern.

Hinter den Kulissen war Intels Neutralität allerdings alles andere als vollkommen. Mit der List und Tücke eines vollendeten byzantinischen Höflings war der Syndikus der Firma, Peter Detkin, dabei behilflich, den Dolch in Microsofts Rücken zu stoßen. Detkin war ein ehemaliger Partner bei Wilson Sonsini, wo er bei mehreren Fällen mit Reback zusammengearbeitet hatte. Die beiden waren sich gar nicht grün, und doch hatte sich Reback mit Detkin und anderen Anwälten von Intel hin und wieder in der Bar vom Hyatt Rickeys in Palo Alto zu, wie er es nannte, »Treffen aus voller Kehle« verabredet. Als die Regierung anfing, Fragen über McGeady zu stellen, wandte sich Detkin an Reback und Susan Creighton als einen verdeckten Rückkanal zum Justizministerium. »Peter hat Wilson Sonsini als sichere Leitung genutzt, um der Regierung Informationen zukommen zu lassen«, erklärte ein mit der Situation vertrauter Anwalt. »Der Inhalt dieser Informationen war immer: Wenn Ihr hier mal schaut, oder hier, oder hier, dann werdet Ihr was Interessantes finden.« Und tatsächlich scheint Detkin auf diesem Umweg letztlich die Quelle für die meisten Hinweise von Intel gewesen zu sein, die beim Justizministerium Früchte tragen sollten.

Als Ende August auf der Titelseite der *New York Times* verkündet wurde, das Justizministerium habe verschiedene Führungskräfte von Intel vernommen, traf diese Nachricht Silicon Valley wie ein Blitz aus heiterem Himmel. Wenn Intel mit der Regierung unter einer Decke steckte (was jeder natürlich annahm, ganz egal wie die Firma es sonst nennen wollte), dann kam die Klage des Justizministeriums zweifellos so richtig in Schwung. »Teil der Spekulationen eines jeden Zeugen war natürlich die Frage: ›Wer sagt außer mir noch aus?‹« erinnert sich Boies. Wenn man erst einmal ein oder zwei Zeugen in petto hat, kann man anderen Leuten erzählen, man hat den und den, und auf einmal wird das Leben schon viel leichter.« Mit Intel und Intuit im Boot war Boies in der Lage, Zeugen aus zwei weiteren Unternehmen zu gewinnen, zu denen er eine enge Verbindung pflegte: IBM, wo der alte Haß gegen Microsoft noch immer brodelte, und AOL, dessen Verantwortlicher für Regierungsangelegenheiten, George Vradenburg, zwei Jahre zuvor, als er noch interner Berater von CBS war, Boies angeheuert hatte, um die Verleumdungsklage von Westmoreland in die Hand zu nehmen.

Weiteren Auftrieb erhielt das Ministerium durch Richter Jacksons Entscheidung, den Prozeßbeginn von Mitte September auf Mitte Oktober zu verlegen. Dieser zusätzliche Monat würde dem Justizministerium etwas Zeit geben, um Luft zu holen. Er sollte ihm außerdem die Möglichkeit bieten, sich den verlockendsten Preis von allen zu holen: Steve Jobs und Apple.

FÜR APPLE interessierte sich das Justizministerium in zweierlei Hinsicht. Der erste Grund war die schlagzeilenträchtige Vereinbarung zwischen Cupertino und Redmond im August 1997, bei der die Regierung vermutete, Microsoft habe damit gedroht, das Officepaket für den Macintosh aufzugeben, sollte Apple den Navigator nicht durch den Internet Explorer als Standardwebbrowser für den Mac ersetzen. Der zweite Grund lag im Multimediabereich. Das Justizministerium hatte erst vor kurzem ein weiteres Exemplar von Rebacks patentierten Weißbüchern erhalten; dieses Mal drehte es sich um die Multimediasoftware QuickTime von Apple. Das Apple-Weißbuch behauptete, daß Microsoft in den vergangenen zwei Jahren eine ganze Armada an Verdrängungsstrategien aufgefahren hatte, um QuickTime den Garaus zu machen – Strategien, die stark an die Vorgehensweise bei Netscapes Browser erinnerten. Laut Rebacks Akte hatte Microsoft vorgeschlagen, den Multimediamarkt unter sich und Apple aufzuteilen; es hatte die Hersteller anschließend dazu gedrängt, QuickTime fallen zu lassen; es hatte Windows technisch unverträglich mit QuickTime gemacht; es hatte mit Multimediafirmen Exklusivverträge ausgehandelt, damit sie ihre Inhalte ausschließlich für Microsofts Konkurrenztechnologie NetShow entwickelten. Einmal hatte ein besonders geschäftstüchtiger Manager von Microsoft einen Vorschlag gemacht, was Apple mit QuickTime anstellen sollte; wegen ihrer unwiderstehlichen Anschaulichkeit hatte Reback diese Formulierung zum Titel seines Weißbuchs auserkoren: »Erdolcht das Schätzchen«.

Im Herbst 1998 war Apple unter Jobs zwar halbwegs genesen, aber noch immer schwach, anfällig, und sein Verhältnis zu Microsoft war so prekär wie eh und je. Wenn das Justizministerium Apple dazu bewegen wollte, alle Vorsicht fahren zu lassen und sich am Prozeß zu beteiligen, dann war Reback genau der richtige Mann dafür. Wie stark Kleins Abneigung gegen diesen monomanischen Anwalt auch sein mochte, die wilde Suche nach frischen Spuren und glaubhaften Zeugen brachte sie zum Erliegen. Reback war ganz einfach zu nützlich, zu sehr darin verwickelt und in Fahrt, als daß man ihn außen vor hätte lassen können. In mehreren Telefonaten in jenem September erzählte Klein Reback, daß er der Geschichte um Apple unbedingt einen Platz in dem Prozeß einräumen wollte – und er wollte, daß Jobs sie erzählte. Denn obwohl die Zeugenliste des Ministeriums so langsam Gestalt annahm, fehlte es ihr nach Kleins Meinung noch an Glamour, enthielt sie doch lediglich einen einzigen Star – den CEO Jim Barksdale. Gegenüber Reback formulierte Klein: »Wir haben ein Übermenschen-Problem.«

Jobs stand sicherlich über vielem, aber niemand hatte ihn jemals beschuldigt, ein Mensch zu sein. Apples Gründer war ein Phantast, impulsiv, aufbrausend, eitel und nahm kein Blatt vor den Mund, wenn es um seine Ansichten über die Fähigkeiten des Justizministeriums ging, Microsoft rechtlich zu belangen. »Die Regierung ist scheiße! Die Regierung ist scheiße!« hatte er einen Staatsanwalt angeblafft, der ihn um Mithilfe gebeten hatte. In den nächsten 20 Minuten ließ er eine mustergültige Tirade gegen Gates' Unternehmen los, wie sein Monopol die Innovation einfror und die Softwarebranche von Grund auf vergiftete, und am Ende richtete er seine Verachtung wieder gegen die Regierung. »Ihr Typen habt gar nichts getan, Ihr habt nichts begriffen, Ihr wart zu langsam, Ihr werdet einfach nie irgendwas erreichen. Im Moment ist Apple in einer äußerst kritischen Lage. Warum also sollte ich die Zukunft meiner Firma aufs Spiel setzen, wenn ich keinen Augenblick lang daran glaube, daß die Regierung irgendwas richtig hinkriegt?«

»Richtig« bedeutete für Jobs nur das Eine: Microsoft zu zerschlagen. Aber trotz all seiner Zweifel an der Kompetenz des Justizministeriums war er, wenn auch widerwillig, von dessen Fortschritten beeindruckt. Nach etlichen längeren Gesprächen mit Reback, seinem Freund Bill Campbell und anderen Mittelsmännern des Ministeriums im Valley willigte Jobs Ende September ein, sich mit Klein über die Möglichkeit einer Aussage zu unterhalten. Als Klein und Jobs, der sich im Urlaub auf Hawaii befand, dann miteinander telefonierten, verplemperte letzterer keine Zeit und kam direkt zur Sache. Er wollte hören, an welche Sanktionen Klein dachte.

»Werden Sie schweres Geschütz auffahren?« fragte Jobs, »Oder ziehen Sie am Ende wieder den Schwanz ein?«

Am anderen Ende der Leitung fing Klein an herumzudrucksen. Selbst wenn er sich auf eine Sanktion festgelegt hätte, was er definitiv noch nicht getan hatte, wäre es höchst unangebracht gewesen, das mit Jobs zu diskutieren – oder mit irgendeinem anderen von Microsofts Konkurrenten. Das sagte er auch Jobs. Er sagte ihm, er könne ihm noch nichts endgültig versprechen. Klein erklärte: »Das ist das Problem mit der Henne und dem Ei; die Härte der Sanktionen hängt ab von der Beschaffenheit des Falls.«

Jobs war ganz und gar nicht beeindruckt und machte Reback gegenüber auch kein Hehl daraus. Dieser rief frustriert und wütend Mike Hirshland an, von dem er sich ein wenig Mitgefühl erhoffte. »Joel hat's vermasselt«, seufzte er. Jobs wollte sich nicht endgültig festlegen. Man mußte ihm die Idee verkaufen, daß das Justizministerium, ganz à la Microsoft, in diesem Fall hart durchgriff. Aber

Klein war alles andere als verkaufstüchtig gewesen; er hatte den Paragraphenreiter gegeben, war geschraubt und schrecklich vorsichtig gewesen. Er war eben bloß ... Joel.

Als Hirshland Rebacks Gejammer lauschen durfte, kam ihm plötzlich ein Geistesblitz. Warum rief Boies nicht einfach mal bei Jobs an? Als externer Mitarbeiter des Justizministeriums genoß der Prozeßanwalt vielleicht mehr Freiheiten und einen größeren Spielraum, um zu einem entscheidenden Schlag auszuholen. Nachdem er aufgelegt hatte, rief er Boies an und unterbreitete ihm seinen Plan. »Kein Problem«, antwortete Boies, »aber ich will, daß Joel das absegnet. Es könnte heikel werden«, fügte er noch hinzu. »Können Sie nicht vielleicht Senator Hatch dazu bringen, Joel anzurufen und ihm zu sagen, wie notwendig das hier ist?« Hirshland reagierte stehenden Fußes.

Unterdessen hatte auch Reback einen grandiosen Einfall. Da ihm klar war, daß Jobs Widerwillen auszusagen teilweise von der Angst (etwas durchaus Seltenes bei ihm) herrührte, allein im Mittelpunkt zu stehen und die bei weitem bedeutendste Persönlichkeit der Computerbranche zu sein, die Gates derart öffentlich gegenübertreten würde, gab Reback Apples Vorsitzendem zu verstehen, daß es eventuell einen Weg gab, ihm ein bißchen Deckung zu verschaffen. Was wäre, wenn eine weitere Figur aus der Branche von Jobs Kaliber auch aussagen würde? Jobs gefiel diese Idee – obwohl es seiner Meinung nach nur eine einzige Person gab, die unter diese Kategorie fiel: Andy Grove.

So begann eine kurze, aber fieberhafte Phase, in der das Justizministerium und ein Großteil der Anti-Microsoft-Bewegung von einem äußerst fantastischen Hirngespinst gepackt waren: Grove-Jobs – zwei-in-eins; kriegt man einen, hat man auch den anderen.

Und genau das war das Ganze auch – ein Hirngespinst. Grove war nämlich nicht nur der Inbegriff unternehmerischer Realpolitik, sondern Intel war zu der Zeit selbst in eine nennenswerte Kartelluntersuchung durch die Federal Trade Commission verwickelt. In jedem zurechnungsfähigen Zustand wäre die Behauptung, Grove ließe sich beschwatzen, in einem Prozeß gegen Gates vor Gericht auszusagen, kaum ernster genommen worden als die, daß Steve Ballmer dazu bewegt werden könnte, das gleiche zu tun. Doch angesichts der verbleibenden drei Wochen bis Prozeßbeginn herrschte im Justizministerium nicht gerade eine Atmosphäre kaltblütiger Vernunft.

So erfuhr Andy Grove in der letzten Septemberwoche am eigenen Leib, wie es war, der meist begehrte Mann im Silicon Valley zu sein. An Jom Kippur setzte sich Reback neben Peter Detkin von Intel und flüsterte: »Wir müssen reden.« Bald darauf fand sich Detkin am Telefon wieder, um die Sache mit Klein zu besprechen. Zu Hause wurde Grove von wehleidigen Telefonanrufen von Vertretern des Ministeriums geplagt. Er wurde von verschiedenen Persönlichkeiten des Valley angesprochen, von Hatch und sogar von Jobs. Was jedoch keiner dieser Verfolger wußte, war, daß Grove zu gleichen Zeit Anfragen von Gates und Neukom abblockte, die ihn ihrerseits um eine Aussage für Microsoft baten. Groves Antwort an beide Seiten war dieselbe: Intel bleibt in diesem Fall neutral und ich auch. Außerdem, so sagte er, wäre jede Aussage seinerseits ein zweischneidiges Schwert. »Ich stecke schon seit Jahren bis zum Hals in diesem ganzen Mist«, so Grove. »Ich lüge nicht. Und schon gar nicht unter Eid. Und erst recht lüge ich nicht unter Eid, wenn es gar keinen Grund dafür gibt. Ich hätte Dinge gesagt, die keine der beiden Seiten gerne gehört hätte.«

Mit der unwiderruflichen Absage von Grove verlor das Justizministerium auch die Aussicht, Jobs zu bekommen. Schon als Boies mit Apples Vorsitzendem sprach, »hatte [er] sich bereits entschlossen«, erinnert sich der Anwalt. »Er wollte ganz einfach nicht aussagen.« Doch mit dem Verlust der beiden Könige von Silicon Valley gewann das Ministerium zwei weniger aufsehenerregende, doch nichtsdestotrotz wichtige Siege. Während der Verhandlungen mit

Intel hatte die Regierung immer befürchtet, einem Doppelspiel auf den Leim zu gehen; daß auf Druck von Gates das Unternehmen einen Zeugen, wenn nicht sogar Grove, für die Verteidigung stellen würde. Doch jetzt hatte Grove sein Wort gegeben, daß so etwas nicht passieren würde. Und während Jobs Boies eine Abfuhr erteilte, was eine Aussage von ihm persönlich betraf, so sicherte er zu, Avie Tevanian statt seiner zu schicken. In Boies Augen war das kein kleiner Fisch. »Tevanian ist zwar kein Star vom Kaliber eines Steve Jobs, aber dafür ein Star auf ganz eigene, eben seine Art. Und er konnte über einige Streitpunkte in einer Weise reden, die der von Job etwas voraus hatte«, sagt Boies. »Das war jetzt vielleicht nicht die allgemein geteilte Auffassung im Ministerium, aber ich war ziemlich zufrieden.«

Mit der Aufnahme von Tevanian und einem weiteren Software-experten, James Gosling von Sun, war Anfang Oktober die Zeugen-liste des Justizministeriums komplett. Am Ende klaffte lediglich noch eine Lücke, weil man keinen Vertreter der Hardwarebranche gefunden hatte, der darüber aussagen würde, wie Microsoft sein Windowsmonopol einsetzte, um die PC-Hersteller zu bestimmten Dingen zu zwingen. (Der Zeuge von IBM, John Soyring, würde nur über die Entwicklung von OS/2 sprechen.) Die Suche nach jemandem, der in das Horn der Hersteller blasen würde, hatte mehr Mannstunden im Justizministerium verschlungen als jede andere Zeugenanwerbung, doch nichts und niemand konnte die PC-Hersteller davon überzeugen, daß sie mehr zu gewinnen als zu ver-lieren hatten, wenn sie ihrem Groll Luft machten. »Die meisten der großen Hersteller haben ganz einfach Angst«, erklärte Klein damals. »Viele sagten zu uns: ›Was Ihr da macht, ist richtig klasse, aber wir können es uns nicht leisten, unseren Kopf dafür hinzuhal-ten.‹ Die Macht, die Microsoft mit seinen Rechten an Windows und Office über die Leute hat, ist einfach der Wahnsinn.«

Klein war enttäuscht darüber, daß man keinen Hardwareher-steller hatte ins Boot holen können, aber es tat seinem Gefühl keinen Abbruch, wieviel sein Team schon erreicht hatte. Noch vor drei Monaten hatte sich das Justizministerium damit konfrontiert gesehen, außer mit Netscape und einer Handvoll Akademiker mit nichts gegen Microsoft aufwarten zu können. Jetzt war es mit einer ganzen Armada der schwersten Schwergewichte der Branche bewaffnet: Intel, IBM, Apple, AOL, Sun und Intuit. So hatte sich Boies' Warnung im Mai an Gates und Neukom auf unheimliche Weise erfüllt: Der Rechtsstreit hatte wirklich alles verändert, Microsofts Gegner ermutigt und dafür gesorgt, daß einer der treuesten Freunde der Firma sich gegen sie wandte.

Nach Monaten der Sorge und der händeringenden Suche waren Boies und Klein jetzt glückliche Krieger – glücklicher, als sich irgend jemand vorstellen konnte. Die beiden Anwälte wußten nämlich etwas, daß nur wenige andere schon wußten: sie hatten einen Überraschungszeugen im Ärmel. Einen Zeugen von unbestreitbarem Format. Einen Zeugen, dessen Macht jenseits jeglichen Ermessens und dessen Vermögen jenseits des Zählbaren lag. Einen Zeugen, der garantiert selbst den hellsten Stern auf ihrer angekündigten Liste in den Schatten stellen würde. Einen Zeugen – muß es noch erwähnt werden –, bei dessen Anblick Microsofts Verteidiger schon bald stammeln sollten: Wir haben den Feind gesehen, und der Feind ist Gates.

WÄHREND die Vorbereitungen der Regierung auf den Prozeß an einen Blitzkrieg erinnerten, wurden die von Microsoft mit der methodischen Disziplin einer preußischen Gegenoffensive durchgeführt – was vorauszusehen war, wenn man sich den Mann ansah, der den Oberbefehl über das Rechtsbataillon der Firma hatte. Seinem Stil nach zu urteilen, war Bill Neukom ein Sonderling bei Microsoft. Er war über fünfzig und hatte eine wellige Pompadourfrisur aus silbergrauem Haar über einem freundlichen Gesicht und das Auftreten eines Patriziers. Er war groß und gepflegt und stets tadellos gekleidet, seine Anzüge waren immer frisch aus der Reinigung; Hosenträger und gemusterte Fliegen setzten Akzente. Neukom war höflich, förmlich und sprach in präzisen Formulierungen, die er zu formvollendeten Absätzen aneinanderreihte. Er war ab und zu ein wenig schwülstig und holte immer weit aus. Als ich einmal ein langes Interview mit ihm hinter mich gebracht hatte, bemerkte ein anderer Mitarbeiter von Microsoft: »Sicher hat er wieder eine Sache von 20 Minuten auf zwei Stunden gedehnt.«

Neukom war in Nordkalifornien aufgewachsen, wo sein Vater das Büro von McKinsey & Company in San Francisco mitgegründet und geleitet hatte. Nachdem er in Dartmouth und an der Stanford Law School graduiert hatte, zog er 1967 nach Seattle, wo er schließlich in der Anwaltsfirma von Bill Gates' Vater landete. Gates sen. wählte Neukom aus, um die juristischen Angelegenheiten seines Sohnes zu regeln, in der Annahme, wie er es ausgedrückt hatte, daß Neukom »geistig rege« wäre und »kein besonders ausgeprägtes Ego« besäße. Bevor er jedoch Syndikus bei Microsoft wurde, hatte Neukom, ein liberaler Demokrat, kurzzeitig ein Auge auf die Politik geworfen. 1980 strebte er eine Nominierung seiner Partei als Justizminister des Staates Washington an, wurde am Ende jedoch nur zweiter Kandidat. Danach hat sein Interesse an öffentlichen Angelegenheiten eine Wendung ins Philanthropische genommen; die Neukom Family Foundation steckt inzwischen Millionen Dollar in Erziehungs- und Gesundheitsprogramme für Mittellose.

Neukom stieg 1988 bei Microsoft ein und leitete die Verteidigung gegen die Urheberrechtsklage von Apple, die mit Gates' Worten drohte, »uns vollständig aus dem Geschäft zu kicken«. Der Prozeß zog sich über fünf Jahre hin, und die Presse gelangte zu der Überzeugung, daß Microsoft im Unrecht war und sich Apples grafische Benutzeroberfläche eindeutig unter den Nagel gerissen hatte, um Windows zu kreieren. Doch Neukom riet Gates, solche Weisheiten zu ignorieren und sich auf das Gesetz zu verlassen, das

Microsofts Position voll und ganz unterstützte, wie der Anwalt versicherte. Die gerichtliche Bestätigung dieser Ansicht im Jahr 1993 war Neukoms größter Triumph und begründete Gates' Vertrauen in sein Urteilsvermögen.

Im Kampf gegen die Regierung hatte Neukom den Oberbefehl über eine Schwadron von Anwälten, die dreimal so groß war wie die des Justizministeriums. Auch wenn die Anwälte von Sullivan & Cromwell einen beachtlichen Teil der Schwerstarbeit, besonders im Gerichtssaal leisten sollten, gab es nie den geringsten Zweifel daran, wer das Kommando führte. »Neukom dirigiert das Orchester«, sagte Klein. »Er schwingt zwar keinen Stock durch die Luft, aber man kann seine Energie förmlich spüren, wenn er X zum Schweigen und Y zum Reden bringen will.«

Wie schon im Streit mit Apple glaubte Neukom auch dieses Mal fest daran, daß das Recht auf Microsofts Seite war. Um das zu beweisen, machten er und sein Team sich im Sommer 1998 auf, um Zeugenaussagen dafür zusammenzutragen, daß Microsoft weit davon entfernt war, ein Monopolist zu sein, im Gegenteil an allen Fronten im Wettbewerb stand; daß die Verträge der Firma mit Hardwareherstellern und Internet-Dienstleistern in der Branche gang und gäbe waren; daß jenes berüchtigte Treffen mit Netscape im Juni 1995 nichts weiter war als ein gewöhnlicher Kriegsrat zwischen dem Verkäufer eines Betriebssystems und dem Anbieter einer Anwendung; daß die Integration des Internet Explorers in Windows keinesfalls Teil eines ruchlosen Komplotts war, um Netscape zu vernichten, sondern vielmehr eine natürliche Erweiterung des Betriebssystems, wie schon vorangegangene Erweiterungen in Form von Druckertreibern und Speicherverwaltung; daß die Pläne der Firma, einen Webbrowser in Windows zu implementieren, in Wirklichkeit schon standen, als es Netscape noch gar nicht gegeben hatte. Um diesen Behauptungen Nachdruck zu verleihen, warteten sie mit Hunderten von internen Unterlagen und E-Mails auf. Sie nahmen Dutzende von Aussagen zu Protokoll. Und sie stellten eine

Zeugenliste zusammen, die fast ausschließlich aus Führungskräften von Microsoft bestand, die vor Gericht die Version der Firma erzählen sollten.

Als Microsofts Anwälte fertig waren, verschwand der potenteste ihrer potentiellen Zeugen aus ihrem Blickfeld. Ende Juli hatte Gates Steve Ballmer zu Microsofts neuem Präsidenten ernannt, wozu ihn sein Vorstand schon seit Monaten gedrängt hatte. In einer E-Mail an alle Mitarbeiter schrieb Gates, daß von nun an Ballmer und Bob Herbold für das Tagesgeschäft des Unternehmens verantwortlich seien und er sich ganz der Produktentwicklung und neuen Technologien widmen wolle. »Auf keinen Fall ziehe ich mich zurück«, schrieb er. »Die Zeit, die ich aufwende, und der Spaß an meiner Arbeit werden gleich bleiben.« Und damit verabschiedete er sich in einen wochenlangen Urlaub.

Es war in jeder Hinsicht der Urlaub eines Milliardärs. Begleitet von seiner Frau, befreundeten Plutokraten wie Warren Buffett und Will Hearst, Führungskräften von Microsoft wie Jeff Raikes und anderen Spezis charterte Gates einen Zug und unternahm eine Sightseeing-Tour zu den landschaftlichen Schönheiten des amerikanischen Westens. Man aß bestens und genoß einen sklavenähnlichen Service. »Mit Bill zu reisen ist immer ein klasse Trip«, urteilte einer der Gäste. »Es gibt da all diese Günstlinge und all diese Höflinge, die dafür sorgen, daß er sich nie langweilt oder ärgert. Dann gibt es diese Spezialisten, die plötzlich wie aus dem Nichts auftauchen. Das ist wie ›Wer ist der beste Geologe, um uns diesen Canyon da zu erklären? Bringt ihn her!‹ Und auf wundersame Weise erscheint dieser Kerl dann auch tatsächlich!«

Doch selbst wenn Gates gerade spielte, verschwanden die Geschäfte und der Prozeß nie völlig aus seinen Gedanken. In Gegenwart von mehr als einem seiner Reisebegleiter bezeichnete Gates die Wahl Ballmers als den Beginn einer ganzen Reihe von geplanten Nachfolgeregelungen; in zwei oder drei Jahren, so Gates, dürfte er so weit sein, als CEO zurückzutreten. Zudem hatten

Microsofts PR-Leute zwar den Reportern den ganzen Sommer über geflüstert, daß Gates sich nicht persönlich an der Verteidigung der Firma vor Gericht beteilige, doch einige seiner Gäste gewannen genau den gegenteiligen Eindruck. »Er schien voll auf dem Laufenden zu sein«, sagte einer von ihnen. »Er war sich klar über die Anklagepunkte, hatte alle Zeugenaussagen gelesen und sich über die Rechtslage informiert, den Verfahrensablauf, das Timing – einfach alles.« Tatsächlich hatte Gates während des Zugausflugs mindestens einer Person erzählt, daß es zwar noch nicht endgültig feststehe, er aber damit rechne, als Zeuge für Microsoft auszusagen.

Ob Gates nun in den Zeugenstand treten würde oder nicht, er war sich trotzdem dessen sicher, daß die Regierung ihn vernehmen wollte. In Washington spekulierte man bereits über die Bedingungen, unter denen seine Befragung stattfinden würde. Auf der einen Seite bemühten sich Microsofts Anwälte, die Vernehmung auf einen einzigen Achtstundentag zu beschränken. Auf der anderen Seite stand eine ganze Meute von Medienkonzernen, die dem Ereignis entgegenfieberten, das eine Konfrontation von Boies und Gates ohne Zweifel war, und die unter Berufung auf ein obskures Statut von 1913, das der Öffentlichkeit angeblich uneingeschränkten Zugang zu jeder Vernehmung in einem Antitrustverfahren garantierte, ihren Rechtsanspruch geltend machten, der Befragung beizuwohnen. Nach einem Hagel von Schriftsätzen und einem Zwischenspiel am Berufungsgericht entschied das Gericht, daß die Vernehmung von Gates (und auch aller anderen) unter Ausschluß der Öffentlichkeit stattfinden sollte. Was allerdings die Dauer dieser Befragung anging, so behielt Richter Jackson das letzte Wort: Boies konnte sich dafür so viel Zeit nehmen wie er benötigte.

Zehn Tage vor der angesetzten Vernehmung jettete Gates zu einem Dinner ins Silicon Valley, das von seiner Freundin Heidi Roizen gegeben wurde. Roizen war Unternehmerin, ehemalige leitende Angestellte bei Apple und hatte erst kürzlich als inoffizielle Botschafterin Microsofts im Valley angeheuert, mit dem Auftrag, das Standing der Firma im Feindesland zu verbessern. »Ich habe mit Bill rumgealbert und gemeint: ›Du stellst mich ein und ich gebe Dir den guten Rat, hier mehr Parties zu geben, und Du kommst sogar noch angekrochen.‹« Um Gates das Entrée zu erleichtern, hatte sie sich entschlossen, erst einmal ihm selbst zu Ehren eine Party zu geben und hatte eine Handvoll ihm wohlgesonnener Typen aus dem Valley geladen – etwa Marimbas Vorsitzenden Tom Polese, den Softwareveteran und CEO Gordon Eubanks, einen jungen Kapitalanleger namens Ted Schlein und Gates' alte Flamme, Ann Winblad.

Es war in jeder Hinsicht ein seltsamer Abend. Roizen und ihr Ehemann, deren 2000-Quadratmeter-Anwesen in der piekfeinen Silicon Valley-Enklave Atherton vollgestopft ist mit Buchattrappen, Büffeltrophäen an den Wänden und einer mittelalterlichen Ritterrüstung im Treppenhaus, hatten ein »Dachgolf«-Turnier angesetzt, bei dem ihre Gäste vom Dach des Hauses die Bälle in improvisierte Löcher unten im Garten versenken sollten. (Der Whirlpool war für dieses Ereignis extra mit künstlichem Rasen gesäumt worden.) Während des Essens, so erzählte einer der Anwesenden, erheiterte Gates die Gesellschaft mit im Hackerjargon erzählten Geschichten über Programme, die er in den ersten Tagen von Microsoft geschrieben hatte, und sprach bewundernd von einem Buch, das er gerade las: *Titan*, Ron Chernows Biographie von J. D. Rockefeller. Später machte die Runde einen Abstecher in Roizens von Fackeln erleuchtetem Weinkeller und spielte irgendwelche trivialen Computerspielchen bis spät nach Mitternacht. (Anders als beim Golfen gewann Gates dabei.)

Der surrealste Augenblick spielte sich jedoch schon früher am Abend ab. Roizens Dinnerparty fand am 17. August statt, den die Geschichte als den Tag in Erinnerung behalten wird, an dem Bill Clinton mit Ken Starr – und mit der ganzen Nation – reinen Tisch machte und zum ersten Mal sein Techtelmechtel mit Monica Lewinsky gestand. Als Roizens Gäste gegen sechs zum Cocktail erschienen, hastete jeder gleich hoch in das Schlafzimmer der

Gastgeber, um auf dem großen Fernsehbildschirm Clintons Rede an die Nation zu verfolgen. Von seinem Platz auf der Bettkante aus redete Gates dem Präsidenten ständig dazwischen, und die Gehässigkeit, mit der das geschah, verblüffte einige doch sehr. Clinton sei ein Versager, so Gates; seine Rede bloß »heiße Luft« und ein »Riesenhaufen Scheiße«. Mehr als einer der Anwesenden war schließlich davon überzeugt, daß Gates Clinton für seine Antitrust-probleme verantwortlich machte. »Wenn ich so was in meinem Büro gemacht hätte«, protestierte Gates, »hätten die Aktionäre mich schon längst 'rausgeschmissen.«

Am 27. August mußte sich Gates in einem fensterlosen Konferenzraum im Gebäude 8 des Microsoft-Komplexes seinem eigenen Ken Starr in einer ausgedehnten und exquisiten Foltersitzung stellen. David Boies hatte sich für dieses Ereignis auf seine ganz spezielle Weise vorbereitet. Während Gates auf seinem Luxuszug durch den Westen dampfte, befand sich der Anwalt ungefähr in derselben Gegend in einem offenen Jeep und unternahm einen Highwaytrip mit einem seiner Söhne. In der Nacht vor der Vernehmung ließ Boies ein 80-seitiges Exposé eines Kollegen links liegen und sah sich statt dessen lieber *Tombstone* im Fernsehen an. Das soll nicht heißen, daß Boies der ihm bevorstehenden Aufgabe gleichgültig gegenüber stand. »Ich nahm an, ich würde demselben Bill Gates gegenübertreten, mit dem ich schon im Frühling in einem Zimmer gewesen war«, so Boies. »Dieser Bill Gates war schlau, hartnäckig und redegewandt, ein sehr leidenschaftlicher und wirkungsvoller Sprecher in eigener Sache.« Boies fing an zu grinsen. »Ich brauche wohl nicht zu erwähnen, daß das nicht gerade der Bill Gates war, der zur Vernehmung erschien.«

Der Gates, der zur auf Video festgehaltenen Vernehmung erschien, war nicht nur das absolute Gegenteil seiner öffentlichen Person, sondern überdies eine Karikatur dieses absoluten Gegenteils. Er war schlecht gelaunt und mürrisch. Er war bockig und unterschwellig aggressiv, widersprüchlich und undurchsichtig. Er war ein Haarspalter, ein Pedant, ein Mensch ohne Gedächtnis, ein Baby. Er war der Typ Vorstandsvorsitzender, der behauptet, sich an nichts erinnern zu können und von nichts gewußt zu haben – weder an die zahllosen E-Mails noch die Strategien seiner Firma, die er selbst ausgeheckt hatte. Der sich über die Bedeutung von Wörtern wie »betreffen«, »konkurrieren«, »Definition«, »fragen« oder »äußerst« zankte. Der ganze fünf Minuten brauchte, um einzugestehen, daß, wenn ein führender Microsoftmitarbeiter vom »Anpissen« Javas redete, das kein »Codewort für etwas Nettes« war, wie Boies es ausdrückte. Der auf die Frage, wer an einem Treffen der Führungsebene Microsofts teilgenommen habe, antwortete: »Wahrscheinlich Mitglieder der Führungsebene.«

Boies dagegen blieb ganz gelassen. Er war geduldig und ausdauernd, wiederholte einige Fragen wieder und immer wieder, benutzte dabei oft exakt den gleichen Wortlaut, bis Gates schließlich mit einer ehrlichen Antwort rüberkam oder Boies eine ebenso aussagekräftige Palette an Ausflüchten lieferte. Schon zu Beginn hatte der Anwalt ruhig klargestellt: »Ich habe soviel Zeit, wie ich brauche, um diese Untersuchung durchzuführen, Sir, und ich bin darauf vorbereitet, mehrere Tage damit zuzubringen, wenn es sein muß.« Am Ende sollten es drei werden – 20 Stunden Bill Gates unplugged.

Bereits nach dem ersten Tag hatte Boies Klein angerufen: »Die werden ihn jetzt auf keinen Fall mehr als Zeugen aufrufen«, meinte er selbstsicher.

Klein reagierte skeptisch. »Also da haben wir hier aber was anderes gehört«, erwiderte er. »Sie erzählen angeblich überall herum, daß sie ihn doch bringen.«

»Werden sie aber nicht. Er hat schon zu viele Sachen von sich gegeben, die er im Zeugenstand niemals erklären könnte.«

Nach dem zweiten Tag war Boies derart zufrieden mit dem Material, das er bereits zusammengetragen hatte – obwohl er nicht einmal all das angesprochen hatte, was er sich vorgenommen hatte –, daß er bereits ernsthaft daran dachte, die Vernehmung damit zu beenden. Gates war auf eine Einladung von Paul Allen hin für ein verlängertes Wochenende zu einer Alaskakreuzfahrt aufgebrochen, und Boies, der schon verblüfft war, daß keiner von Gates' Anwälten sein Benehmen gezügelt hatte, machte sich darauf gefaßt, daß sein Goldesel mit einer besseren Selbstbeherrschung wiederkehren würde. Aber er wollte es trotzdem riskieren. Am dritten Tag wurde er unter anderem mit einem wirklich unbezahlbaren Gespräch belohnt. Als er Gates eine von ihm verfaßte E-Mail reichte, bemerkte er leichthin, daß Gates im Kopf der Nachricht eingegeben hatte: »Priorität: höchste«.

»Nein«, gab Gates nur zurück.

»Nein?«

»Nein, ich habe das nicht eingegeben.«

Wer dann?

»Ein Computer«, sagte Gates.

»Ein Computer, aha. Warum gab der Computer dann ›höchste‹ an?«

»Das ist ein Attribut der E-Mail.«

»Und wer legt die Attribute fest?«

»Normalerweise der Absender.«

»Wer ist in diesem Fall der Absender, Mr. Gates?«

»In diesem Fall bin ich das anscheinend.«

»Richtig. Also haben sie die hohe Priorität festgelegt, ist das richtig?«

»Es scheint so.«

Gates' Darbietung war ein einziges Desaster, nicht nur in PR-Hinsicht. Als Beweisstück lieferte sie Boies die größte, knorrigste Keule, die man sich nur vorstellen kann, um Gates und Microsoft eins überzuziehen, denn die Vernehmung brüllte es förmlich heraus, daß die Heuchelei in der Firma auf höchster Ebene begann. Diese Tatsache würde auch Richter Jackson sicher nicht entgehen.

»Hier haben wir den Kopf der Organisation, und seine Aussage ist in höchstem Grade unglaubwürdig«, sagte Jackson in einem Interview, das nach Abschluß des Verfahrens veröffentlicht wurde. »Bereits zu Beginn macht es einen mißtrauisch, was den Rest der Verhandlung betrifft. Man fragt sich, wenn ich diesem Herrn da schon nicht glauben kann, wem dann?«

Viele Beobachter sollten später Gates' Anwälten die Schuld für das Fiasko in die Schuhe schieben, doch für Boies verhielt es sich nicht ganz so einfach. »Ich habe oft gesagt, daß ich die Vernehmung abgebrochen hätte, wenn ich sein Anwalt gewesen wäre«, sagte er. »Aber was ich nicht weiß, und was eigentlich niemand wissen wird, bevor ich nicht Bill Neukom richtig besoffen gemacht habe, ist doch, wieviel davon dem Widerwillen der Anwälte zuzuschreiben ist und wieviel dem Klienten, der ihre völlig eindeutigen Anweisungen einfach ignoriert hat.« Es überrascht nicht, daß Boies so seine Vermutungen hat. »Mit Gates haben wir einen sehr schlauen, sehr reichen, sehr mächtigen und sehr dominanten Mann. Es ist schwer, einem solchen Klienten etwas vorzuschreiben.«

Sehr schwer, wenn nicht unmöglich. Seit den ersten Tagen von Microsoft sah Gates sich selbst als juristischen Hauptstrategen der Firma – abgesehen von Bill Neukom. Schließlich war er in einem Anwaltshaushalt aufgewachsen und von seinem Vater in der Denkweise eines Anwalts unterrichtet worden, und so hatten Gates' Anwaltsallüren das Unternehmen und die Softwarebranche in hohem Maße geprägt. Gates war es auch gewesen, der 1976 in einem frühen Newsletter eine Art Manifest unter dem Titel »Ein offener Brief an Hobbyhacker« veröffentlicht hatte, in dem zum ersten Mal ausgesprochen wurden, daß Software, wie Hardware auch, ein wertvolles Gut war – es war geistiges Eigentum, und als solches mußten seine Schöpfer auch entlohnt werden. Gates' Gespür für Feinheiten von Verträgen hatte es ihm auch ermöglicht, IBM bei den Verhandlungen über MS-DOS auszumanövrieren, was letzten Endes den Grundstein zu Microsofts Imperium gelegt hat. Und trotz all der Lobeshymnen auf Bill Neukom aufgrund des Ausgangs des Appleprozesses, der größere Verdienst gebührte eigentlich seinem Chef. »Neukom hat gute Arbeit geleistet, aber vertun Sie sich nicht, Bill war derjenige, der den Fall gewonnen hat«, stellte eine ehemalige Führungskraft von Microsoft richtig. »Er hatte sich tief in den Fall eingearbeitet, kannte sowohl die technischen als auch die juristischen Streitpunkte und hat maßgeblich daran mitgewirkt, sie für die Gerichtsverhandlung zu formulieren. Oh Mann, der hat sogar in gewisser Weise unsere Schriftsätze selbst verfaßt.«

Microsofts Führungskräfte waren allgemein der Ansicht, daß Gates nicht nur gewitzter war als seine Anwälte, sondern auch mehr vom Gesetz verstand als sie. Gates selbst schien das auch zu glauben. Als der Anitrustprozeß näher rückte, fing er an, Kartellrecht zu pauken, Prozeßakten zu studieren und über Präzedenzfällen zu hocken. »Bill kennt die Gerichte erstaunlich gut«, sagt ein leitender Manager von Microsoft. »Er weiß alles über die Richter, wer sie sind, wie sie in der Vergangenheit entschieden haben, und das für jeden Distrikt, überall im ganzen Land. Er ist kein gewöhnlicher Klient, der nur rumsitzt und den Rat seiner Anwälte befolgt. Kein Stück.«

Selbst als der Prozeß schon lange vorbei war, beharrte Gates nachdrücklich darauf, daß sein Auftreten während der Vernehmung auf ungerechtfertigte und sogar böswillige Weise mißdeutet worden sei. Er habe aufrichtig und genau geantwortet, sagte er. Besonders schien er sich von denjenigen getroffen zu fühlen, die ihn aufgrund des Videos als vergeßlich hinstellten. Wieder und wieder beteuerte er in einem Tonfall, der Dustin Hoffmann in *Rain Man* alle Ehre gemacht hätte: »Ich habe ein hervorragendes Gedächtnis, ein besonders hervorragendes Gedächtnis.«

»Bin ich Boies ausgewichen?« stellte er die rhetorische Frage. »Ich plädiere für schuldig. Welche Strafe auch immer darauf steht, brummt sie mir auf: Unflätiges Benehmen ersten Grades gegenüber Boies.« Er gab zwar zu, sein Ton sei in der Tat bedauerlich gewesen, ebenso wie der Aufnahmewinkel. Aber im Grunde seien das doch alles bloß atmosphärische Störungen, meinte er, und von daher irrelevant.

Microsofts Anwälte waren da weniger zuversichtlich. Ihr Realitätssinn (und die Sorge um ihren eigenen Ruf) brachte sie dazu, den Schaden anzuerkennen, den die Gatesbänder angerichtet hatten, und also beschuldigten sie Richter Jackson, sie durch seine Anordnung in dem Glauben gelassen zu haben, daß die Bänder nie vor Gericht gezeigt werden würden. Andernfalls, beharrte Neukom, hätten sie Gates doch anders vorbereitet, wenn auch nur was seinen Stil betraf, nicht den Inhalt. (Sie hätten außerdem darauf geachtet, daß die Beleuchtung ihm mehr geschmeichelt hätte.)

Boies tat Microsofts Behauptung, die Firma hätte nicht gewußt, daß die Aufnahmen verwendet würden, mit der Bemerkung ab: »Haben die gedacht, ich hätte sie für mein Poesiealbum aufgenommen, oder was?« Er hat seine eigene Theorie entwickelt, die sich vor allem auf die Annahme Gates' stützt, daß er entweder von der einen oder von der anderen Seite als Zeuge vorgeladen werden würde. »Er hat sicher gedacht, daß sie die Videobänder nicht verwenden dürften, wenn er als Zeuge auftritt«, sagt Boies. »Und damit hatte er vermutlich auch Recht. Wenn er in den Zeugenstand getreten wäre, denke ich nicht, daß der Richter uns erlaubt hätte, die Bänder abzuspielen. Deshalb hat er auch nicht besonders darauf geachtet, wie er in der Vernehmung rüberkam. Er war darauf eingestellt zu mauern, auszuweichen. Alles das zu machen, was man eben so macht, wenn man glaubt, daß es keiner mitkriegen wird.«

Der Grad an Obstruktion von Gates war allerdings so hoch und seine Ausflüchte derart ungeheuerlich, daß die Vernehmung eine unvorhergesehene Kettenreaktion auslöste. Mit einem Mal hatte Microsoft kaum eine andere Wahl mehr, als seinen wichtigsten Zeugen zurückzuziehen, aus Furcht, er könne sich bei dem vergeblichen Versuch, das nicht zu Rechtfertigende zu rechtfertigen und das Unerklärliche zu erklären bis auf die Knochen blamieren. Mittlerweile hatte auch das Justizministerium keinen Grund mehr,

Gates vorzuladen, denn was immer er auch im Gerichtsaal von sich geben würde, es könnte den Zielen der Regierung kaum wirksamer dienen als die Aussage, die sie schon im Kasten hatte. Der reichste Mann der Welt hatte keine Verabredung zum Tanzen. Und das Video war Freiwild.

»Es war wie bei der Russischen Revolution«, schloß Boies. »Es mußte alles genau so ablaufen, damit es so enden konnte.«

WIE DIE ZAREN 1917 in St. Petersburg merkte auch Microsoft im Spätsommer 1998, wie der Boden unter den eigenen Füßen zu schwanken begann. Fast ein Jahr war vergangen, seit das Justizministerium wegen Verletzung der Verpflichtungserklärung Klage erhoben hatte, und in dieser Zeit war so ziemlich alles schief gelaufen, was nur schief laufen konnte. Von Bolschewiken und Menschewiken umgeben, von Populisten und Nihilisten, zeigte das alte Regime zum ersten Mal Anzeichen für das, was Gates an einem sorglosen Tag als »Besorgnis« bezeichnet hätte, was andere jedoch zu Recht als Panik beschrieben. Mit den zusätzlichen Beweisen und Zeugen von Apple, Intel, Intuit und dem ganzen Rest nahm die einst für Microsoft so simple Kopplungsklage inzwischen weitaus größere Formen an, die zudem auch weitaus häßlicher zu werden versprachen. »Sie machten aus einer Antitrustklage einen Prozeß über Wirtschaftsdelikte«, sagte Neukom später. »Es war klar, daß sie dem Richter und der Öffentlichkeit das Bild von einer Firma verkaufen würden, der man nicht trauen konnte und die bestraft werden mußte.«

In dem Versuch, den Lauf der Dinge aufzuhalten, überschwemmte Microsoft Richter Jacksons Amtszimmer mit einer Flut von Anträgen auf Vorverfahren; insgesamt neun davon trafen im September und Oktober ein. Die Bezeichnungen dieser Anträge sprachen Bände: »Antrag auf Begrenzung der Verhandlungspunkte«, »Ausführungen betreffend den Ausschluß von in letzter Minute eingereichten Anklagepunkten«, »Antrag auf Terminvertagung zwecks Prüfung der vom Kläger neu benannten Zeugen«, und so weiter und so fort. Microsoft gab zu bedenken, daß die Klage, die die Regierung im Mai eingereicht hatte, sich allein um Webbrowser und auch ein bißchen um Java drehte. Diese Anklagepunkte zu erweitern, war unzulässig, ungerecht und ein Zeichen dafür, daß das Justizministerium sehr wohl erkannt hatte, daß die Entscheidung des Berufungsgerichts den Kern der ursprünglichen Klage substanzlos gemacht hatte. Zumindest, so verlangte Microsoft, benötigte das Unternehmen mehr Zeit, um eine ordentliche Verteidigung vorzubereiten.

Die Antwort des Justizministeriums erfolgte prompt, entschieden und nicht ohne einen gewissen Spott. In einem seiner replizierenden Schriftsätze heißt es: »In dem eingeschränkten Maße, in dem der Kläger Beweismaterial vorlegt, das aus laufenden Ermittlungen betreffs Ereignissen und Geschäftsvorgängen herrührt, die sich nicht ausschließlich auf Browser und Java erstrecken, beweisen diese Ereignisse und Geschäftsvorgänge (a) unmittelbar Monopolmacht und Marktschranken, die (selbstverständlich) Bestandteil des Sachvortrags des Klägers und jedes Verfahrens gemäß Paragraph 2 Antitrustgesetz sind; sie belegen (b) die Absicht Microsofts zur Monopolbildung, was (selbstverständlich) ebenfalls Bestandteil des Sachvortrags des Klägers und jedes Verfahrens gemäß Paragraph 2 Antitrustgesetz ist; und/oder sie weisen (c) ein Muster auf, das für das Verstehen und die Durchsetzung des Verhaltens von Microsoft in bezug auf Browser und Java unverzichtbar ist.« Jeff Blattner vom Justizministerium verpackte das Ganze in anschaulichere Worte: »Wir haben die Klage nicht ausgeweitet, wir haben die Beweislage ausgeweitet. In einem Mordfall bezieht man sich während der Anklageerhebung ja auch nur auf die Leiche. Aber später, in der eigentlichen Verhandlung, bringt man dann den blutverschmierten Handschuh, die blutbeschmierten Schuhe und die Mordwaffe vor.«

Bis zum Vorabend der Verhandlung hielt das Tauziehen zwischen den beiden Seiten unvermindert an. Doch der Richter blieb davon unbeeindruckt. Immer wieder bestätigte Jackson Microsoft in schriftlichen Anordnungen und Anhörungen vor der Verhandlung, daß es ein umfassendes Verfahren geben und er sich auf die eine große Frage konzentrieren werde: ob das Unternehmen »sein Monopol auf Betriebssysteme durch Exklusivverträge und wettbewerbsbeschränkendes Verhalten erhalten« hatte oder nicht. Jackson sagte einmal ganz nüchtern zu Neukom und seinem Team: »Meine Sicht des Falls ist nicht so beschränkt wie die Ihre.«

So kam es, daß am Morgen des 19. Oktober die erste Sitzung im Fall Microsoft stattfand. Drei Stunden lang hatte der von Beruhigungsmitteln leicht benebelte David Boies, der lediglich mit einem Schnellhefter mit ein paar hingekritzelten Notizen bewaffnet war, den Saal so ziemlich in seiner Hand. Seine Art zu reden hatte wenig Hochtrabendes, sie war kein bißchen kunstvoll oder wohlklingend. (Erstaunlicherweise war Boies Legastheniker.) Doch sie riß die Zuhörenden mit, und das lag an dem Geschehen, das er nacherzählte, und an dem Beweismaterial, das er zur Erhärtung seiner Thesen vorlegte. Die Geschichte war denkbar unkompliziert: Als Microsoft sich mit der Bedrohung durch den Browser und Java konfrontiert sah, versuchte die Firma zunächst, Netscape dazu zu zwingen, sich aus dem Wettbewerb zurückzuziehen, und dann, als man ihr eine Abfuhr erteilt hatte, hatte sie der gesamten Branche Schrauben angelegt, um das Start-up in den Ruin zu treiben und seine Herrschaft über den PC zu behaupten. Bei der Darlegung der Klage ließ Boies auf die Monitore im Gerichtssaal eine Reihe von Beweisstücken einspielen, die Gates und Microsoft als einen habgierigen (und plumpen) Monopolisten darstellten. Es wurde unter anderem eine E-Mail an AOL gezeigt, in der Microsofts CEO ein Angebot machte: »Gates stellte darin eine für ihn typische unverblümte Frage: Wieviel müssen wir Euch bezahlen, damit Ihr Netscape flachlegt? (›Das ist Euer Glückstag‹).« Sodann das Memo

149

eines Managers von Hewlett-Packard, in dem er sich über die Weigerung von Microsoft beschwerte, HP zu erlauben, Veränderungen an dem Standardbildschirm seiner Computer vorzunehmen: »Wenn wir einen anderen Lieferanten zur Auswahl hätten, dann, da könnt Ihr angesichts Eurer Vorgehensweisen sicher sein, fiele unsere Wahl sicher nicht auf Euch.« Und die Krönung war schließlich Gates unplugged.

Bei vier verschiedenen Gelegenheiten, und jedes Mal mit einer elektrisierenden Wirkung auf den Saal, spielte Boies Videoausschnitte der Vernehmung von Gates ein und legte parallel dazu jedes Mal Beweisstücke vor, die zeigten, daß Gates nicht ganz ehrlich war, um es gelinde auszudrücken. Dort war Microsofts CEO auf dem Bildschirm zu sehen, wo er bestritt, von dem Treffen im Juni 1995 gewußt zu haben, sogar wörtlich sagte: »Ich hatte keine Ahnung, was Netscape trieb« damals. Dem stand eine E-Mail von Gates an Maritz und andere hohe Microsofttiere gegenüber, abgeschickt ein paar Wochen vor dem Meeting: »Ich denke, wir können da die eine oder andere günstige Vereinbarung mit Netscape treffen [...] Wir könnten Ihnen sogar als Teil der Vereinbarung Geld anbieten, von ihnen irgendwas kaufen oder so. Ich würde mich wirklich freuen, wenn etwas in der Art klappte!!«

Als Boies geendet hatte und die Sitzung mittels Hammerschlag geschlossen worden war, trat Neukom draußen auf den Stufen zum Gerichtsgebäude vor eine Schar von Reportern. Ruhig, aber bestimmt verurteilte er Boies' Vorgehen als hohles Theater und beschuldigte ihn der »Phrasendrescherei und aus dem Kontext gerissener Gesprächsfetzen«, mit denen er die Tatsache vertuschen wollte, daß es gar keinen Fall gab, und fügte noch hinzu, daß »keiner dieser Gesprächsfetzen, keine seiner Phrasen auch nur annähernd einen Beweis für wettbewerbsfeindliches Verhalten darstellt.«

Am nächsten Tag flog Klein nach Scottsdale, Arizona. Am ersten Jahrestag des vorausgegangenen Prozesses zur Verpflichtungserklärung sollte er eine programmatische Rede auf der Agenda halten, jener Konferenz, auf der Gates zum ersten Mal erfahren hatte, daß die Regierung ihn gerichtlich belangte. Kleins Rede sollte sich als eine hoch anspruchsvolle Angelegenheit herausstellen, die Marktregulierung, Marktversagen und den »Fall der Einmischung der Regierung in die Computerbranche« diskutierte. Er sollte nur wenig zu der Verhandlung sagen, und was er dazu sagte war so trocken und öde wie die Wüstenluft. Klein wußte besser als jeder andere, daß die Regierung eine schwere Aufgabe vor sich hatte. Er erwartete von Microsoft eine geradezu furchteinflößende Verteidigung. Und er wußte, daß ein guter Tag vor Gericht nicht gleich ein Grund war, sich auf die Schulter zu klopfen.

Dennoch war dies ein besonders guter Tag gewesen. Klein hatte mir hinten im Saal zugeflüstert: »Ich bin ein glücklicher Pfadfinder. Wir haben ihnen so richtig in den Arsch getreten.«

Kapitel 5
AUF DER ANKLAGEBANK

DAS E. BARRETT Prettyman Gerichtsgebäude kauert in der nord-
westlichen Ecke des Capitol Hill und trägt alle Kennzeichen des
neobrutalistischen Baustils, der in Washington während der 50er
Jahre in Mode gekommen war. Seine sechs Stockwerke hohe
Fassade ist aus grauem Granit und auf imposante Weise uninspiriert.
Die Wände im Innern sind aus Marmor, helles Grau durchzogen
von dunklem Grau. Im Untergeschoß verkauft eine karge Cafeteria
ebenfalls graues Essen an die Hundertschaften von Servicepersonal
und juristischen Angestellten, die in diesem Gebäude arbeiten. (Die
Richter speisen für gewöhnlich auswärts, Richter Jackson zum
Beispiel in seinem Club, dem Metropolitain.) Doch wie schlicht
seine Erscheinung auch sein mag, dieses Gerichtsgebäude ist der
Schauplatz von mehr juristischen Auseinandersetzungen in der
Geschichte gewesen als jedes andere, ausgenommen vielleicht der
Oberste Gerichtshof. Der Watergate-Prozeß, der Streit um die
Pentagon-Papiere, die Anhörungen des Geschworenengerichts zur
Whitewater/Lewinsky-Affäre – sie alle haben hier stattgefunden.

Die Hauptverhandlung im Fall Microsoft fand im zweiten Stock statt, in Saal 2, einem kleinen Raum mit fünf Reihen aus harten Holzbänken, die lediglich 100 Zuschauern Platz boten. In Anbetracht des großen Interesses von Seiten der Presse war Richter Jackson geradezu gedrängt worden, die Verhandlung im großen Festsaal ein Stockwerk höher stattfinden zu lassen. Aber in Saal 2 hatte Richter John J. Sirica die Beklagten im Fall Watergate verurteilt, und Jackson erklärte seinen Angestellten: »Dieser Fall wird auch nicht größer als der.« Der Gerichtssaal war nicht nur verhältnismäßig beengt, sondern auch ohne jeglichen Charme: er war fensterlos und wurde von grellem Neonlicht erleuchtet; die Luft war getränkt mit dem abgestandenen und bitteren Geruch der vielen Streitsachen, die hier ausgetragen worden waren. Wenn keine Geschworenen anwesend waren, belegten Gerichtzeichner, die das Geschehen oftmals durch spezielle Brillen verfolgten, die an die Nachtsichtgeräte der Navy und der US-Streitkräfte erinnerten, deren Plätze.

Die Anwälte beider Parteien drängten sich um die Tische zu Jacksons Füßen. Rein äußerlich betrachtet war nicht schwer nachzuvollziehen, warum die Buchmacher Microsofts Team favorisierten, dessen Mitglieder gut geschnittene Anzüge zu schneidenden Blicken und schnittigen Frisuren zur Schau trugen. Der Tisch der Regierung sah dagegen etwas heruntergekommen aus, die Kleidung von der Stange, die Frisuren Marke Eigenbau. Selbst Boies wäre mit seiner Kleidung aus dem Katalog und den schlampigen schwarzen Tretern locker als ein Vertreter des Landwirtschaftsministeriums durchgegangen.

So umfassend die Klage der Regierung mittlerweile auch geworden war, seine Conditio sine qua non blieb Netscape, und so rief Boies als ersten Zeugen Jim Barksdale in den Zeugenstand. In seinem grauen Anzug über dem weißen Hemd, der roten Krawatte und der Lesebrille auf seiner Nasenspitze war Barksdale durchaus eine beeindruckende Erscheinung. Er war 55 Jahre alt, und im Laufe seiner Karriere war er Verkäufer für IBM, Geschäftsführer von Federal Express und Präsident von McCaw Cellular Communications gewesen (sowie kurzzeitig auch von AT&T Wireless, wie McCaw hieß, nachdem es von AT&T 1994 übernommen worden war). Er hatte stets eine rötliche Gesichtsfarbe, die beachtlich dunkler wurde, wenn er aufgeregt oder erbost war, was in den kommenden Tagen ziemlich oft der Fall sein sollte.

Das Verhör leitete der Hauptanwalt von Microsoft, John Warden, ein Partner der Anwaltssozietät Sullivan & Cromwell, der in Kartellrecht äußerst bewandert war. 1979 hatte Warden bereits den Fall Berkey Photo gegen Kodak am Berufungsgericht gewonnen, dessen folgenreiches Urteil bestimmte, daß »jedes Unternehmen, selbst ein Monopolist, im allgemeinen nach eigenem Ermessen den Zeitpunkt und die Art bestimmen kann, zu der es plant, seine Produkte auf den Markt zu bringen.« Warden war ein rundlicher Mann mit einer dunklen Brille, der in Evansville, Indiana, aufgewachsen war und dessen tiefe Stimme mit dem schleppenden Akzent des Südens aus seinem Brustkorb wie ein Nebelhorn dröhnte. (Wenn sie unter sich waren, nannten Barksdale und Netscapes Anwälte ihn »Dröhner«.) Wenn man ab und zu die Augen schloß, während man dem Anwalt und dem Zeugen, der aus Mississippi stammte, zuhörte, hätte man meinen können, weit unten im Süden in einem kleinen Bezirksgericht zu sitzen. Während Warden den Namen von Netscapes Multikulti-Belegschaft Gewalt antat, würzte Barksdale seine Aussagen mit Regionalismen.

Die schriftliche Aussage von Barksdale umfaßte 126 Seiten, und Warden schien entschlossen, jeden der darin enthaltenen 251 Absätze zu widerlegen. Keine Behauptung war ihm zu trivial, um sie nicht anzufechten, kein Detail zu gering, um es nicht in Frage zu stellen. Barksdales Darstellung des Treffens im Juni 1995 geriet am stärksten unter Beschuß. Zusätzlich zu der genauen Beschreibung dieser Sitzung und Microsofts Angebot einer »besonderen Beziehung« hatte Barksdale vermerkt: »Noch nie habe ich in meiner 33-

jährigen Karriere eine geschäftliche Besprechung erlebt, in der ein Konkurrent derart unverfroren anklingen läßt, daß wir entweder den Konkurrenzkampf beenden sollten oder er uns vernichten würde. In all den Jahren habe ich noch nie von einem so direkten Vorschlag der Marktaufteilung gehört, geschweige denn ihn miterlebt.«

Zunächst einmal stellte Warden klar, daß Microsoft – weit davon entfernt, ein gefürchteter Angreifer zu sein – von Netscape eingeladen worden war – und nicht selbst darum gebeten hatte, ins Geschäft zu kommen. Als Beweisstück legte der Anwalt eine E-Mail von Jim Clark an Brad Silverberg, ein Vorstandsmitglied von Microsoft, vor, die am 29. Dezember 1994 um 3:01 Uhr gesendet worden war. »Wir haben nie vorgehabt, mit Euch zu konkurrieren«, schrieb Clark. »Wir wollen, daß dieses Unternehmen ein Erfolg wird, aber nicht auf Kosten von Microsoft. Wir wollen mit Euch zusammenarbeiten. Das wäre sowohl in Eurem als auch in unserem Interesse. Abhängig vom Grad Eures Interesses könntet Ihr eine Beteiligung an Netscape erwerben, mit der Option, diese später weiter auszubauen.«

Barksdale blinzelte. Die E-Mail war einige Tage gesendet worden, bevor er CEO von Netscape geworden war; er hatte keine Ahnung, was Clark so trieb. Auch wenn er vor kurzem Clarks Aussage entnommen hatte, daß es ein nächtliches Schreiben gegeben hatte, so hatte Clark doch nie erwähnt, wie Barksdale es später ausdrückte, »daß er im Grunde versuchte, das Unternehmen zu verkaufen«. Barksdale erzählte dem Gericht, daß Clark die E-Mail in einem »Augenblick der Schwäche« verfaßt hatte. Er sagte, Clark wäre externer Mitarbeiter, daß seine Meinung also nie die offizielle oder inoffizielle Strategie des Unternehmens repräsentierte. Doch als Barksdale die E-Mail auf dem Monitor im Gerichtssaal anstarrte, konnte er bei sich nur noch denken: »Gottverdammich.«

Warden fragte Barksdale, ob Clark »in der Öffentlichkeit den Ruf eines ehrlichen Mannes« besaß.

Lange Pause. »Das kann ich nicht beantworten«, sagte Barksdale. »Ich weiß es nicht.«

»Halten Sie ihn denn für einen ehrlichen Mann?«

Noch längere Pause. »Ich halte ihn für einen Geschäftsmann.«

Während des gesamten Microsoftprozesses sollte es immer wieder Augenblicke geben, die enthüllten, was der Journalist Joseph Nocera als die »geheime Geschichte der Softwarebranche« bezeichnete. Dieser Augenblick war einer davon. Einem, der in die Geheimnisse des Silicon Valley nicht eingeweiht war, mußte Barksdales Desavouierung von Clark schier unglaublich erscheinen. Denn schließlich war Clark der Vorsitzende von Netscape, der einzige Mann, der in der Befehlshierarchie der Firma noch über Barksdale stand. Aber die Wahrheit war, daß Barksdale nie Befehle von Clark entgegengenommen hatte. Als Clark und John Doerr ihm zum ersten Mal vorschlugen, die Geschäfte von Netscape zu führen, war Barksdale einer der begehrtesten Köpfe der gesamten Geschäftswelt gewesen; und tatsächlich war damals auch Gates hinter ihm her gewesen, der ihn als Microsofts Chief Operation Officer gewinnen wollte. Barksdale hatte damals Gerüchte über Clarks Führungsstil als Vorsitzender von Silicon Graphics mitbekommen: er würde sich überall einmischen, wäre launisch und stehe haarscharf an der Grenze zum Wahnsinn. Bevor Barksdale also einwilligte, bei Netscape einzusteigen, rang er Doerr die Zusicherung, daß er Clarks Rat jederzeit ignorieren könne, sowie die eindeutige Abmachung ab, daß Clark jederzeit als Vorsitzender zurücktreten würde, wenn Barksdale ihn darum bat.

Clarks E-Mail hatte aber auch ihre eigene geheime Geschichte. Was seine Haltung gegenüber Microsoft betraf, das noch immer im Internet umhertapste und bekanntermaßen Ausschau nach einer Browserlizenz hielt, war Netscape im Herbst 1994 in zwei Lager gespalten. Das eine Lager wurde von Andreessen angeführt, dessen Standpunkt sich laut Mike Homer wie folgt zusammenfassen lässt: »Bleibt bloß von diesen Scheißkerlen weg, die sind wie die Teufel.«

Andere sahen in einem Geschäft mit Microsoft dagegen einen potentiellen, wenn auch vorübergehenden Wert, und der einflußreichste unter ihnen war Doerr. »Er wollte, daß wir denen die Nutzungsrechte an unserer Technologie verkauften, weil uns das ihr Wohlwollen einbringen und dann alle Welt von uns kaufen würde«, erinnert sich Clark. »Er wußte nur zu gut, daß Microsoft ein schrecklich starker Gegner sein würde, warum also sollten wir ihnen nicht einfach weismachen, wir wären ihre Freunde?« Clark schloß sich letzten Endes widerwillig Doerr an, telefonierte mehr als einmal mit Silverberg und schickte im Dezember sogar eine Gruppe nach Redmond, um Microsoft dazu zu bringen, den Code des Navigators zu adaptieren. »Wir hatten gehofft, sie soweit einzuwickeln, daß sie unseren Browser eine Zeit lang vertreiben würden, und dann würde der Geist aus der Flasche entweichen«, sagt Ram Shriram, einer von Netscapes Führungskräften, der an diesem Treffen teilgenommen hatte. »Das war kein ›Augenblick der Schwäche‹. Es war eine absolut logische Vorgehensweise.«

Allerdings spielte es mittlerweile keine große Rolle mehr, ob Clark seine Bitte nun entschlossen und mit einem klaren Ziel vor Augen vorgebracht hatte; denn Microsofts Andeutung, sie wäre der Anlaß für das Treffen im Juni gewesen, ließ völlig außer acht, wieviel sich in der Zwischenzeit verändert hatte. Ende 1994 waren Netscapes Umsätze gleich Null, das Firmenkapital schrumpfte beängstigend, und das Unternehmen sah sich mit einem Rechtsstreit wegen Mißbrauchs geistigen Eigentums konfrontiert, den die Universität von Illinois angestrengt hatte (wo Andreessen studiert und die Entwicklergruppe für den Browser geleitet hatte) und der es potentiell vernichten konnte. Homer bestätigt: »Wir hatten damals eine Scheißangst – die enormen Kosten, das Produkt sollte gerade herauskommen und die Uni im Nacken, und man weiß nicht, was als nächstes kommt.« Sechs Monate später war das alles Vergangenheit. Netscape war das am schnellsten wachsende Softwareunternehmen aller Zeiten, dessen Vorstand gerade, ohne daß Microsoft etwas davon mitbekam, den Börsengang beschlossen hatte, der letztlich den Internetboom auslösen sollte.

All das kümmerte Warden nicht im geringsten. Am nächsten Tag kam er wieder auf das Treffen zu sprechen und hackte auf Andreessens Notizen herum: »Diese Notizen sind doch nicht wörtlich zu nehmen, hab' ich Recht?« fragte er Barksdale. Warden sprach daraufhin gezielt eine Chronologie der Ereignisse an, die Reback einen Monat nach dem Treffen dem Justizministerium übergeben hatte und in denen »der verblüffende Vorschlag, den Markt aufzuteilen«, mit keinem Wort erwähnt wurde. »Wenn man sich einmal die einzelnen Vorkommnisse bis zu dem Treffen am 21. Juni 1995 ansieht«, kläffte er, »dann kann man fairerweise nur zu dem Schluß gelangen, daß Marc Andreessen ein solches Angebot zur Marktaufteilung erfunden oder geträumt hat und daß Sie und Ihr Unternehmen sich anstandslos dieser Erfindung oder Phantasterei angeschlossen haben, um die Klageerhebung zu unterstützen!«

»Dem kann ich absolut nicht zustimmen«, erwiderte Barksdale finster, und sein Gesicht verfärbte sich dunkelrot. »Ich war bei dem Treffen anwesend. Ich weiß, was ich weiß. Ich war Zeuge des Ganzen, und Sie nicht.«

Im Valley hörte Reback von Wardens Argumentation und war fassungslos. Egal, was die Chronologie enthielt, Reback wußte, daß er Klein einen Tag nach dem Treffen angerufen und um eine Unterlagenanforderung gebeten hatte, die Klein nur Stunden später bewilligte, und daß er persönlich am nächsten Tag Andreessens Notizen eingereicht hatte. Er grub sich durch seine Aufzeichnungen, fand eine Kopie der Anforderung und faxte sie Klein zu. (Offensichtlich war sie in dem Papierkram der damals laufenden Ermittlungen gegen Microsoft Network verschütt gegangen.) Über das Wochenende ließ das Justizministerium diese Unterlagen Microsoft zukommen. Am Montagmorgen startete Warden dann einen neuen Versuch: Roch das alles nicht angesichts des unmittel-

baren Ersuchens von Reback und der schnellen Reaktion des Justizministeriums stark nach einer Verschwörung?

»Ist es nicht so, Mr. Barksdale«, dröhnte der Dröhner, »daß das
Treffen am 21. Juni 1995 einzig und allein zu dem Zweck abgehalten
wurde, um so etwas wie Aufzeichnungen produzieren und sie dem
Justizministerium zuspielen zu können, damit es zum Handeln
gegen Microsoft getrieben wurde?«

Barksdale: »Das ist doch lächerlich.«

Später, auf den Stufen zum Gerichtsgebäude, mokierten sich
Microsofts Gegner schadenfroh über Wardens Schachzug. Christine
Varney blinzelte in die warme Oktobersonne und scherzte: »Wir
haben heute den Riesensprung von *Alice im Wunderland* zu Oliver
Stones *JFK* geschafft.«

»Nach meiner Erfahrung«, schaltete Boies sich ein, »ist nichts
so ermutigend, als wenn die Gegenseite endlich sagt: ›Die haben es
uns gezeigt.‹«

BARKSDALE hatte mit einer Befragung von zwei Tagen gerechnet; er
verbrachte eine ganze Woche im Zeugenstand. Als es vorbei war,
hatte Microsoft an verschiedenen Fronten Siege zu verbuchen. Man
hatte Barksdale dazu gebracht zuzugeben, daß er eigentlich nie
jemanden von Microsoft davon hatte sprechen hören, Netscape die
Luft abzudrücken; Barksdale hatte sogar eingeräumt, daß er den
Satz zum ersten Mal in einer Biographie über Larry Ellison gelesen
hatte – ein Eingeständnis, das deutlich machte, wie viele Beweise
der Regierung dem bloßen Hörensagen entstammten und daß
Microsoft nicht der einzige Softwareladen war, der zu großen
Worten und übertriebenen Aussagen neigte. Darüber hinaus hatte
Barksdale eingestehen müssen, daß in den ersten acht Monaten des
Jahres über 26 Millionen Kopien des Navigators aus dem Internet
heruntergeladen worden waren und die Firma in den nächsten

zwölf Monaten damit rechnete, weitere 159 Millionen zu vertreiben. Wenn das stimmt, fragte Warden, wie kann dann das Justizministerium vorbringen, Microsoft habe Netscapes Vertriebskanäle verstopft? Wenn die Leute noch immer »kostenlos und frei Netscapes Browsersoftware wählen konnten«, wie Warden es ausdrückte, inwiefern seien die Kunden dann überhaupt geschädigt worden?

Dennoch herrschte der allgemeine Eindruck vor, daß Microsofts Verteidigung wahllos um sich geschlagen hatte. Im Abstand von nur wenigen Tagen hatte Warden behauptet, man könne nicht von einer Zerstörung Netscapes durch Microsoft sprechen, da Netscape wohlauf und quicklebendig sei – doch wenn Netscape tatsächlich in der Klemme säße, so wäre es seine eigene Schuld. Er hatte abgestritten, daß Microsoft sich rüpelhaft benommen habe – wenn doch, dann war es trotzdem in Ordnung, weil es alle in der Branche so machten. Er vertrat den Standpunkt, daß das Treffen im Juni 1995 entweder ein ausgeklügeltes Komplott war oder eine einfallsreiche Erfindung oder eine freundliche Zusammenkunft zweier potentieller Partner oder aber das mißtrauische Umkreisen zweier potentieller Gegner. Rechtsanwälte nennen so etwas »hilfsweise Beweisführung«. Im allgemeinen ist das allerdings kein Kompliment.

Der nächste Zeuge der Regierung war David Colburn von AOL. In seiner Branche galt Colburn als knallhartes Schlitzohr. Dieser Typ mit den gebeugten Schultern, einem anrüchigen Drei-Tage-Bart und einem ständigen Grinsen im Gesicht war AOLs Unterhändler, sein Spezialist für den Nahkampf, der immer in brenzligen Situationen vorgeschickt wurde. Im März 1996 hatte Colburn das wohl bekannteste Doppelspiel im Browserkrieg eingefädelt, bei dem AOL zunächst einwilligte, die Nutzungsrechte für den Navigator zu erwerben, um dann am Tag darauf zu verkünden, daß AOL den Internet Explorer zu seinem neuen Standardwebbrowser gemacht hatte, unter Bedingungen, die die Vereinbarung mit Netscape zu Makulatur machten. Beharrlich versuchte Warden

Colburn das Eingeständnis zu entlocken, daß AOL so gehandelt hatte, weil Microsofts Browser überlegen war. Noch beharrlicher aber blieb Colburn dabei, daß das nicht der Fall war; daß beide Produkte in technischer Hinsicht ein Aufwasch waren; und daß der ausschlaggebende Punkt Microsofts Fähigkeit gewesen war, AOLs Icon auf dem Windows Desktop einen bevorzugten Platz einzuräumen.

Als Warden von diesem Gespräch genug hatte, richtete er seine Aufmerksamkeit auf einige E-Mails von Ende 1995 zwischen dem Chef von AOL, Steve Case, und Barksdale. In einer davon verglich Barksdale die beiden Unternehmen mit den Achsenmächten, die sich gegen die Nazis verbündet hatten. Er bezeichnete Case als »Fanklin D« und sich selbst als »Joseph Stalin« (obwohl er hinzufügte, daß »ich diese Rolle nicht besonders mag. Der war schließlich nicht besonders pc – *politically correct.* Von jetzt an will ich lieber Winston C sein«) und war der Ansicht, daß AOL und Netscape gemeinsam gegen Microsoft vorgehen sollten. Case willigte ein und schlug eine »große Allianz« vor, die auch Sun mit einbeziehen sollte; verlangte, daß die Mitglieder der Allianz sich nicht gegenseitig ins Gehege kommen sollten, was ihre Stammärkte anging, und befürwortete Andreessens Vorschlag, daß »wir mit vereinten Kräften dem Biest aus Redmond, das uns so gerne tot sehen will, eins vor den Latz knallen.«

Warden fragte Colburn: »Ein Vorschlag zur Marktaufteilung, ist das korrekt?«

»So würde ich das nicht nennen«, erwiderte Colburn trocken. »Für mich sah das eher nach einer strategischen Verbindung aus.«

Noch einmal wiederholte Warden: So machen es alle. Draußen auf der Treppe zum Gerichtsgebäude lautete der Kommentar von Boies: »Die Kartellbestimmungen machen einen großen Unterschied zwischen dem, was ein Monopolist und was jeder andere machen darf.« Der Unterschied hier war eben, so Boies, daß »weder Netscape noch AOL Monopolmacht besaßen«.

Avie Tevanian von Apple, nach allem, was man hört, einer der klügsten Köpfe der Softwarebranche, sollte sich als tödlicher Zeuge entpuppen. Drei Wochen lang war Richter Jackson mit Behauptungen, Forderungen und Ausflüchten eines CEO, eines Unterhändlers und einer Truppe von Anwälten bombardiert worden, von denen letzten Endes kein einziger Kenntnisse über den Rohstoff besaß, der den Kern dieses Rechtsstreits bildete – Code. Jackson war bereit, sich Tevanians Anschuldigungen anzuhören, daß Microsoft versucht habe, sich den Multimediamarkt mit Apple zu teilen; PC-Hersteller (insbesondere Compaq) gedrängt habe, QuickTime fallen zu lassen, selbst dann noch, als Apple es kostenlos im Softwarepaket mitliefern wollte; und schließlich gedroht habe, die Macversion des Office-Pakets abzusetzen, um Apple auf diese Weise zu erpressen, den Internet Explorer als Standardbrowser einzusetzen. Aber was der Richter von diesem Zeugen vor allem wollte, waren, wie sich herausstellen sollte, Nachhilfestunden in Sachen Software. Tevanian gehorchte nur allzu gerne.

Um Tevanian ins Kreuzverhör zu nehmen und einen erschöpften John Warden abzulösen, war Ted Edelman von Sullivan & Cromwell in den Ring gestiegen. Edelman, ein cleverer, scharfzüngiger junger Mann, merkte gleich am zweiten Tag von Tevanians Vernehmung, daß er ins Schlingern geriet, als Jackson ohne Vorwarnung damit anfing, den Zeugen selbst zu befragen. »Was ist ein Komprimier-Dekomprimier-Programm?« fragte der Richter versuchsweise. Schon bald glitt Edelman das Verfahren aus der Hand. Jedes Mal, wenn er eine Frage stellte, sollte Tevanian sich dem Richter zuwenden und die Antwort an ihn richten. Als Edelman versuchte, Tevanian auf einen Punkt festzunageln, verpaßte ihm Jackson förmlich einen Schlag ins Gesicht, als er sagte: »Mr. Edelman, sie legen alles, was er sagt, falsch aus. Sie drehen ihm die Worte im Mund herum, und das werde ich nicht dulden.« Als Jackson und Tevanian sich in einen langen – und für Microsoft nachteiligen – Dialog über die Frage der Kopplung vertieften, war Edelman schließlich ganz aus dem Spiel.

»Welchen Vorteil hat es«, fragte Jackson und mußte sich im folgenden vorkommen, als spreche er Kissuaheli, »Ihrer Meinung nach aus technischer Sicht, einen Browser in ein Betriebssystem zu integrieren, statt ihn nur beizupacken?«

Tevanian antwortete dem Richter, daß seine Leute bei Apple vor einem Jahr ein Experiment durchgeführt hatten, um genau das herauszufinden. Sie wollten prüfen, ob es Sinn machte, einen Browser in das Betriebssystem des Macintosh zu integrieren. »Unsere Auswertung brachte uns zu dem Entschluß, das Vorhaben nicht weiterzuverfolgen und den Browser als eigenständiges Produkt anzubieten«, erklärte Tevanian. »Wir fanden heraus, daß es bei einigen Nutzern gelegentlich zu Verwirrung führen konnte. Wir fanden außerdem heraus, daß es zusätzliche und dazu überflüssige Kosten verursachte. Es gibt oft einfachere Wege, die Dinge zu verbessern.«

»Sie sagen also, daß es Ihrer Meinung nach für den Endverbraucher, den Nutzer keinen Vorteil bringt, ja, für ihn sogar eher von Nachteil ist?« fragte Jackson.

Das ist richtig, sagte Tevanian. »Wir haben uns entschlossen, dieses Projekt nicht weiterzuverfolgen, weil wir es nicht für einen Vorteil hielten.«

»Gut«, meinte Jackson. »Eine letzte Frage noch: Können Sie Ihren Browser von dem Betriebssystem trennen, ohne dadurch die Leistung und Bedienung des Systems zu beeinträchtigen?«

»Ja, ansonsten könnte man nicht im Web surfen«, gab Tevanian zurück. An diesem Punkt nickte Jackson bedächtig – während ihm zweifellos Erinnerungen an den Prozeß davor durch den Kopf gingen –, machte sich eine kleine Notiz und warf einen kurzen Blick zum Tisch der Verteidigung.

Das Team von Microsoft sah mitgenommen aus. Als Tevanian aus dem Zeugenstand trat, gab es bei der Verteidigung erste Anzeichen von Unruhe: Neukom versammelte in den kurzen Verhandlungspausen seine Leute um sich und improvisierte aus dem Stand heraus neue Taktiken. Wenn der Fall abgeschlossen war, sollten sich die Anwälte und PR-Leute von Microsoft zumindest über eines einig sein: Tevanian war der beste Zeuge der Regierung, und sein Auftritt brachte es ihnen zum ersten Mal schmerzlich zu Bewußtsein, daß Microsoft den Prozeß verlieren könnte.

Das Justizministerium war äußerst zufrieden mit Tevanian, auch mit Barksdale und Colburn, doch für Eigenlob blieb Boies wenig Zeit. Als nächster sollte Steve McGeady in den Zeugenstand treten. Intel hatte eine schriftliche Aussage von McGeady abgelehnt, und so war er der einzige Zeuge der Regierung, den Boies noch vernehmen mußte. Er war, wie Klein es ausdrückte, »die einzige Wildcard in unserem Laufwerk«. Und während das Schauspiel eines Intel-Vertreters, der die schmutzige Wäsche von Wintel in aller Öffentlichkeit wusch, an sich schon wild genug war, wurde das Drama noch unendlich spannender durch eine unabänderliche Tatsache: niemand, wirklich niemand wußte, was McGeady zu sagen hatte.

ZWEI DINGE waren an McGeady besonders hervorstechend. Zum einen war er ausgesprochen intelligent. Zum anderen haßte er Microsoft. Ob zwischen beiden ein Zusammenhang bestand, war fraglich, aber ohne Zweifel hatten beide seine Karriere bei Intel mitbestimmt.

McGeady war ein alter Unix-Hacker, der am Reed College Physik und Philosophie studiert hatte, ohne allerdings einen Abschluß gemacht zu haben, und war 1985 im Alter von 27 Jahren zu Intel gekommen. Nur wenige Leute wissen, daß Intel mehrere tausend Softwareprogrammierer beschäftigt, von denen die meisten Code schreiben, der in Intels Microchips eingebettet ist. (Wie Andy Grove zu sagen pflegt: »Silicon ist gefrorene Software.«) Aus dieser

Masse an Programmierern stieg McGeady schließlich als leuchtender Stern auf. 1991 wurde er einer der Gründer der Intel Architecture Labs (IAL), einem Betrieb in Hillsboro, Oregon, von dem Grove sich erhoffte, daß er einmal das Forschungs- und Entwicklungszentrum der gesamten PC-Branche werden würde. Da viele ihrer Projekte mit Software zu tun hatten, gerieten die IAL ständig in Konflikt mit Microsoft; tatsächlich waren diese Labors die Brutstätte dessen, was McGeady gern als die »Subkultur aller Microsofthasser« bezeichnete, von denen er vielleicht der größte war. Nicht lange nach dem Start der IAL bat man ihn, auf einem Strategietreffen von Spitzenleuten am Hauptsitz von Intel in Santa Clara eine Rede zum Thema Softwareumgebung zu halten. Nachdem er mit angehört hatte, wie Grove Intel und Microsoft als Reisegefährten bezeichnete und ein anderer leitender Intel-Angestellter vom »Appetit auf eine neue Verbindung« mit Redmond gesprochen hatte, begann McGeady seine Rede mit den Worten: »Ich sage Ihnen was: Wenn ich an hungrige Reisegefährten denke, dann fällt mir sofort die Donner Party* ein.«

Zu Beginn der 90er Jahre war McGeady an einer Reihe zunehmend erbitterterer Streitigkeiten mit Microsoft beteiligt gewesen. Als im Frühling und Sommer 1995 zwei Angriffspitzen die beiden Firmen an den Rand eines offenen Krieges brachten, war die Sache schließlich an einem besonders kritischen Punkt angelangt. Die eine war NSP, eine Multimediasoftware von IAL, die mit Microsoft konkurrierte; die andere war Intels Unterstützung von Netscape und Java, für die McGeady als Intels Internet-Evangelist Nummer eins besonders eintrat. An beiden Fronten, so glaubte er, hatte Grove

---

* Siedlergruppe, die 1846 in den Wasatch Mountains, Sierra Nevada, vom Winter überrascht und eingeschlossen wurde. Die letzten 45 der ursprünglich 86 Siedler hatten nur durch den Verzehr ihrer erfrorenen oder verhungerten Gefährten überleben können, wobei allerdings nie geklärt wurde, ob nicht doch auch Mord mit im Spiel gewesen war.

unter dem Druck von Gates nicht bloß kapituliert, sondern dabei auch noch IAL »kastriert«. Daraufhin zog sich McGeady ins selbstgewählte Exil zurück und verbrachte ein Jahr im Medienlabor des Massachusetts Institute of Technology (MIT). Als er wieder auftauchte, wurde ihm Intels Gesundheitsinitiative im Internet anvertraut, ein Projekt, das dem an Prostatakrebs erkrankten Grove ganz besonders am Herzen lag. McGeadys Aussichten waren hervorragend, doch die alten Wunden längst noch nicht vernarbt. Mir sagte er einmal: »Ich bin davon überzeugt, daß Microsoft ein durch und durch verkommener Laden ist.« Als sich ihm dann die Gelegenheit bot auszusagen, ergriff McGeady sofort die Chance und machte sich erst hinterher Gedanken.

Vom Augenblick seiner Vernehmung im August an wurde McGeady »unter Quaratäne gestellt«, wie er es nennt, und vom Rest von Intel abgeschirmt. Er spach mit niemanden über den Fall außer mit Anwälten von Intel. Er hatte keine Ahnung, was Grove dachte, keine Ahnung, was das Unternehmen dem Justizministerium erzählte. (»Man hat mir nicht einmal gesagt, daß ich auf der Zeugenliste stehe. Ich hab's beim Ankleiden in der *New York Times* gelesen.«) McGeady nahm an, daß Intel kooperativ war, wenn auch nur insgeheim, weil es die Unterlagenanforderungen weder angefochten noch versucht hatte, seine Aussage zu verhindern. Gleichzeitig hatten ihn die Anwälte von Intel jedoch davon in Kenntnis gesetzt, daß er seine Aussage nicht schriftlich einreichen durfte. Außerdem hielten sie damit hinterm Berg, ob sie ihn nun persönlich vertraten oder lediglich in seiner Funktion als Mitarbeiter von Intel. Anfang Oktober schließlich erfuhr McGeady, daß Microsoft beabsichtigte, ihn ebenfalls zu vernehmen, und daß Leute von Sullivan & Cromwell seine Personalakte angefordert hatten, inklusive Leistungsbeurteilung und Gehaltsabrechnungen. Die Dinge schienen unangenehm zu werden. Es wurde Zeit, sich einen eigenen Anwalt zu nehmen.

Von seinem neuen Beistand erfuhr McGeady als erstes, daß das Justizministerium wiederholt darum gebeten hatte, ihn vernehmen zu dürfen, was Intels Anwälte allerdings als unangebracht abgelehnt hatten. Da es keine schriftliche Zeugenaussage von McGeady gab, wollte sich die Regierung ein genaueres Bild von dem machen, was er willens war, im Zeugenstand auszusagen. Kein Problem, sagte McGeady. Ein Anwalt des Justizministeriums würde nach Oregon kommen, um am 7. Oktober bei der Vernehmung, die Microsoft arrangiert hatte, dabei zu sein. McGeady sollte ihn am anderen Morgen treffen, ob Intel es nun billigte oder nicht.

Mißbilligung ist noch eine viel zu schwache Umschreibung für die Reaktion von Intel. Weil dem Unternehmen gerade selbst eine Ermittlung der Federal Trade Commission im Nacken saß und die gute Beziehung zu Microsoft auf der Kippe stand, bewegte sich Intel zur Zeit auf sehr dünnem Eis. Grove hatte beiden Seiten die unerschütterliche Neutralität seines Unternehmens in diesem Prozeß zugesichert. Er hatte insbesondere Gates versichert, daß Intel von sich aus nichts unternehmen werde, um die Regierung zu unterstützen, obwohl diese Behauptung Lügen gestraft wurde durch die Tatsache, daß Detkin über Reback und Creighton dem Justizministerium heimlich Informationen zukommen ließ. Was auch geschehen mochte, es war von existentieller Bedeutung, jetzt den Schein zu wahren, und dann kam ein McGeady und veranstaltete ein heilloses Durcheinander.

Um sieben Uhr morgens, am Tag seines Treffens mit dem Justizministerium, wurde McGeady durch das Klingeln des Telefons geweckt, und die Stimme des Intelanwalts Jim Murray krächzte durch den Hörer.

Sprechen Sie heute nicht mit der Regierung, befiehlt Murray, wir wollen neutral bleiben.

»Ich wurde aber nicht gefragt«, gibt McGeady zurück.

»Das ist auch nicht nötig. Sie sind bloß Angestellter.«

»Scheiß drauf. Ich gehe.«

Als McGeady eine halbe Stunde später unter der Dusche steht, klingelt das Telefon zum zweiten Mal. Jetzt ist Detkin dran und kann seine Wut nur schwer unterdrücken.

»Sie verletzen Intels Vertrauen!« brüllt Detkin. »Wenn Sie das tun, können wir Sie deswegen feuern.«

Detkin kennt Steve McGeady nicht besonders gut; er weiß nicht, daß man ihn am einfachsten dazu bringt, etwas zu tun, wenn man ihm befiehlt, es nicht zu tun; er weiß nicht, daß McGeady, wie er selbst zugibt, ein »echtes Problem mit Autorität« hat. Also trifft ihn McGeadys Reaktion völlig unerwartet.

»Halt die Klappe, Peter. Das ist die US-Regierung, kapiert? Nur weil Ihr als neutral betrachtet werden wollt, heißt das noch lange nicht, daß ich das auch will. Das ist mein Ruf und meine Vorstellung von Recht und Ordnung. Also, schieb ab.«

Als McGeady im Büro seines Anwalts eintrifft, in dem das Treffen mit der Regierung stattfinden soll, klingelt das Telefon schon wieder. Anscheinend hat die Situation Verteidigungsebene drei erreicht: Groves Stellvertreter Craig Barrett ist am Apparat. Seine Botschaft bleibt dieselbe und lautet ausdrücklich: Tu's nicht.

»Tut mir leid, Craig«, sagt McGeady. »Wenn die Regierung nicht mit mir sprechen will, dann werde ich auch nicht reden. Wenn aber doch, werde ich reden.«

Als er aufgelegt hat, geht McGeady ins Konferenzzimmer, gibt dem Anwalt des Justizministeriums die Hand, setzt sich und fängt eine Unterhaltung an. Wieder klingelt das Telefon, dieses Mal ist es allerdings nicht für McGeady. Der Staatsanwalt wird verlangt, Joel Klein ist in der Leitung. Keine drei Minuten später kommt der Anwalt wieder, entschuldigt sich, packt seine Sachen zusammen und geht.

Intel hatte Klein angerufen und die Schlinge ein wenig enger gezogen. Boies erinnert sich: »Sie haben uns rundheraus gedroht, wenn Ihr auf dem Treffen mit McGeady besteht, dann habt Ihr uns gegen Euch, dann macht Ihr uns zu Euren Widersachern. Bis jetzt waren wir noch neutral, aber wenn Ihr das durchzieht, sind wir das nicht mehr.«

Diese Wende beunruhigte McGeady zutiefst, der fürchtete, seine Firma werde sich von ihm trennen und ihn jetzt erst recht feuern. Doch für das Justizministerium war die Situation keineswegs besser. »Erst kriegen wir nicht mal eine schriftliche Aussage von dem Typ«, beschwert sich Boies. »Und dann können wir ihn nicht treffen, bevor wir ihn als Zeugen benennen. Ich habe diesen Hurensohn in den Zeugenstand gerufen, ohne auch nur einmal vorher mit ihm gesprochen zu haben.«

STEVE McGEADY sagte Mitte November an drei Tagen hintereinander aus, trug dabei einen schwarzen Anzug und eine gemusterte Krawatte, Brille, einen grau-braunen Vollbart und hatte eine unversöhnliche Miene aufgesetzt. Bewegungslos saß er auf der Zeugenbank und hob den Vorhang vor einer der lukrativsten Partnerschaften in der Geschichte der modernen Wirtschaft.

Bevor Boies allerdings mit seiner Befragung begann, tat er etwas, das schnell zu einer Art Ritual wurde: er führte Ausschnitte aus Gates' Vernehmung vor. Auf den Bildschirmen im Gerichtssaal sah man Boies die Frage an Microsofts Vorstandsvorsitzenden richten: »Haben sie sich jemals gegenüber irgend jemandem von Intel [...] zu Intels Arbeit an Internetsoftware geäußert?« Nach einer schier endlosen Pause antwortete Gates: »Ich wußte gar nicht, daß Intel überhaupt je was mit Internetsoftware zu tun hatte.«

Boies: »Und wenn, so entnehme ich Ihrer Aussage, daß man Ihnen nichts darüber erzählt hat.«

Gates: »Das ist richtig.«

Boies: »Haben Sie oder andere im Interesse von Microsoft Intel gedroht, daß Microsoft Intels Mikroprozessoren nicht länger unterstützen würde, wenn Intel nicht mit Microsoft kooperierte?«

Gates: »Nein.«

Boies: »Mr. Gates, haben Sie jemals persönlich versucht, Intel von seiner Zusammenarbeit mit Netscape abzubringen?«

Gates: »Mir ist nicht bekannt, daß Intel Netscape unterstützt haben soll.«

McGeady sollte ungefähr zwei Stunden brauchen, bis er Gates in all diesen Punkten und noch einigen mehr als Lügner entlarvt hatte. Auf Boies' Fragen hin erzählte McGeady dem Gericht, daß Gates mehrmals über Intels Entwicklung von Internetsoftware informiert worden war, wenigstens einmal von McGeady persönlich. Gates wurde »ziemlich wütend«, so McGeady, über »die Softwareentwickler der IAL, die in seinen Augen mit Microsoft konkurrierten«. Er erzählte dem Gericht, daß während eines Treffens 1995 »Bill unmißverständlich klar machte, daß Microsoft unseren nächsten Prozessor nicht unterstützen würde, wenn wir nicht auf einen gemeinsamen Nenner kämen«, was Plattformsoftware betrifft – eine Drohung, die McGeady »sowohl glaubwürdig als auch ziemlich beängstigend« nannte. Des weiteren erzählte er, wie Intels NSP eine »Hysterie« bei Microsoft ausgelöst hatte, das diese Software als eine Verletzung seines Hoheitsgebietes betrachtete. Er schilderte, wie Intels Unterstützung von Java mit den Worten einer E-Mail als der »Partyhit« schlechthin bezeichnet wurde. Und er bestätigte: »Es war Microsofts Anliegen, daß wir unsere Softwareprogramme vor Ihnen offenlegten und Ihre Zustimmung einholten, bevor wir weitermachen durften.«

McGeady erzählte außerdem noch eine Geschichte über Paul Maritz – eine Geschichte, die eine zwar eher unbedeutende, aber dafür in der Öffentlichkeit sehr bekannte Behauptung untermauerte. Im Herbst 1995 hatte McGeady nach eigener Aussage an einem Treffen teilgenommen, bei dem Maritz vor einer Handvoll von Intel-Führungskräften Microsofts Strategie erläuterte, wie sie ihren »gemeinsamen Feind« Netscape schlagen könnten. Dieser Plan bestand aus drei Teilen: Microsoft würde systemfreie Internetstandards »einnehmen, erweitern und erledigen«; die Firma würde Netscape mit »Händen und Füßen« bekämpfen, was heißen sollte, mit ihrem Betriebssystem und ihren Anwendungsprogrammen; und zu guter Letzt erklärte Maritz in schicksalschwerem Ton, würde es »Netscape die Luft abdrücken«, indem es den Internet Explorer kostenfrei abgeben würde.

McGeadys Aussage wurde von einer Reihe wirklich erstaunlicher Dokumente gestützt, insbesondere von einem Memo, das er nach einem Treffen im August 1995 verfaßt hatte, an dem die CEOs beider Firmen teilgenommen hatten. Unter dem Titel »Mitleid mit dem Teufel« hieß es dort: »Bill Gates bat Intels CEO Andy Grove, die Intel Architecture Labors zu schließen. Gates wollte nicht, daß die 750 Entwickler der IAL ihm in seine Pläne der Beherrschung der PC-Branche funkten.« Noch belastender waren einige E-Mails, die Gates selbst verfaßt hatte und die Boies in schneller Folge als Beweisstücke vorlegte. »Wir versuchen, sie im Grunde von der Auslieferung von NSP abzubringen«, schrieb Gates nach einem Essen mit Grove im Juli 1995. »Wir sind hier das Softwareunternehmen und werden in keinster Weise mit Intel eine ebenbürtige Partnerschaft eingehen.« Ein paar Monate, nachdem Microsoft Computerhersteller massiv gedrängt hatte, Intels Multimediasoftware zurückzuweisen, schrieb Gates: »Intel weiß nur zu gut, daß der Kälteschock, mit dem wir auf NSP reagieren, alle PC-Hersteller beeinflußt [...] Das ist auch gut so, weil es bedeutet, daß die Hersteller auf uns hören.«

Am Ende seines ersten Tages im Zeugenstand hatte McGeady so viele aufrührerische Behauptungen vorgebracht, daß Boies schon befürchtete, seine Dienstherren bei Intel würden eingreifen – ihn entweder zwingen, keinen Piep mehr von sich zu geben, oder aber ihn mit vereinten Kräften von der Zeugenbank zerren. Am Ende des zweiten Tages hatte McGeadys Aussage den Charakter von Szenen einer Ehe in der Welt der Software angenommen. Die Verbindung Intel – Microsoft hatte stets den Eindruck einer Einheit Gleich-

171

berechtigter gemacht. Aber in dem Bild, das McGeady jetzt entwarf, hatte Microsoft eindeutig die Hosen an, während Intel die Rolle der leidenden Ehefrau spielte, die diese Beziehung aufrechterhielt, weil »eine Scheidung nicht gut wäre für die Kinder«, wie es in einem Memo von Intel hieß (»die Kinder« erklärte McGeady, waren die Hersteller und andere Akteure der Branche.)

Der Anwalt von Sullivan & Cromwell, Steve Holley, wußte, daß mit dem Kreuzverhör von McGeady Schwerstarbeit auf ihn zukam. Er hatte noch einen guten Start, indem er Aussagen von McGeadys ummittelbarem Vorgesetzten und anderen Intel-Managern zusammen mit einer Unmenge an E-Mails dazu verwendete, eine kohärente Gegendarstellung zu der Frage zu skizzieren, warum Microsoft NSP torpediert hatte. Danach hatte Intel die Software für Windows 3.1 ausgelegt, anstatt sie auf dessen Nachfolger Windows 95 zuzuschneiden. »Im Nachhinein ein Fehler«, gestand McGeady ein.

Mit seinem nächsten Schachzug aber, einem schweren und breit angelegten Angriff auf McGeadys Glaubwürdigkeit, geriet Holley ins Schwimmen. McGeady war arrogant. McGeady war voreingenommen. McGeady war, mit den Worten eines Kollegen, mit dessen E-Mail Holley in der Luft herumfuchtelte, eine »Primadonna«. (»Da sind mir schon ganz andere Sachen vorgeworfen worden«, konterte McGeady grinsend.) Außerdem sei er ein Märchenerzähler und Schwindler, behauptete Holley. Indem er auf die Aussage von Barksdale zurückkam, beschuldigte der Anwalt McGeady, das Zitat mit dem Luftabdrücken aus einer Larry-Ellison-Biographie geklaut zu haben. McGeady mache gemeinsame Sache mit Jim Clark. Er verhalte sich sogar unverschämt gegenüber seinem Chef, was eine E-Mail belegen sollte, in der McGeady Intels Vorsitzenden als einen »verrückten Hund« bezeichnete.

»Was soll das alles?« unterbrach ihn Richter Jackson. »Versuchen Sie nur, ihn in Verlegenheit zu bringen, oder was?« Es folgte der wohl größte Meineid, der in Gerichtssaal 2 jemals geleistet worden war: Holley sagte nein.

Aber Jackson hatte dennoch ein Interesse an Steve McGeady. Er hatte selbst noch eine Frage, eine Frage, die jedem in dem Gerichtssaal förmlich auf der Zunge brannte. Als das Kreuzverhör beendet war, fragte Jackson:»Mr. McGeady, in welchem Umfang sprechen Sie hier als Vertreter der Intel Corporation und nicht in eigener Sache?« Als darauf ein Raunen durch die Tische der Anwälte und die Bänke der Zuschauer ging, druckste McGeady verlegen herum. Jackson versuchte es erneut:»Hat Ihr Chef Ihre Anwesenheit hier abgesegnet?«

»Abgesegnet, wäre zu viel gesagt«, murmelte McGeady.»Ich will Ihnen da gar nicht ausweichen, Euer Ehren. Es ist eine schwierige Frage ... Ich denke, unter gewissen Umständen würden Dr. Grove und andere Führungskräfte meine Ansichten teilen. In einigen Fällen würden sie ihnen persönlich zustimmen. Allerdings wären sie womöglich nicht damit einverstanden, daß ich sie ausspreche.«

»Können Sie Beispiele nennen, die davon abweichen, was Sie unter Unternehmenspolitik verstehen?« fragte Jackson.

»Vielleicht reicht schon das krasseste, Euer Ehren«, antwortete McGeady.»Es ist für Intel von großer Bedeutung, eine positive Arbeitsgemeinschaft mit Microsoft aufrechtzuerhalten. Mein Erscheinen hier schafft in der Hinsicht offensichtlich ein Problem.«

Damit stand McGeady auf und fuhr zurück nach Oregon.

Acht Wochen später war der Augenblick gekommen, der ihn mit mehr Beklommenheit erfüllte als jedes Erscheinen vor Gericht. Während eines alljährlichen Galadiners für Intels Führungsebene trat McGeady zum ersten Mal seit seiner Quarantäne im vergangenen Sommer Andy Grove gegenüber. Umgeben von einer ausgelassenen Menge hielt er sich an einem Cocktail fest und versuchte sich ein paar Minuten lang in Small Talk, bis er schließlich zaghaft in die Gefahrenzone trat:»Äh, Andy, wegen dieser Sache, also, ich bitte Sie, kein böses Blut, ich hoffe ...«

Grove zwinkerte mit den Augen.»Lassen Sie's gut sein«, antwortete er mit seinem starken ungarischen Akzent, »ich hätte es vielleicht ein bißchen anders gemacht. Aber am Ende ist es doch ganz gut gelaufen, denke ich.«

AN PURER Dramatik konnte es keine der folgenden Zeugenbefragungen mit den ersten vier aufnehmen; die folgenden zwei Monate brachten ein ständiges Auf und Ab. John Soyring von IBM arbeitete die Streitigkeiten um OS/2 auf. James Gosling von Sun, ein langhaariger, spitzbäuchiger, strubbelbärtiger Buddha, der von so vielen Burn-out-Syndromen heimgesucht worden war, daß er in Kaliforien offiziell als behindert galt, hielt sich bei seiner Aussage so sehr zurück, daß er nur wenig Staub aufwirbelte. Edward Felton, Professor in Princeton, machte geltend, ein kleines Programm geschrieben zu haben, mit dem der Internet Explorer aus Windows 98 entfernt werden konnte – etwas, was Microsoft als unmöglich bezeichnete. William Harris, der neue Vorstandsvorsitzende von Intuit, geriet gewaltig ins Straucheln, als er sich aus dem Land der Tatsachen ins Reich der Spekulationen verirrte und halbgare Vorstellungen über Sanktionen von sich gab, die Microsofts Anwälten zu Recht den Eindruck vermittelten, er spreche sich für eine Nationale Kommission für Betriebssysteme aus. Schließlich behauptete ein Professor des MIT namens Franklin Fisher, eine Antitrust-Ikone, der beim Fall IBM mit Boies zusammengearbeitet hatte, daß Microsoft hohe Zugangsbeschränkungen in den Märkten für Betriebssysteme und Browser errichtet habe, und die Firma – auch wenn sie keinen Gebrauch davon machte – die Möglichkeit hatte, die Preise willkürlich zu erhöhen – zwei Schlüsselmerkmale von Monopolmacht.

Der 64-jährige und unverbesserlich strubbelige Fisher ging in Kampfstellung, als ihm der aalglatte und gewiefte Anwalt Michael Lacovara von Sullivan & Cromwell gegenübertrat, ein in Armani gekleidetes Schlitzohr. Lacovara gelang es, Fisher durch sein Sticheln und Nachbohren durcheinanderzubringen, als er von ihm bestätigt haben wollte, daß die Integration eines Browsers in Windows gut für den Verbraucher war, weil sie die Arbeit am Computer erleichterte. Vielleicht, feuerte Fisher zurück, aber Einfachheit hat eben so ihren Preis. »Wenn Henry Ford ein Monopol besäße, würden wir heute alle schwarze Autos fahren«, erläuterte er. »Wenn Microsoft der Welt einen Browser aufzwingen wollte, war das wirklich einfach. Das ist aber dann kein Wettbewerb. Und dabei handelt es sich auch nicht darum, dem Verbraucher zu helfen.«

»Sie scheinen aufgewühlt zu sein, Sir«, stichelte Lacovara.

»Ich bin aufgewühlt. Mir liegt nämlich viel an diesem Punkt«, sagte Fisher, aufgewühlt. »Wir werden in einer Microsoftwelt leben. Es wird vielleicht eine schöne Welt. Aber es ist keine Welt, in der Wettbewerb herrschen wird. Und es ist keine Welt, in der der Verbraucher noch irgendwie das Sagen hat.«

Als die erste Hälfte des Prozesses vorüber war, waren die Gänge des Justizministeriums erfüllt von Zuversicht und einem Hauch Großspurigkeit. Klein, Boies und der Rest des Teams hielten die Klage, die sie vorgebracht hatten, für stichhaltig. Sie hatten beweisen können, daß Microsoft ein Monopolist war. Sie hatten ein umfangreiches, konsequentes Muster dessen erstellen können, was Klein »Verdrängung, Ausschluß und Nötigung« nannte – wiederholte Marktaufteilungsangebote, wettbewerbsfeindliche Verträge, um den Vertrieb von Konkurrenz-Software zu beschränken, Brutalität gegen Freund wie Feind –, das ihren Vorwurf der Monopolerhaltung hieb- und stichfest machte. Sie hatten gezeigt, daß Microsoft die PC-Hersteller im Schwitzkasten hatte; Klein verwies gerne immer wieder auf Gates' »Kälteschock«-E-Mail bezüglich Intel und NSP. Und zu guter Letzt wußten sie, daß sie durch Boies' großzügige Verwendung der Gatesbänder die Glaubhaftigkeit der zentralen Figur in diesem Prozeß entscheidend unterminiert hatten.

Wenigstens in der Öffentlichkeit gaben sich Microsofts Anwälte fast ebenso zuversichtlich. Die Regierung arbeite hart daran, die Verhandlung in einen »Schauprozeß« zu verwandeln, sagte Neukom. Das Feuerwerk im Gerichtssaal sei auch wirklich unterhaltsam, aber die Fakten und das Gesetz waren auf Seiten der Firma, eine Behauptung, die Neukom wie ein Mantra herunterleierte. Schon in seinem Eröffnungsplädoyer hatte John Warden festgestellt: »Die Antitrustgesetze sind nicht nur Höflichkeitsfloskeln der Wirtschaft«, und obwohl Microsoft sicher mit harten Bandagen kämpfte – seine Unternehmungen waren immer dem Verbraucher zugute gekommen. Ja selbst Professor Fisher hatte auf Lacovaras Frage, ob die Verbraucher geschädigt worden seien, geantwortet: »Alles in allem, würde ich sagen, nein, bis jetzt.« Während Microsoft also unbestritten einen astronomischen Anteil am Markt für Betriebssysteme besaß, glaubten Neukom und sein Team überzeugend deutlich gemacht zu haben, daß in der Softwarebranche ein gnadenloser Konkurrenzkampf herrschte und Microsoft seit jeher und auf ewig unter Belagerung stand.

Dieser letzte Punkt wurde Ende November durch AOL's Ankündigung unterstrichen, daß die »große Allianz«, von der Steve Case schon 1995 geträumt hatte, nun Wirklichkeit werden sollte. Im Tausch gegen Aktien im Wert von 4,2 Milliarden Dollar plante AOL, Netscape zu übernehmen und sich anschließend mit Sun Microsystems zusammenzuschließen, um ein Internet-Powerhaus aufzubauen, das allein auf die Herausforderung Microsofts abzielte. Vor dem Gerichtsgebäude erklärte Neukom: »Vom juristischen Standpunkt aus zieht dieses geplante Geschäft der Regierung die Stiefel aus. Es beweist eindeutig, daß kein Unternehmen das Angebot an Technik kontrollieren kann. Wir alle sind Teil einer Branche, die bemerkenswert dynamisch ist und ständigen Veränderungen unterliegt.«

Doch hinter den Kulissen war die Stimmung bei Microsoft beträchtlich nüchterner. Sobald Richter Jackson der Vorsitz erteilt worden war, hatte man das in Redmond bereits als schlechtes Omen für den Ausgang des Prozesses betrachtet, und der Richter hatte nicht gerade dazu beigetragen, diesen Pessimismus zu entkräften. Er hatte Anwälte von Sullivan & Cromwell wiederholt gerügt. Er hatte die Augen verdreht, den Kopf geschüttelt und jedesmal gekichert (gemeinsam mit der Presse), wenn eine neue Milliardärsweisheit über den Bildschirm geflimmert war. Während einer Besprechung in Jacksons Amtsräumen im November, bei der die Anwälte beider Seiten anwesend waren, hatte Warden ein erneutes Mal vorgebracht, der Richter möge Boies davon abhalten, die Gatesvideos immer nur »häppchenweise« abzuspielen, anstatt sie einmal in voller Länge zu zeigen. »Ich glaube, das Problem ist Ihr Zeuge, nicht die Art, wie seine Aussage gezeigt wird«, hatte Richter Jackson entgegnet. »Jedem Zuschauer ist doch wohl klar, daß, aus welchen Gründen auch immer, Mr. Gates bei seiner Vernehmung in vielerlei Hinsicht nicht besonders entgegenkommend war.«

Nur wenige Wochen nach Eröffnung der Hauptverhandlung begannen Neukom und die Anwälte von Sullivan & Cromwell zunächst zögerlich, dann immer offensiver, ihrem Unmut, der sich nicht länger leugnen ließ, Luft zu machen. Jackson hatte ihnen mehr als genug Gründe geliefert, angefangen bei dem unkonventionellen Verfahren (beispielsweise die Beschränkung auf zwölf Zeugen) über die Ausweitung des Falls, bis hin zu der Entscheidung, das als Beweismittel zu aktzeptieren, was Warden als »mehrfaches Hörensagen« bezeichnete.

Jacksons Gericht war jedoch nicht der einzige Schauplatz, auf dem es Microsoft schlecht erging. Jeden Tag traf sich eine Gruppe von Microsofts PR-Spezialisten in einem beengten Raum der Kanzlei Sullivan & Cromwell in Washington, um die neuesten Reaktionen der Medien auf den Prozeß Revue passieren zu lassen. Es war deprimierend. Jedem Journalisten, der ihnen zuhören wollte, spielten die Presseleute Umfragen zu, laut denen das Image von Microsoft nicht einen Kratzer abbekommen hatte. Intern jedoch

»wußten wir, daß wir dabei waren, diese Presseschlacht zu verlieren, und das haushoch«, wie einer aus dem Presseteam zugibt.

Anfang Dezember beschloß man, den großen Häuptling persönlich sprechen zu lassen: Gates erschien via Satellit bei einer hastig einberufenen Pressekonferenz im National Press Club. In einem braunen Anzug mit goldgestreifter Krawatte hielt Gates eine zwanzigminütige Rede ganz im Sinne der Parteilinie. »In der Softwarebranche garantiert der Erfolg von heute nicht den Erfolg von morgen«, sagte er. Und: »Die Regierung versucht, die Kosten für Browser in die Höhe zu treiben, die der Verbraucher am Ende zu tragen hat.« Und: »Drei unserer größten Konkurrenten schließen sich gegen Microsoft zusammen, und doch versucht die Regierung erstaunlicherweise immer noch, Microsoft zu bremsen.« Dann tat er etwas Unerwartetes: Er kam auf seine Aussage zu sprechen und ließ seinen ganzen Zorn auf David Boies niederprasseln.

»Ich hatte erwartet, daß Mr. Boies mich über den Wettbewerb in der Softwarebranche befragt, aber das tat er nicht«, beschwerte sich Gates. Statt dessen »hielt er mir einen Stapel Blätter vor die Nase und fragte mich nach Worten in E-Mails, die drei Jahre alt waren.«

Als Gates mit seiner Rede fertig war, ließ er genau drei Fragen von der versammelten Reporterschar zu. Jede hatte mit seiner Aussage zu tun. Auf die Frage, ob er die Angelegenheit noch einmal genauso handhaben würde, wenn es ein zweites Mal gäbe, erwiderte er, er hätte vielleicht öfter lächeln sollen. Auf Richter Jacksons jüngste Kritik an seiner Darbietung angesprochen, schnauzte er: »Ich habe jede einzelne Frage ehrlich beantwortet.« Das Problem, so wiederholte er, war nicht er selbst, sondern Boies. »Was er will, ist Microsoft zerstören ... und uns in ein möglichst schlechtes Licht rücken.«

»Microsoft zerstören« war an jenem Abend im Fernsehen und am nächsten Morgen in den Zeitungen der Aufmacher für alle Journalisten, die sich mit dem Prozeß befaßten. Mit nur zwei

Worten hatte Gates nicht nur seine eigene Botschaft niedergetram-
pelt, sondern auch noch lauthals bestätigt, was in den Medien und
der High-Tech-Branche schon längst vermutet wurde: er war paranoid, bemitleidete sich selbst und litt höchstwahrscheinlich unter
Wahnvorstellungen.

Vielleicht tat er das wirklich. Schon bald sollte ich Gelegenheit
haben, es selbst herauszufinden.

Kapitel 6
IM BUNKER

ALS ICH in Redmond ankam, war ein Sauwetter: der Himmel war grau in grau, die Straßen glänzten regennaß, und der Nebel verwandelte die Gegend in die reinste Waschküche. Es war im Januar 1999, Halbzeitpause bei der Hauptverhandlung. Nach dem dritten Ausflug auf Microsofts Campus in ebenso vielen Monaten kam er mir so langsam vor wie eine Champignonkolonie – ein feuchter, belaubter Mulchhaufen, auf dem sich schwammig-beige Programmierer im Dunkeln vermehrten. Auf dem Gelände standen 45 Gebäude, und jede Woche schien ein neues aus dem Boden zu schießen. Viele von ihnen waren durch ein Labyrinth an Gängen und Fluren verbunden, so daß die Angestellten von ihren Arbeitsplätzen zu den Futterstellen schlurfen konnten, ohne auf ihrem Weg auch nur einen einzigen Regentropfen abzubekommen. An einem Tag wie diesem konnte man auf dem Campus stundenlang herumkurven, ohne auf eine einzige Menschenseele zu treffen – und oft mußte man das auch. Denn selbst an Feiertagen (in diesem Fall war es der Geburtstag von Martin Luther King) waren die

Parkplätze bis auf den letzten Platz mit Acuras, BMWs und SUVs besetzt.

Offiziell war der Prozeß für Microsoft lediglich ein Hintergrundgeräusch, von dem sich niemand aus der Ruhe bringen ließ; alle waren sie zu beschäftigt damit, den nächsten großen Softwarebrocken auszutüfteln. Doch in Wahrheit konnte man kaum die Augen vor ihm verschließen. Ganz Seattle war von einem abtrünnigen Künstler mit Postern vollgekleistert worden, die eine makabre Karikatur von Gates unter der Überschrift »Trust Me« – »Vertraut mir« – zeigten, wobei das erste Wort mit einem leuchtend roten »Anti-« überschrieben war. Als ich mit der mir zugewiesenen PR-Betreuerin einmal in einer von Microsofts Cafeterien saß und sie mir lang und breit erzählte, wie sehr es sie doch überraschte, daß niemand je ein Wort über die Geschehnisse in Washington verlor, unterhielt links von uns ein indianischer Programmierer seine Freunde mit einer ausführlichen Kritik an der Unwissenheit der Regierung in technischer Hinsicht, während ein Deutscher rechts von uns Joel Klein als Sozialisten beschimpfte. (Meine Begleiterin lächelte nur matt und stocherte in ihrem Aufgewärmten herum.) Selbst die Gänge waren voll von Protestplakaten. An einer Bürotür hing der Aufkleber BOYKOTTIERT DIE REGIERUNG – KAUFT MICROSOFT. An einer anderen, ganz in der Nähe von Steve Ballmers Bau, hing eine Sympathiebekundung von einem höchst fragwürdigen Anhänger:

Lieber Bill,
Ich bin froh, daß Du der Chef über Microsoft und das Internet bist. Ich möchte Dir helfen, Bill. Sag es der Justiz und der ganzen Welt. Jesus will nicht, daß Microsoft Millionen von Dollar an die Justiz bezahlen muß. Mr. Präsident Bill Clinton muß akzeptieren, daß Jesus auf der Seite von Mr. Gates ist. Und ich glaube, Mr. Clinton weiß sehr gut, wer hier der Boss ist. Nämlich ich – Jesus.

Frieden auf Erden. Jesus von Nazareth.

Bei allen Führungskräften von Microsoft, mit denen ich gesprochen habe, hatte der Prozeß eine Mischung aus Wut, Verwirrung und Unglauben hervorgerufen – letzteres vor allen Dingen. »Es ist ganz einfach surreal«, sagte Yusuf Mehdi, ein leitender Angestellter um die dreißig, der Mitte der 90er Jahre das Marketing für den Internet Explorer geleitet hatte und jetzt dasselbe für Windows tat. »Ob diese Technik dem Verbraucher zugute kommt – keine Frage. Ob unsere Software tatsächlich besser ist als die von Netscape – auch keine Frage. Ist der Browser wirklich Teil des Betriebssystems? Das ist ganz einfach absurd, absolut. Fast alle Behauptungen finde ich einfach absurd.«

Auf dem ganzen Campus war der Verfolgungswahn allgegenwärtig und ausgeprägt. Die Fragen drehten sich einzig und allein um die Motive des Justizministeriums: Handelte es aus Bosheit oder aus Dummheit? Brad Chase, Berater in Gates Diensten, machte die Washingtoner »Alice im Wunderland«-Kultur verantwortlich und hielt es für möglich, daß Klein unter (nicht näher definiertem) politischem Druck handelte. Charles Fitzgerald siedelte die Übeltäter im Silicon Valley an und postulierte die Existenz zwielichtiger Treffen zwischen McNealy, Ellison, Barksdale und Doerr (vier Männer, deren Egos zusammengenommen kaum Platz in einem Bundesstaat hätten, geschweige denn in einem Zimmer), um Verschwörungen gegen Microsoft sowohl in den Gerichten als auch auf dem Markt anzuzetteln. Nathan Myhrvold zog eine psychoanalytische Erklärung vor, laut der der Kreuzzug der Regierung den Impulsen einer Reihe »sehr erfolgreicher Menschen gehorcht, die tief im Innern bedauern, nicht so reich zu sein wie Bill«.

Andere Mitarbeiter, ganz besonders diejenigen, die schon direkt mit dem Prozeß in Berührung gekommen waren, waren zutiefst verbittert. 1995 war der 26-jährige Chris Jones als technischer Assistent von Paul Maritz Mitglied jener Abordnung von Microsoft gewesen, die an dem berüchtigten Juni-Treffen mit Netscape teilgenommen hatte. Jones behauptete steif und fest, daß sich dort nichts Ungehöriges zugetragen habe. Ja, daß schon allein der Gedanke, er wäre Teil einer Art »Microsoft Mafia« gewesen, die versuchte, Netscape durch Einschüchterung zur Aufteilung des Browsermarktes zu veranlassen, in seinen Augen schier »grotesk« war. Die Abordnung von Microsoft hatte zum größten Teil aus rangjüngeren Angestellten wie ihm bestanden, während Netscapes Partei von Barksdale angeführt worden war, einem »beeindruckenden Kerl, der schon ewig im Geschäft war«. Jones sagte: »Meiner Meinung nach gehen die Ansichten darüber, wer bei dem Treffen wen einschüchtern wollte, auseinander.« Nahm man diese Aussage für bare Münze, so bestätigte sich einmal mehr die Insularität der Microsoftkultur. Ungeachtet Barksdales Alter und Erfahrung war Netscape ein Start-up-Unternehmen, das mehr und mehr Geld verlor, und Microsoft war – eben Microsoft. Als Jones durch die Tür spazierte, sahen die Leute von Netscape nicht bloß ein 26-jähriges Jüngelchen; sie sahen ein 26-jähriges Jüngelchen, das für Maritz sprach, der einer der mächtigsten Führungskräfte in der Softwarebranche war.

So sah auch das Justizministerium Chris Jones. Während seiner Vernehmung im April 1998 hatte Jones Aussagen gemacht, die nach Meinung der Regierung ihre Klage unterstützten und von denen einige in ihren Vorlagen vor Gericht und in Boies dort vorgetragenen Argumenten wieder auftauchten. Die Aussagen hatten eine verheerende Wirkung – und waren laut Jones ganz eindeutig aus dem Kontext gerissen. Aus einer Aussage von 45 000 Wörtern, so Jones, habe sich das Justizministerium ein paar isolierte, zweideutige Formulierungen herausgepickt, die seinen Interessen dienten, und alle anderen ignoriert, die das nicht taten. Microsoft hatte mit Mühe und Not darauf aufmerksam machen können, aber die Presse hatte ohnehin schon die Auslegung des Justizministeriums akzeptiert. Monatelang fragten Freunde und Verwandte Jones immer wieder: Stimmt es? Hast Du das wirklich gemacht, wirklich gesagt? Als ich ihn traf, war Jones noch immer erschüttert. »Es war desillusionierend, weil es ein Fall war, bei dem ich nicht gut damit gefahren bin, wirklich aufrichtig gewesen zu sein und auf die Fragen geantwortet zu haben«, sagte er. »Es wäre schön, wenn sich der Prozeß aufs Wesentliche konzentrierte, aber hier wird so viel Bockmist verzapft – die PR, die gezielten Indiskretionen, das Gates-Video –, man kann nicht einmal sagen, was das Wesentliche ist.«

Wenn man Jones zuhörte, wie er von seiner »Vergewaltigung« durch das Justizministerium berichtete, war es unmöglich, nicht auch an Microsofts Oberhaupt zu denken. Die Verwandlung von Gates' Aussage in die per Video eingespielte Tortur nach Art eines tropfenden Wasserhahns – plopp, plopp, plopp –, war eine der schwersten und längsten öffentlichen Demütigungen eines Firmenchefs in der jüngeren Zeit. (Abgesehen von denen, die man ins Gefägnis gesteckt hatte.) Auf Microsofts Führungsebene wurde die altbekannte Ehrfurcht vor Gates nun von einem neuen Gefühl überschattet: Beschützerinstinkt, vermischt mit einem Hauch Mitleid. »Bill tut mir leid«, erzählte mir Greg Maffei, zu der Zeit Finanzvorstand von Microsoft, als wir spät in der Nacht vor meinem Treffen mit Gates zusammen aßen. »Armer Kerl. Er hat so viel erreicht, so viel getan. Und jetzt wird er diffamiert. Das ist nicht gerade ein toller Platz zum Ausruhen.« Ich sprach die Niedergeschlagenheit an, die Gates am Ende des Prozesses zur Verpflichtungserklärung gezeigt hatte. »Das war schlimm, aber die Sache mit dem Video ist schlimmer«, sagte Maffei. »Es läuft und läuft und macht deshalb den Eindruck, als würde es nie wieder aufhören. Jeden Tag spielen sie einen neuen Ausschnitt vor, stellen ihn als Bösewicht hin, und es gibt keine Möglichkeit zurückzuschlagen. Das ist schlimm für ihn, weil es ihn zur Selbstkritik im Nachhinein zwingt« – Maffei lachte leise –, »was Bill normalerweise nicht tut.«

Ich fragte Maffei, ob der Zusammenstoß mit der Regierung seiner Meinung nach Gates verändert hat. »Ja, was denken Sie denn?« gab er zurück. »Er ist doch auch bloß ein Mensch. Und kein Mensch kann so etwas durchmachen, ohne sich zu verändern.«

ES WAR einmal vor nicht allzu langer Zeit, da gehörte es zu den größten Freuden des Jounalismus, Bill Gates zu interviewen – vorausgesetzt, man hatte einen leichten Hang zum Masochismus. Jeder Reporter, der schon einmal etwas Zeit mit Firmenchefs oder Politikern verbringen mußte, weiß, wie nervenaufreibend ein solches offzielles Gespräch sein kann. Sie sind so höflich und nett, daß es schon an Blödheit grenzt. Sie triefen vor falscher Offenheit und laufen über vor exzessivem Optimismus. Sie meiden Spontaneität und Aufrichtigkeit, als wären es Geschlechtskrankheiten, und ergehen sich stattdessen lieber in vorgekauten Antworten, die jeder Frage geschickt ausweichen. Ihr vorrangiges Ziel ist es, bloß keine ungezwungene Unterhaltung aufkommen zu lassen.

Gates war nie so. Seit den ersten Tagen von Microsoft hatte er auf die Standardsprüche der Firmenchefs verzichtet und ein entschieden offeneres Verhältnis zu den Medien gepflegt. Obwohl auch er überraschend gut die Kunst des Bezauberns und Schmeichelns beherrschte, konnte er genauso gut austeilen, spotten und lange Schimpftiraden loslassen. Seine Lieblingsantwort an Untergebene – »Das ist doch das Bescheuerteste, was ich je gehört habe!« – schleuderte er ohne zu zögern auch einem Jounalisten an den Kopf, der es gewagt hatte, ihm eine dumme oder überflüssige Frage zu stellen. Wenn man aber mit einer Frage herauskam, die Gates für scharfsinnig hielt, dann bemühte er sich sichtlich um eine ebenso scharfsinnige Antwort. »Stimmt! Stimmt ganz genau!« schrie er dann, sprang auf, lief im Zimmer hin und her und tat etwas, was viele andere im Lichte der Öffentlichkeit stehende Personen als gefährlich unbesonnen, wenn nicht sogar selbstmörderisch verurteilen: er dachte laut. Trotz der gelegentlichen Beschimpfungen war ein Interview mit Gates also stets ein herzerfrischendes Unterfangen.

Als wir uns im Januar 1999 trafen, war dieser Gates verschwunden. Die Einführung von Windows 95, ein Meilenstein in der Geschichte des Technorausches, sein Aufstieg an die Weltspitze des privaten Reichtums, der Bau seines über 11 000 Quadratmeter großen, 30 Millionen Dollar teuren, am Ufer eines Sees gelegenen Geheges, das er sein Zuhause nannte, all das hatte Gates aus der Softwarebranche aufsteigen und zu einem gefeierten Star werden lassen. (Scott McNealy hat einmal zu mir gesagt: »Was Prinzessin Diana für *People* ist, ist Gates für *Fortune*.) Ein solcher Aufstieg hat seinen Preis. Er hat Gates' grobe Ecken und Kanten ein wenig abgeschmirgelt, ihn weicher, feiner, aber auch unendlich fade werden lassen. Unter dem aktuellen Beschuß durch die Regierung schien Gates zunehmend schizophren zu werden und in der Öffentlichkeit zwischen entrüsteten Wutausbrüchen – nehmen wir nur seine Attacke auf Boies – und Süßholzraspelei zu schwanken, daß sich einem der Magen umdrehte. Innerhalb eines Monats in jenem Winter hatte er es fertiggebracht, in der Talkshow von Rosie O'Donnell und bei Martha Stewart aufzutreten und jegliches Thema von Bedeutung, geschweige denn kontroverser Natur, tunlichst zu vermeiden und stattdessen über die Freuden der Elternschaft zu sülzen.

Der Gates, den ich an jenem kalten nebligen Morgen traf, war zurückhaltend, distanziert und defensiv. Er trug braune Hosen, braune Halbschuhe und ein weißes Frackhemd mit dünnen braunen Streifen und seinem Monogramm auf der Brusttasche. Sein Haar war frisch gewaschen und lässig zur Seite gekämmt; ein paar vorwitzige Haare ragten am Hinterkopf in die Höhe. An einem schmalen Beistelltisch aus Ahorn saßen wir uns im rechten Winkel auf Breuerstühlen gegenüber. Auf dem Tisch stand nichts weiter als ein Glas mit einem Dutzend identischer schwarzer Kugelschreiber, von denen Gates jeden einzelnen benutzte, um mir auf einem gelben Schreibblock Diagramme aufzuzeichnen.

Eine Weile sprachen wir über die Mitte der 90er Jahre, den zeitlichen Rahmen, um den es bei dem ganzen Prozeß eigentlich ging. Niemand hatte bestritten, daß Gates erst spät die Bedeutung des Internets erkannt und dann ad hoc Microsoft in diese Richtung gestoßen hatte – bis zur Gerichtsverhandlung, das heißt, bis das Unternehmen plötzlich und aus offensichtlichen Gründen die revisionistische Geschichte verbreitete, es hätte bereits vor der Gründung von Netscape Pläne für das Web geschmiedet. Ich merkte an, daß in der ersten Auflage von Gates' erstem Buch *Der Weg nach vorn*, die im Herbst 1995 erschienen war, das Internet nur am Rande erwähnt wurde.

»Das stimmt doch gar nicht! Das ist ein Buch ...«, begann er, dann hielt er seinen Zorn im Zaum und ließ ihn verrauchen. »Natürlich gibt es Dinge, die wir verpaßt haben. Unser großes Sündenbekenntnis haben wir im Dezember '95 gemacht, als wir die Bedeutung realisiert haben«, die das Web hatte. »Sie könnten jetzt einwenden, das Internet, haben die Leute das denn auch kapiert? Haben die Leute vor sechs Monaten gewußt, daß Amazon 20 Milliarden Dollar wert ist? Wie viele Leute haben das wohl mitbekommen? Also ich hab's nicht mitbekommen. Ich bin nicht hingegangen und habe das Ding gekauft, also ist das zum Kuckuck noch eine Sache, die ich verpaßt habe.«

In der Nacht zuvor hatte Maffei bemerkt, daß vor dem ersten Prozeß »Bill in den Augen der Öffentlichkeit und der einflußreichsten Kreise förmlich übers Wasser gehen konnte; er war einfach unfehlbar«. Ich fragte mich daraufhin, wie man sich wohl fühlte, wenn sich die Gezeiten so schnell veränderten. »Vor achtzehn Monaten wurden Sie noch überall verehrt«, sagte ich zu Gates. »Sie haben kaum negative Schlagzeilen gemacht.«

»Das ist doch überhaupt nicht wahr!« protestierte er wieder. »Lassen Sie uns hier doch wenigstens mal für eine Sekunde auf dem Teppich bleiben.«

Ich fragte ihn, ob er sich als Opfer dessen fühlte, was Bill

Clinton so bemerkenswert als »politische Machenschaften der persönlichen Zerstörung« bezeichnet hatte.

»Es ist nur zu wahr, daß diese Klage völlig unangebracht ist«, antwortete Gates ruhig. »War Netscape in der Lage, sein Produkt zu vertreiben? Ist das schwer zu entscheiden? War Netscape erfolgreich, das heißt, hatte es Werbeeinnahmen [aus seinem Webportal]? Tja, es wurde für über vier Milliarden Dollar übernommen. Das sind die beiden Fragen, die die Anklage in diesem Fall aufwirft. Punkt. Im Klartext also, wenn sie damit ihre Schwierigkeiten hatten, gehen sie hin und versprühen so viel Gift wie möglich. Und natürlich gibt es dann einige Konkurrenten, die auftauchen und fröhlich mitmachen.«

Nicht bloß Konkurrenten, wandte ich ein. Hatte Intels Beteiligung an der Klage nicht die Beziehung zu Microsoft in gewisser Weise belastet? »Das hat überhaupt keine Auswirkung auf die Beziehung«, gab Gates zurück. »Sie stellen mir hier Fragen, als wären wir in Hollywood. Hier geht es um Unternehmen, die ihre Produkte auf dem neuesten Stand halten müssen. Wir machen keine Computerchips. Also sind wir auf Intel angewiesen.«

Vielleicht, aber Intel im Zeugenstand zu sehen, mußte doch trotzdem ein ziemlicher Schlag gewesen sein.

Gates' Gesicht verfärbte sich dunkelrot. »Auf keinen Fall, da oben stand nicht Intel, sondern Steve McGeady! Sagen Sie nicht Intel! Intel war nicht da oben! Das war Steve McGeady. War ich überrascht, daß Steve McGeady Microsoft nicht mochte? Nein.«

So, wie die Dinge vor Gericht im Moment liefen, fragte ich Gates, ob er es bereute, den Fall nicht schon im Mai 1998 beigelegt zu haben. »Ich wäre froh gewesen, wenn wir damals eine außergerichtliche Einigung erzielt hätten«, antwortete er. Aber »wenn es um die Möglichkeit geht, Windows zu verbessern, dann ist das etwas, das ich nicht so einfach aufgeben kann, sei es nun für Microsofts Aktionäre oder für die Kunden im allgemeinen.«

Die Kluft zwischen Microsoft und der Regierung schien zu groß zu sein, um darüber eine Brücke zu schlagen, ganz besonders, wenn das Unternehmen weiterhin bestritt, daß es auf dem Markt für Betriebssysteme ein Monopol besaß. Vielen Leuten erschien eine solche Position völlig abwegig, so abwegig, daß ich schon immer den Verdacht gehabt hatte, daß die Ursachen dafür in einer Art religiösen Lehre liegen müßten. Ich fragte also Gates, ob er es für möglich hielt, in der Softwarebranche ein Monopol zu haben.

»Nicht auf Betriebssysteme, nein«, erklärte er.

Ganz unmöglich?

»Es ist nicht möglich.«

Warum?

»Weil sich die Erwartungen, die die Leute an ein Betriebssystem stellen, praktisch jeden Tag ändern. Sie wollen etwas Besseres. Warum wohl habe ich das Budget für unsere Forschungs- und Entwicklungsabteilung von ein paar Hundert Millionen im Jahr auf drei Milliarden Dollar erhöht? Weil es ein Konkurrenzgeschäft ist ... Ein Monopol hat man dann, wenn es keine Konkurrenz gibt. Der Gedanke, auf diesem Markt herrsche kein Wettbewerb, ist das Lächerlichste, was ich je in meinem Leben gehört habe.«

MONOPOL oder nicht, Windows war unbestritten ein wertvoller Aktivposten für Microsoft. (Gates korrigierte mich: »Ein Aktivposten der Aktionäre von Microsoft.«) Außerdem war es einer, bei dem sich die Firma absolute Freiheit ausbedungen hatte – zum Beispiel die Freiheit, ein Schinkensandwich zu integrieren. Bis zu welcher Grenze war Gates bereit, den Vorteil, das dominierende Betriebssystem zu besitzen, auszuspielen?

»Ich weiß nicht, was Sie mit ›Vorteil‹ meinen«, sagte er und gab mir kurzzeitig das Gefühl, David Boies zu sein. »Nur weil wir etwas in das Betriebssystems reinstecken, heißt das doch bekanntlich noch lange nicht, daß die Leute es auch verwenden«, fuhr er fort und nannte die gescheiterten ersten Versionen des Internet Explorers und die Benutzersoftware für das Microsoft Network. »Zusätzliche Funktionen in das Betriebssystem zu integrieren ist eine sehr gute Sache. Ein paar von diesen Funktionen werden stark genutzt werden, andere wiederum nicht. Sie brauchen sich nur einmal das Wachstum der Softwarebranche anzusehen, um zu sehen, daß sie auf phantastische Weise allein dem Verbraucher dient. Also, ja, Innovation ist völlig O.K.«

Gates hatte damit allerdings nicht meine Frage beantwortet, also stellte ich sie noch einmal, dieses Mal etwas präziser: »Bis zu welcher Grenze wollen Sie das, was Sie für angebracht halten, in das Betriebssystem integrieren?«

»Nehmen wir einmal an, wir haben eine freie Software und sie wird über das Internet vertrieben. So ist sie für jedermann problemlos zu haben. Ist diese Software damit Teil eines jeden PC? Logischerweise ja. Man kann sie schließlich einfach anklicken, herunterladen und so auf den eigenen PC bekommen. Wenn wir also beschließen, eine Software anzubieten, die frei ist, dann können das viele andere Unternehmen auch machen.«

Ich wiederholte meine Frage, weil er sie immer noch nicht beantwortet hatte.

»Verstehen Sie, jeder kann jede Software umsonst anbieten. Das ist eine Tatsache.«

»Nicht jeder aber kann sie in das Betriebssystem integrieren«, wandte ich ein, »weil es ihm eben nicht gehört.«

»Jeder, dem ein Produkt gehört, etwa AOL, ergänzt es ständig um neue Möglichkeiten. Netscape hat auch massiv neue Funktionen in seinen Browser eingebaut – Mail und Online-Konferieren und Dutzende anderer Dinge. Daß die Unternehmen Neuerungen an den Produkten vornehmen und sie ständig erweitern, ist eine richtig gute Sache. Ich kann mir auch kein Szenario vorstellen, wo das nicht gut wäre.«

»Aber AOL gehört schließlich nicht das Betriebssystem«, sagte ich.

»Ihnen gehört ihr Onlinedienst.«

So ging es weiter, hin und her für ungefähr 15 Minuten oder länger. Sechs Mal stellte ich Gates meine Frage; sechs Mal wand und zierte er sich. Es war wirklich ernüchternd. Der Gedanke, Microsoft hätte das uneingeschränkte Recht, alles, was es wollte, in Windows zu integrieren, war zwar ein extremer Grundsatz, aber es war ein wirklicher Grundsatz und einer, der doch wohl wert war, verteidigt zu werden. Der alte Bill Gates hätte ihn ohne Umschweife verteidigt. Der neue Gates nicht, oder zumindest tat er es nicht. Nach einem Jahr vernichtender Behandlung durch die Presse und schrecklichen Drangsalierungen vor Gericht mochte Gates vielleicht noch den Mut behalten haben, seine Überzeugungen nicht aufzugeben. Aber er war kraftlos, leblos; alle seine Lebensgeister hatten ihn verlassen. In über einer Stunde hatte er mich nicht einmal als bescheuert bezeichnet.

Trotz der Bestürzung, die der Fall bei ihm ausgelöst hatte, glühte in Gates aber scheinbar immer noch ein Funken Hoffnung. »Werden Sie auch in Washington sein, um sich den Rest der Verhandlung anzusehen?« fragte er mich, als ich mich verabschiedete. Ich sagte ja.

»Ich freue mich schon richtig auf unsere Zeugen«, sagte er. »Dann werden die Leute endlich die andere Seite der Geschichte hören.« Zum ersten Mal an diesem Morgen sah Gates beinahe zufrieden aus. »Sie müssen einfach daran glauben, daß die Tatsachen am Ende doch ans Licht kommen werden. Und in diesem Fall sprechen die Tatsachen alle für uns.«

Kapitel 7
IT'S SHOWTIME

AN DER gegenüberliegenden Küste bereitete sich das Justizministerium in Washington darauf vor, Gates das Gegenteil zu beweisen. »Die nächsten zwei Wochen werden für uns kritisch«, meinte ein Staatsanwalt damals. »Microsoft bringt seine drei wichtigsten Zeugen zuerst. Danach geht's für die nur noch bergab – zweitrangige Führungskräfte, die sich zu kleineren, spezifischen Punkten äußern. Auf David lastet also der Druck, gleich zur Sache zu kommen. Wenn er's schafft, sind wir fein raus. Wenn nicht, könnten wir in Schwierigkeiten geraten.«

Damit setzte er nicht aufs falsche Pferd. David Boies war in vielerlei Hinsicht ein großartiger Prozeßanwalt, aber dieser hervorragende Ruf basierte hauptsächlich auf seiner meisterlichen Beherrschung der schwarzen Kunst des Kreuzverhörs. Zwar war Perry Mason der Held seiner Jugend gewesen, doch er selbst gab sich eher als der Columbo der Gerichtssäle. Wie Gates bereits zu seiner Bestürzung hatte feststellen müssen, waren Boies' Geduld und Beharrlichkeit schier unerschöpflich; im IBM-Prozeß hatte er den wichtigsten Wirtschaftsexperten der Regierung 38 Stunden lang ohne Unterbrechung ausgequetscht. Seine bevorzugte Technik bestand darin, daß er den Zeugen ihre eigenen Worte im Mund umdrehte. Liebhaber seiner Virtuosität bei Verhören erinnern sich voller Ehrfurcht an seinen Auftritt im Fall CBS gegen Westmoreland, als er nicht nur alte Vietnamveteranen wie Dean Rusk oder Robert McNamara in die Tasche gesteckt hatte, sondern auch Westmoreland wiederholt dazu gebracht hatte, seine eigene eidliche Aussage zu widerlegen. Boies' Kreuzverhöre waren derart reißerisch, daß die Reporter im Zuschauerraum nach einer Weile bereits dazu übergegangen waren, jedesmal, wenn er sich an einen neuen Zeugen heranmachte, die Titelmelodie des Films *Der weiße Hai* vor sich hin zu summen.

In der ersten Hälfte des Microsoftprozesses hatte Boies selten Gelegenheit gehabt zu glänzen; die von Richter Jackson aufgestellte Verfahrensregel, daß die Zeugen der Regierung ihre Aussage vor Prozeßbeginn schriftlich einzureichen hatten, hatte ihn der Möglichkeit beraubt, diese Aussagen durch seine Fragen zu beeinflussen. Doch mit seinem bravourösen Eröffnungsplädoyer, seiner gelegentlichen Gastrolle als Gates' unsichtbarer Folterknecht auf den Videobändern und seinen forschen Kurzauftritten vor den Fernsehkameras auf den Stufen zum Gerichtsgebäude war Boies ohnehin schon zu einer der Hauptfiguren der Verhandlung avanciert. Jetzt allerdings, da Microsofts Zeugen im Begriff waren vorzutreten, sollte auch Boies direkt ins Rampenlicht treten. Endlich war Showtime.

Microsofts erster Zeuge war Richard Schmalensee, ein Professor am Massachusetts Institute of Technology (MIT) mit gewelltem grauen Haar und einem gepflegten Schnurrbart. Wie sein Kollege Franklin Fisher – der durch eine Ironie des Schicksals vor Jahren der akademische Mentor Schmalensees gewesen war – war er einer der beeindruckendsten Ökonomen des Landes. Er war Dekan der Sloan School of Management, ein Mann, der laut Boies' Beschreibung

»ein gefährlicher Experte war«, wenn er auf der gegnerischen Seite stand: »schlau und brillant, erfahren und wortgewandt«. In Antitrustprozessen sind Wirtschaftsexperten von entscheidender Bedeutung. Während Mitarbeiter die firmeninternen Vorgänge und Entscheidungen darlegen, tragen die Ökonomen »die Tatsachen zusammen und erklären, warum die Geschäftspraktiken eines Unternehmens Sinn machen und legitim sind«, um es in Dan Rubinfelds Worten zu erklären. Doch trotz ihrer hohen Meinung von Schmalensee hielten Rubinfeld und Boies es für einen sehr gewagten Zug von Microsoft, ihn als ersten Zeugen aufzurufen. »Wenn der Experte zuerst auftritt, dann liefert er schon im Voraus eine Rechtfertigung für das, was die anderen Zeugen nach ihm sagen werden«, erklärte Rubinfeld. »Wenn er das gut macht, sieht auch jeder andere gut aus. Wenn aber nicht, fällt das auch auf jeden anderen zurück, der nach ihm kommt.« Genau dieser Gedankengang hatte Boies dazu verleitet, Fisher als allerletzten auf seine Zeugenliste zu setzen, obwohl er aufgrund ihrer Zusammenarbeit beim Prozeß gegen IBM eine außerordentlich hohe Meinung von ihm hatte.

Es überraschte das Justizministerium noch mehr, daß Schmalensee der einzige Ökonom sein sollte, den Microsoft in petto hatte. (Die Regierung hatte zwei benannt.) In jedem Antitrustverfahren hat ein Ökonom zwei fundamentale Punkte zu klären: Besitzt das fragliche Unternehmen ein Monopol? Und hat es die daraus resultierende Macht mißbraucht? Sowohl Boies als auch Rubinfeld sagten, sie hätten Microsoft dazu geraten, den ersten Punkt zuzugeben, wie Boies es im Fall von IBM getan hatte, um die Kontrolle über den zweiten zu behalten. Beide glaubten sie, daß Microsoft dies aus Angst davor unterlassen hatte, das Eingeständnis, die Firma besitze ein Monopol, könne in zukünftigen Kartellverfahren gegen sie verwandt werden – ein nachvollziehbarer Gedanke. Doch wenn Microsoft beide Punkte abstreiten wollte, so behauptete Boies, wäre es klüger gewesen, zwei verschiedene

Ökonomen einzusetzen. Warum? Wenn Schmalensee sich mit beiden Vorwürfen auseinandersetzte, war er leicht verwundbar. Könnte Boies ihm beim Thema Monopolmacht in ein schlechtes Licht rücken, wäre Schmalensee womöglich so stark diskreditiert, daß Jackson seine Argumente in Bezug auf den anderen Punkt unweigerlich auch von der Hand weisen würde. »Man darf nicht vergessen, daß dieser Richter, im Grunde jeder Richter, kein Wort von dem versteht, was der Experte sagt«, erklärte Boies. »Er hat lediglich zu entscheiden, ob der Experte weiß, wovon er spricht. Glaubwürdigkeit ist alles.« Im Hinblick auf Schmalensees Glaubwürdigkeit lag Boies allerdings so einiges Material vor, mit dem er arbeiten konnte.

Er begann mit einer Reihe von Fragen, die den Eindruck erwecken sollten, daß Schmalensee in Boies' Worten Microsofts »Hausexperte« war – der Callboy sozusagen. Schmalensee sagte bereits seit Jahren in verschiedenen Gerichtsverfahren für die Firma aus, richtig? Ja, das stimmte. In seiner schriftlichen Aussage hatte Schmalensee behauptet, daß der schwindelerregend hohe Marktanteil von Windows nicht zwingend bedeutete, daß Microsoft ein Monopol besaß, weil der »relevante« Markt nicht der für Betriebssysteme, sondern der für »Plattformen« war. Aber war es nicht so, fragte Boies, daß Schmalensee in einem Zivilrechtsstreit vor ein paar Wochen, in den auch Microsoft verwickelt gewesen war, ausgesagt hatte, daß der Markt für Betriebssysteme ganz und gar relevant war? Ja, das stimmte. An anderer Stelle in seiner Aussage hatte Schmalensee behauptet, daß Microsoft aufgrund anderer potentieller Konkurrenzplattformen wie Linux, BeOS oder dem Palm Pilot keine Monopolmacht besäße. Aber wollte er etwa ernsthaft behaupten, daß diese auch heute noch eine Bedrohung für Windows darstellten? Nein.

Jetzt klinkte sich Jackson ein. »Machen die Geld damit?« fragte er und bezog sich dabei auf die rivalisierenden Plattformen.

»Ich wäre überrascht, wenn sie viel Geld machten, Euer Ehren«, entgegnete Schmalensee sichtlich verlegen.

An Tag eins hatte Boies Schmalensee vielleicht noch als ein wenig flexibel in seinen Ansichten hingestellt, aber an Tag zwei ließ er ihn endgültig wie einen kompletten Dummkopf aussehen – obwohl der Ökonom an diesem Effekt nicht ganz unbeteiligt war. Als Rubinfeld und sein Team von Wirtschaftsexperten im Vorfeld des Kreuzverhörs Schmalensees Veröffentlichungen durchgegangen waren, hatten sie überraschend einen 1982 in der *Harvard Law Review* erschienenen Artikel ausgegraben, in dem Schmalensee erklärte, »anhaltender überschießender Gewinn« sei ein Indiz für Monopolmacht – eine Position, die seinem aktuellen Standpunkt völlig widersprach. Das Justizministerium nahm an, daß Schmalensee eine wohl vorbereitete Erklärung auftischen könnte, wenn Boies ihn nach dieser Diskrepanz befragte. Wie auch nicht? Schließlich war der Artikel keinesfalls unbekannt und das Argument ein vernichtender Schlag für Microsoft, das sich anhaltend wesentlich höherer Gewinne erfreute als jedes andere existierende Unternehmen. Doch als Boies Schmalensee mit dem Artikel konfrontierte, hatte der Ökonom keine stimmige Antwort parat. In Wirklichkeit war er sprachlos und stammelte: »Also, meine direkte Antwort lautet: Was habe ich mir dabei wohl gedacht?«

Von allen denkbaren Sätzen, die Schmalensee im Zeugenstand hätte äußern können, war das wohl der am wenigsten ratsame. Von diesem Moment an fühlte Boies, daß Richter Jackson Schmalensee abgeschrieben hatte. In den Augen des Gerichts, so Boies, war dieser Ökonom nicht mehr länger der Dekan der Sloan School of Management am MIT, sondern vielmehr Microsofts »Was-habe-ich-mir-dabei-wohl-gedacht Expertenzeuge«.

Als Schmalensees Aussage sich dem Ende zuneigte, ließ seine Geistesgegenwart sichtlich nach. In einer letzten Fragerunde, die Boies fast nur noch als Nachtrag hinterher schickte, wollte er von Schmalensee wissen, ob er jemals herauszubekommen versucht habe, wie hoch die Gewinne Microsofts aus dem Verkauf seines Betriebssystems waren. Schmalensee sagte, er habe tatsächlich einmal versucht, das auszurechnen, wurde jedoch von der Firma darüber aufgeklärt, daß »dementsprechend aufbereitete Daten einfach nicht existierten«.

»Und Sie haben dieser Erklärung einfach so unbesehen Glauben geschenkt?« fragte Boies ungläubig.

»Ich war schon überrascht«, sagte Schmalensee. »Aber, um ehrlich zu sein, erreicht das interne Rechnungswesen bei Microsoft nicht immer den Grad von Differenziertheit, den man bei einem so erfolgreichen Unternehmen erwarten würde.«

Was bedeutete?

»Mr. Boies, sie halten die Umsätze des Betriebssystems handschriftlich auf losen Blättern fest.«

»Keine weiteren Fragen, Euer Ehren«, schloß Boies mit einem breiten Grinsen im Gesicht.

IN DER Mittagspause des Tages, an dem Paul Maritz in den Zeugenstand treten sollte, saß Boies allein in dem leeren Gerichtssaal, starrte ein Weilchen an die Decke, dann auf die Dokumente vor ihm wie ein Chirurg, der sein Instrumententablett überprüft. Boies war sich wie jeder andere auch darüber im klaren, daß das Kreuzverhör von Maritz wahrscheinlich die komplizierteste Operation der gesamten Verhandlung sein würde. Da Gates und Ballmer abwesend waren, sollte Maritz, der den Titel eines »Bereichsvorstands für Plattformen und Anwendungsprogramme« hatte, die ranghöchste Führungskraft von Microsoft sein, die in den Zeugenstand treten würde. Er hatte seine Fingerabdrücke praktisch auf jeder strategischen Entscheidung hinterlassen, die in dem Prozeß zur Debatte stand; tatsächlich hatte es den Anschein, als stünde sein Name sogar unter mehr E-Mails, die hier als Beweisstücke vorlagen, als der von

Gates. In Erwartung eines großen Showdowns setzte sich Klein auf seinen angestammten Platz in der ersten Reihe, gleich hinter dem Anwaltstisch der Regierung. Gerichtssaal 2 war pickepacke voll; die Atmosphäre gespannt.

In den folgenden vier Tagen sollten Boies und Maritz aneinandergeraten wie zwei Tiger in einem Käfig. Der bärtige, etwas stämmige Maritz stammte aus Rhodesien und sprach ein abgehacktes Africaans. Da er einen Teil von Boies' Befragung von Schmalensee mitbekommen hatte, hatte er bereits eine leise Ahnung von dem, was ihn erwartete. Als Boies ihn umkreiste, Fragen formulierte und neu formulierte, wiederholte und präzisierte und ihnen mit der Anrede »Sir« mehr Nachdruck verlieh, als handelte es sich um ein Epitheton, duckte sich Maritz, verschanzte sich und versuchte, nicht den Boden unter den Füßen zu verlieren. Als alles vorbei war, sollte Neukom ihn zum Sieger erklären und laut hinausposaunen, daß Boies die meisten der in Maritz' 160seitiger schriftlicher Aussage enthaltenen Behauptungen unbeachtet gelassen hatte.

Boies maß Sieg oder Niederlage allerdings mit anderen Maßstäben. In einem Prozeß voller Ondits, in dem es so oft um widersprüchliche Darstellungen von privaten Geschäftstreffen ging, sagte sich Boies instinktiv, daß Richter Jackson am Ende lediglich zu entscheiden hatte, welcher Seite er mehr Glauben schenkte. Boies hielt es für überflüssig, wenn nicht gar für unklug, jedes Jota und kleinste Fitzelchen aus Maritz' Aussage zu widerlegen. Es war vielleicht besser, sich auf einige wenige entscheidende Punkte zu beschränken und leise Zweifel an der Glaubwürdigkeit des Zeugen aufkommen zu lassen.

Ein Angriffsziel von Boies war das Geschäft mit Apple im Jahr 1997. In seiner Aussage hatte Maritz bestritten, daß Microsoft mit der Drohung, die Macversion von Office abzusetzen, Apple dazu veranlassen wollte, den Internet Explorer zu adaptieren. Er behauptete, der Browser habe nur einen geringen Teil der Verhandlungen eingenommen, bei denen die Beilegung eines möglichen Patentstreits zwischen den beiden Unternehmen »oberste Priorität« gehabt habe. Ein Problem bereiteten Maritz allerdings die E-Mails. Boies präsentierte eine Nachricht nach der anderen, viele von Gates persönlich, in denen es hauptsächlich um den Browser ging, während die Patentsache nur beiläufig oder auch gar nicht erwähnt wurde. Maritz blieb allerdings bei seiner Aussage. Die Patentfrage sei so offensichtlich gewesen, daß Gates sie nicht einmal mehr erwähnen mußte, argumentierte er; sie habe sich »von selbst verstanden«. Boies fragte Maritz daraufhin, ob er beim Durchforsten von Microsofts Dateien auch nur ein einziges Dokument gefunden habe, das den Patentstreit als »oberste Priorität« der Verhandlungen bezeichnete. Das hatte Maritz nicht. Nichtsdestotrotz blieb er dabei, Finanzvorstand Greg Maffei, der das Geschäft mit Steve Jobs besiegelt hatte, habe ihm versichert, daß zum ersten Mal im Juli 1997, während eines langen Spaziergangs durch Palo Alto mit einem barfüßigen Jobs, davon gesprochen worden sei, den Internet Explorer zum Standardbrowser des Mac zu machen – also eine ganze Weile, nachdem man sich über die »vorrangigen Verhandlungspunkte«, darunter auch die Fortführung von Office, geeinigt hatte.

Da ich damals über die Verhandlungen zwischen Microsoft und Apple geschrieben hatte, konnte ich nur noch den Kopf schütteln. Einen Tag, nachdem Jobs im August auf der MacWorld-Messe in Boston die Einigung bekannt gegeben hatte, interviewte ich führende Mitarbeiter von Apple darüber, wie das Geschäft zustande gekommen war. Das Feilschen hatte bis zwei Uhr morgens gedauert, nur ein paar Stunden, bevor Jobs seine Eröffnungsrede am ersten Tag der MacWorld halten sollte. Woran hatte es gehapert? Am Standardwebbrowser, hatten alle Appleleute gesagt; wenn sie nicht nachgegeben hätten, wäre der ganze Deal geplatzt und Apple hätte das Office-Paket verloren. Eine Woche später rief ich eben jenen Greg Maffei an, den Maritz gerade zitierte und stellte ihm dieselbe Frage. Ja, bestätigte er, der Browser wäre der nächtliche

Knackpunkt gewesen. Ich fragte, welches Druckmittel Microsoft letzten Endes benutzt hatte, um den Status des Internet Explorers als Standard zu sichern. »Das möchte ich hier jetzt nicht kommentieren«, sagte Maffei. Aber ich bohrte noch ein wenig weiter. War die Annahme berechtigt, daß Apple um fünf vor zwölf noch Grund gehabt hatte, die Kündigung von Office zu fürchten? »Ja, sie ist berechtigt«, gab er zurück. (Drei Jahre später gestand mir Maffei, daß Microsoft als Teil der Abmachung zwar für 150 Millionen Dollar Anteile an Apple erworben hatte – »wir haben in dieses Unternehmen investiert, als die Leute schon nicht mehr daran geglaubt haben«, sollte Gates prahlen –, er aber zur Deckung von Microsofts Einsatz gleichzeitig Leerverkäufe der Aktien getätigt hatte.)

Dann kam Boies auf Netscapes Versorgung mit Luft zu sprechen. In seiner schriftlichen Aussage hatte Maritz versichert: »In der Gegenwart von Intelmitarbeitern oder auch von anderen habe ich niemals behauptet, daß Microsoft Netscape die Luft abdrücken würde oder etwas ähnliches.« Boies bemerkte, daß Maritz in diesem Punkt jetzt sicherer war als noch vor ein paar Monaten, als er dazu lediglich gesagt hatte: »Ich kann mich nicht erinnern, so etwas gesagt zu haben«; »ja, das kann schon sein, aber das weiß ich nicht mehr.« Maritz sagte, die Durchsicht von Sitzungsprotokollen dreier Intelmitarbeiter habe seinem Gedächtnis auf die Sprünge geholfen. Im Laufe des Verhörs konnte Boies auf eine ganze Reihe von Punkten den Schatten eines Verdachts fallen lassen, aber beim Kampf um den umworbensten Ausspruch der Verhandlung mußte er klein beigeben. Maritz schwankte nie in seinen Aussagen, und Boies konnte keine rauchende E-Mail aus dem Ärmel zaubern; Steve McGeady blieb somit Maritz' einziger Ankläger.

Allerdings war er nicht der einzige Zeuge dieses umstrittenen Ereignisses. Tatsächlich hätte von den Intelmitarbeitern, die an dem Treffen mit Maritz teilgenommen hatten, zumindest einer McGeadys Bericht bestätigen können – wenn das Justizministerium ihn denn darum gebeten hätte. Frank Gill, ein mittlerweile pensionierter leitender Angestellter des Chipherstellers, war kein Micro-softjäger und hatte für McGeady beinahe soviel übrig wie für Gates. Doch Gills Erinnerung an das Treffen stimmte mit der von Intels Chefdemagogen überein. Als ich ihn fragte, ob Maritz jenen schick-salhaften Satz geäußert hatte, antwortete Gill, ohne zu zögern: »Er hat's gesagt. Heutzutage hört man bei solchen Geschäftstreffen oft, wie Leute sagen: ›Wir killen den Bastard‹, und das mit dem ›killen‹ und dem ›Bastard‹ gar nicht so meinen. Ich denke nicht, daß damals mehr dahinter gesteckt hat.« Er sei sich aber vollkommen sicher, daß Maritz gesagt hatte, Microsoft plane, Netscape die Luft abzu-drücken? »Ja, ich habe es mit eigenen Ohren gehört«, sagte Gill wieder. »Ich war dabei.«

DER DRITTE im Bunde von Microsofts vermeintlichen Powerzeugen war Jim Allchin. Er war Ende vierzig, ein schlaksiger Mann mit weißem Schopf, ein Computerfreak erster Güte. Er hatte seinen Doktortitel in Computerwissenschaft am Georgia Institute of Technology erworben, und seine Dissertation hatte mit paralleler Datenverarbeitung zu tun – insbesondere aber mit seinem Traum von einem globalen, einheitlichen, transparenten Netzwerkbe-triebssystem, das er »Clouds« – »Wolken« – getauft hatte. Seine Ar-beit bei Microsoft bestand aus nichts geringerem als der Ver-antwortung für die Entwicklung der Herzstücke des Unter-nehmens, seiner Familie von Betriebssystemen. Allchin bezeichnete sich selbst gerne als »der Windowsmann«.

Der Zweck seiner Aussage war eindeutig. Er trat vor Gericht, um Richter Jackson davon zu überzeugen, daß die Integration des Internet Explorers in Windows 98 wirklich und tiefgreifend und gut für den Verbraucher war – wirklich gut, zutiefst gut. Von allen Zeugen Microsofts bereitete Allchin der Regierung das größte Unbehagen. Ein Staatsanwalt erklärte, warum: »Insofern sich dieser Fall um Wirtschaft, Marketing oder Lizenzerteilungen dreht, besitzt Microsoft keinen speziellen Anspruch auf Expertise. Aber Technik ist ihr Element. Da sind sie die größten, die besten, und er ist Spitze. Wir hatten erwartet, Allchin würde reinkommen und behaupten, daß Software eine Geheimwissenschaft sei, dann ein schickes Demo vorführen und uns in technischer Hinsicht einwickeln.«

Die Erwartungen des Justizministeriums schienen sich zu bewahrheiten, als Microsoft Allchins Aussage mit der mehrere Stunden andauernden Vorführung eines Videos begann. Dieses Video sollte vieles erreichen, aber die vielleicht wichtigste Passage zählte die angeblichen Vorzüge – insgesamt 19 – einer Browserintegration in Windows 98 peinlich genau auf. Als Allchin in den Zeugenstand trat, spielte Boies als erstes diesen Abschnitt des Videos für das Gericht noch einmal ab. Er stoppte das Band nach dem als ersten genannten Nutzen und fragte Allchin: Wenn ein Nutzer einen PC mit Windows 95 ohne einen integrierten Browser besitzt und einfach eine eigenständige Version des Internet Explorers 4 hinzufügt, kommt er dann nicht genau in den Genuß desselben Nutzens, wie er in dem Video gezeigt wird?

Widerstrebend antwortete Allchin: »Ja, das stimmt wohl.«

Boies kam zum nächsten Vorzug: dieselbe Frage. So machte er es noch achtzehnmal. Er stellte 18 Fragen, die immer wieder begannen mit: »Und noch einmal, Sir.« Und achtzehnmal mußte Allchin ihm zustimmen, während sein Ton allmählich von frustrierend in verzweifelt überging.

So monoton und mühselig diese Fragerei auch war, sie drang doch »direkt zum Kern der Entscheidung des Berufungsgerichts« in Sachen Verpflichtungserklärung vor, erklärte Boies. Das Berufungsgericht hatte entschieden, daß die Kopplung zweier Produkte nur dann rechtmäßig war, wenn diese »nachweisliche Vorteile« böte, die durch den Erwerb von zwei separaten Produkten nicht erreicht würde. Boies glaubte nun mit Allchins achtzehnfacher

Zustimmung bewiesen zu haben, daß Windows 98 dieser Bedingung nicht standhalten konnte. Es war, so sagte er später, der juristisch gesehen wohl bedeutendste Sieg, den er im Laufe von Allchins Aussage errungen hatte.

Am nächsten Morgen richtete Boies seine Aufmerksamkeit auf einen anderen Teil des Microsoftvideos – jenen Teil, der den Princeton-Professor Edward Felten, einen Zeugen der Regierung, bloßstellen sollte, der eine Software geschrieben hatte, die den Anspruch erhob, den Internet Explorer aus Windows 98 entfernen zu können. Das Band zeigte, daß Feltens Programm den Internet Explorer in Wirklichkeit nur versteckte, nicht aber löschte, und daß der Felten-Code einen beachtlichen »Leistungsabfall« von Windows verursachte. Doch bei einer Untersuchung des Videos hatte eine Gruppe von jungen Softwareexperten im Umkreis des Professors – das Justizministerium nannte sie das »Felten Wahrheitskommando« – etwas sehr Merkwürdiges festgestellt. Die »Menüleiste« (die Anzeige am oberen Bildschirmrand des PC) auf dem im Video gezeigten Computer hatte sich nicht so verändert, wie es mit dem Code ihres Mentors eigentlich hätte der Fall sein müssen. Die fragliche Stelle auf dem Band war nur viereinhalb Minuten lang. Doch diesen wenigen Minuten sollte Boies unendliches Leid – und unendliche Freude entlocken.

Alles beginnt ganz harmlos an jenem kalten Dienstagmorgen des 2. Februar, als Allchin noch nicht einmal einen ganzen Tag im Zeugenstand gesessen hatte. Stimmt es, fragt Boies, daß das Programm von Felten nicht gestartet wurde, wenn die Menüleiste des PC MICROSOFT WINDOWS UPDATE – MICROSOFT INTERNET EXPLORER anzeigt? Allchin sagt, ja. Und stimmt es nicht auch, fragt Boies, daß sich die Anzeige INTERNET EXPLORER in WINDOWS 98 ändern sollte, nachdem das Feltenprogramm gestartet wurde? Wieder bejaht Allchin. Jetzt spielt Boies das Video ab. Als der Kommentator beschreibt, daß der PC »ungewöhnlich lange« braucht, um eine Website aufzurufen und diese Trägheit auf den »Leistungsabfall zurückführt, der nach dem Start des Felten-programms aufgetreten ist«, stoppt Boies das Band und zeigt auf die Menüleiste. Dort steht INTERNET EXPLORER.

Der Gerichtssaal ist frappiert, genauso wie Allchin – er ist verdutzt, verlegen, von seinem hohen Roß herunter. Er kann nicht mit Sicherheit sagen, was hier vor sich geht; aber es bleibt dabei, das »Leistungsproblem« besteht auch weiterhin.

»Das sagen Sie, daß dieses Problem noch weiter besteht, Sir«, ruft Boies entrüstet aus. »Aber das Video, das Sie angeschleppt haben und für das Sie sich verbürgen und von dem Sie dem Gericht erzählt haben, daß Sie es genau geprüft haben, ist ein Video, das hier vor aller Augen einen Leistungsabfall demonstrieren soll ... und wie dieser auf das Feltenprogramm zurückzuführen ist. Aber das stimmt doch gar nicht, richtig?«

»Ich glaube nicht, daß das Feltenprogramm hier gestartet wurde«, gibt Allchin niederschlagen zurück. »Ich werde wohl noch einmal alles durchsehen müssen, um das zu verstehen. Wir ziehen alle Videos zurück.« Als er am Ende dieses Tages das Gericht verläßt, schirmt Allchin sein Gesicht mit dem Arm gegen die Kameras ab: Der Entlarver ist nun der Entlarvte.

Hätte Microsoft die Videos tatsächlich für immer zurückgezogen, wäre Allchins Martyrium wahrscheinlich vorbei gewesen. »Ich hatte beschlossen, nicht weiter nachzuhaken,« erinnert sich Boies. »Wir wußten, daß noch etwas anderes an den Bändern nicht stimmte, konnten aber nicht genau sagen was, und außerdem hatten wir schon erreicht, was wir wollten.« Doch anstatt die Sache auf sich beruhen zu lassen, gab Microsoft seine Absicht bekannt, das Video zu rehabilitieren, um zu zeigen, daß keine böse Absicht dahinter steckte, sondern ein unbeabsichtigter, wenn auch äußerst peinlicher Patzer.

· Am nächsten Morgen erzählt Allchin vor Gericht, daß eine Erklärung gefunden worden sei. Der PC im Video hatte wohl auf seiner Festplatte Software, die die Standardeinstellungen der Menüleiste beeinträchtigte. Ein unbeabsichtigter Patzer also, wie er im Buche steht.

Boies setzt sein Kreuzerhör fort; die Stunden vergehen, ohne daß das Video noch einmal erwähnt wird. Das Drama vom Vortag hat massenhaft Schaulustige in das Prettyman Gebäude gelockt, Gerichtssaal 2 ist vollbesetzt und die Luft dementsprechend stickig. (Ganz gleich wie frostig das Wetter in Washington auch ist, Jacksons Lebensraum erinnert immer an Key West im Juli.) Joel Klein ist ebenfalls anwesend und hat neben Jeff Blattner Platz genommen, ohne daß einer von ihnen ahnt, was als nächstes passieren wird. Boies hatte sich den ganzen Tag zurückgezogen und keiner wollte es riskieren, ihn in seiner Konzentration zu stören. Klein und Blattner haben lediglich mitbekommen, daß das Felten-Wahrheitskommando eine Nachtschicht geschoben hat.

Kurz vor 16 Uhr, Jacksons Lieblingszeitpunkt für die Bekanntgabe der Vertagung, kommt Boies noch einmal auf das Video von Microsoft zurück. Als erstes fragt er Allchin, ob nur ein einzelner PC für die Demonstration verwendet wurde. Allchin ist sich nicht sicher. Für die Tests wurden mehrere Rechner benutzt, sagt er, aber alle seien »feltenisiert« worden. Boies spult das Band vor und stoppt. Er zeigt auf zwei Icons auf dem Bildschirm und fragt den Zeugen: »Sehen Sie das hier?« Allchin sieht es. Als die Kamera aus der Totalen näher heranzoomt, hält Boies das Band noch einmal an.

»Hier bekommt man doch eindeutig den Eindruck, daß das noch immer derselbe Rechner ist, richtig?«

Allchin schielt auf den Monitor. »Ich kann nicht – ich weiß es nicht.« Sichtlich ernüchtert fügt er hinzu: »Wir versuchen hier einfach nur, etwas zu demonstrieren. Das haben wir nicht in unserem Labor gemacht und auch ohne schrecklich präzise sein zu wollen.«

Allchins mangelndes Interesse an der Exaktheit bei der Beweiserbringung bringt bei Jackson das Faß zum Überlaufen. »Wie kann ich mich dann darauf verlassen, wenn Sie mir hier nicht einmal mit Sicherheit sagen können, ob das nun ein und derselbe Rechner war oder ob daran etwas verändert wurde?« fragt der Richter und schüttelt vorwurfsvoll seinen Bärenkopf. »Das ist alles sehr verwirrend, Mr. Allchin.«

Boies wartet nicht einen Moment, um seine Freude auszukosten. Er sagt: »Lassen Sie uns fortfahren mit dem Band« – und plötzlich, »Stop, anhalten bitte.« Boies zeigt genau auf einen Punkt auf dem Bildschirm: Wo vor ein paar Augenblicken noch zwei Icons gewesen sind, ist jetzt nur noch eins zu sehen.

Durch den Zuschauerraum geht ein Raunen, man schnappt entrüstet nach Luft. »Ach du Scheiße!« zischt jemand irgendwo in der Nähe der Presse. Klein sitzt mit offenem Mund da; Bill Neukom ebenso. Jacksons Augen werden so groß wie Untertassen.

»Nun«, sagt Boies ruhig und wendet sich Allchin zu, »das zeigt doch, daß sich hier in den letzten zwei Minuten etwas verändert hat, richtig?« Allchin, der unter glücklicheren Umständen bereits als bleich bezeichnet werden kann, wird jetzt fast durchsichtig. Mit einer enormen Kraftanstrengung bringt er ein »Ja« hervor.

In den folgenden zehn Minuten holt Boies zum vernichtenden, fast schon sadistischen Schlag aus. Indem er immer wieder das Band anhält, zeigt er Icons, die verschwinden und wieder auftauchen, Menüleisten, die sich aufs Geratewohl verändern, feltenisierte Rechner, die scheinbar fehlerlos laufen und nicht-feltenisierte Rechner, die unter verminderter Leistung leiden. Jedes Mal, wenn auf Boies' Geheiß der Pausenknopf gedrückt wird, wird das Video ein wenig grotesker. Und mit jedem Mal versinkt sein großzügiger Spender tiefer in seinem Stuhl.

Als Allchins Folter endlich und gnädigerweise endet, stürzt sich der Windowsmann verzweifelt in die Arme des Gerichts. »Ich wäre bereit, einen Rechner herzuschaffen und es dem Gericht zu demonstrieren«, sagt Allchin nahezu flehend zu Richter Jackson. Dann fügt er in etwas ruhigerem Ton hinzu, ohne jemand Bestimmten dabei anzusehen: »Das war sicher keine überzeugende Demonstration.«

DIE AUSWEIDUNG von Allchin, das Zerschreddern von Schmalensee und die Enthäutung von Maritz ließen das Justizministerium triumphieren. Microsoft »hat seine besten Schlagleute an die Spitze des Aufgebots gestellt«, krähte ein Vertreter der Regierung. »Und sie haben alle ins Aus geschlagen.«

Die Verteidigung war unterdessen in Auflösung begriffen. Das gab das *Wall Street Journal* auf seiner Titelseite mit einer scharfen Analyse des Journalisten John Wilke zu verstehen, der zahlreiche Wirtschaftsexperten zitierte – keine gewöhnlichen Experten, sondern erklärtermaßen Pro-Microsoft-Experten, deren Namen von einer Liste stammten, die das Unternehmen selbst zusammengestellt hatte –, die schimpften, die Firma habe das Offensichtliche übersehen: daß sie durchaus versucht, ihre Konkurrenten zu eliminieren; daß sie durchaus ein Monopolist ist. Die Washingtoner Kartellanwälte mokierten sich derweil ausgiebig über die Leistung von Sullivan & Cromwell; »inkompetent« war noch eine der netteren Umschreibungen. Allerdings stellte sich auch weiterhin die Frage, ob der Fehler nun wirklich bei Sullivan & Cromwell oder sogar bei Neukom oder nicht vielleicht doch bei Microsofts Vorsitzendem lag. Ein paar Monate nach seiner Aussage erzählte Dick Schmalensee einem Kollegen vom Fach im Vertrauen: »Die Anwälte trifft keine Schuld. Gates hat bei der ganzen Sache den Ton angegeben.«

Nachdem Allchin den Zeugenstand verlassen hatte, brauchte Boies nur noch drei weitere Wochen, um auch die letzten neun Zeugen von Microsoft zu erledigen. Ein paar von ihnen kamen relativ ungeschoren davon, vor allem der Marketingleiter Brad Chase. Für die meisten war der Auftritt in Gerichtssaal 2 allerdings wie ein Spaziergang durch die Hölle in einem benzingetränkten Anzug. Dan Rosen, ein Angestellter, den man geschickt hatte, um über das

Junitreffen 1995 mit Netscape auszusagen, sagte so offensichtlich die Unwahrheit, daß Boies ihn guten Gewissens auf der Stelle als Lügner entlarven konnte: »Sie erinnern sich doch gar nicht daran, Sir, oder?« fragte er auf einmal. »Sie erfinden das doch gerade, Sir.« Wie eine E-Mail bewies, erinnerte Rosen sich nicht und erfand stattdessen. Robert Muglia, von Microsoft als Zeuge zum Thema Java benannt, plapperte unaufhörlich und so unzusammenhängendes Zeug, daß er Richter Jackson auch ohne das Zutun von Boies in blinde Wut versetzte. »Nein, nein! Stop!« donnerte Jackson und hielt dabei eine Hand in die Luft, während er mit der anderen sein Gesicht bedeckte, als Muglia zum x-ten Mal den verzweifelten Versuch startete zu erklären, daß der Inhalt einer E-Mail von Gates nicht das bedeutete, was er aussagte. »Es gibt keine weiteren Fragen!« schnaubte der Richter und stolzierte für eine zehnminütige Sitzungspause aus dem Saal.

Jacksons Verachtung für Microsofts Verteidigung war nie wirklich ein Geheimnis gewesen, wurde aber immer offensichtlicher, je weiter sich der Prozeß in die Länge zog. An einem Nachmittag im Februar, bevor er die Sitzung mit seinem Hämmerchen eröffnete, richtete Jackson ein paar weise Worte – an niemanden Bestimmten, wie er versicherte –, aber es hätte kaum offensichtlicher sein können, an wen sie adressiert waren. »Eine alte Indianerweisheit besagt, wenn man sich dabei ertappt, ein totes Pferd zu reiten, sollte man am besten absteigen«, intonierte Jackson von seinem Platz aus. Aber Anwälte neigten dazu, »es oftmals mit anderen Alternativen zu probieren, zum Beispiel: eine härtere Peitsche zu kaufen, den Reiter zu wechseln, zu behaupten: ›So haben wir dieses Pferd schon immer geritten‹, ein Gremium zusammenzustellen, das den Gaul untersucht, … zu erklären, das Pferd sei besser, schneller und billiger, wenn es tot ist, und, zu guter Letzt, mehrere tote Pferde aneinander zu zäumen, um die Geschwindigkeit zu erhöhen.« Vergnügt lächelnd nickte er Boies zu. »Der Zeuge gehört Ihnen.«

Am 26. Februar, nachdem auch der letzte Zeuge von Microsoft

gegangen war, unterbrach der Richter die Verhandlung vorerst für sechs Wochen (in Wirklichkeit sollten daraus später 13 werden), bevor der Prozeß in die Phase der Widerlegung durch Gegenbeweise treten würde. »Nutzen Sie diese Zeit gut«, riet er den Anwälten beider Seiten, die ganz genau wußten, was das bedeutete. Jackson hatte schon seit geraumer Zeit beide Parteien dazu ermutigt, die Schlichtungsgespräche wieder aufzunehmen. Jetzt unternahm er konkrete Schritte, um sie in diese Richtung zu stoßen. Während einer routinemäßigen Lagebesprechung am 31. März verkündete Jackson Microsoft und der Regierung, daß er eine weitere Verfahrensneuerung einführen würde: Wenn die Widerlegung durch Gegenbeweise abgeschlossen war, würde er die Beschlußfassung in zwei Phasen unterteilen. Die erste Phase sollte der »Tatsachenfeststellung« dienen und die zweite der »richterlichen Schlußfolgerung«. Indem er den Tatbestand vom Recht trennte, verstärkte Jackson noch einmal den Druck auf Microsoft, sich auf einen Vergleich einzulassen. Selbst ein einäugiger Kaffesatzdeuter konnte vorausahnen, daß der Richter das Unternehmen hart anpacken würde, was den Tatbestand betraf. Es schien bereits jetzt keine Zweifel mehr daran zu geben, daß er es für einen Monopolisten erklären würde – eine Feststellung, die ein solider Ausgangspunkt für private Antitrustkläger war und damit der Firma schon einmal einen beachtlichen »Nebenschaden« zufügen würde, wie es Microsofts Anwälte ausdrückten. Falls Microsoft einen Vergleich wollte, dann so bald wie möglich und noch bevor Jackson seine Karten auf den Tisch gelegt hatte.

In diesem Frühling fanden nur vereinzelt Schlichtungsgespräche statt. Keines davon verlief allerdings besonders vielversprechend. Obwohl Microsoft einige der Auflagen, die es im Mai 1998 noch strikt abgelehnt hatte, mittlerweile ernsthaft in Erwägung zog – beispielsweise Hardwareherstellern ein wirkliches Maß an Kontrolle über den Standardbildschirm zu gewähren –, reichten diese Maßnahmen dem Justizministerium oder den Bundesstaaten schon längst nicht mehr. In dem ganzen Hin und Her teilte Klein Bill Neukom zum ersten Mal mit, daß die Regierung über strukturelle Sanktionen nachdachte, vielleicht sogar in Form einer Aufspaltung. Microsoft lehnte es ab, sich auf dieses Thema einzulassen, das für Neukom nichts weiter als eine substanzlose Verhandlungsfloskel zu sein schien. Schon allein der Gedanke an eine Aufspaltung kam ihm vollkommen »lächerlich« vor, wie er später sagte.

Die letzte Verhandlungsrunde fand im Juni in Washington statt, als die Gegenbeweisphase gerade begonnen hatte. Die Widerlegungen – Höhepunkte waren unter anderem ein weiterer Mitarbeiter von IBM, der ein ganzes Tagebuch voll von detaillierten Drohungen besaß, die Microsoft angeblich gegen Big Blue ausgesprochen hatte, und eine überragende Vorstellung von David Colburn von AOL, der wie immer großartig wutschnaubend auf Microsofts Fragen über die Allianz von AOL, Netscape und Sun antwortete – waren zwar spannend, konnten aber die eingeschlagene Richtung des Prozesses nicht mehr ändern. Als die Gegenbeweisphase am 24. Juni endete, bediente sich Jackson ganz unbefangen des gefürchteten Wortes mit M, Monopolist, wenn er sich auf den geplagten Angeklagten bezog.

Aber Microsoft sah, selbst als es schon mitten darin stand, den Wald vor lauter Bäumen nicht und blieb hartnäckig bei seinen Bedingungen für eine mögliche Einigung. Als die Gespräche unaufhaltsam in eine Sackgasse gerieten, wartete Klein mit umfassenden Verhaltenssanktionen auf, die sich auf alles von der Preisgestaltung für Windows bis hin zur Offenlegung seiner Anwendungsprogramm-Schnittstellen bezogen. In Microsofts Augen war dieser Plan viel zu übertrieben, zu aufdringlich und reglementierend, um überhaupt einer Diskussion wert zu sein. Aber der strikt auf das Verhalten der Firma begrenzte Charakter dieser Sanktionen bestätigte Neukom in seinem Eindruck, Kleins frühere Androhung einer Strukturveränderung sei bloß Show gewesen.

Klein aber ließ sich selbst von seinen engsten Mitarbeitern nicht in die Karten schauen. Jedes Mal jedoch, wenn wir uns trafen, schien er mir ein wenig näher daran zu sein, die gefürchtete Karte einer Zerschlagung des Unternehmens zu zücken. Im November 1998 erwähnte er mir gegenüber zum ersten Mal, daß eine Aufspaltung im Bereich des Möglichen läge. Im folgenden Frühling schließlich tauchte das Wort »Entflechtung« immer öfter in unseren Gesprächen auf. Klein hatte nur widerwillig und sehr vorsichtig den Weg der Klageerhebung gegen Microsoft eingeschlagen, doch als es jetzt darum ging, Sanktionen in Erwägung zu ziehen, entpuppte er sich als so ausgefuchst, daß selbst Henry Kissinger daneben blaß ausgesehen hätte. Während einer unserer samstäglichen Besprechungen bat ich ihn, seinen Sinneswandel zu erklären.

Da stecke nichts weiter hinter, fing er an. »Das Problem an sich und der Grad der Durchdringung ihrer Unternehmenskultur mit den inkriminierten Geschäftspraktiken ist viel schlimmer, als ich anfangs gedacht habe«, sagte er. Als der Fall begann, konnte er lediglich die »Spitze des Eisbergs« erkennen; erst, als man im Verlauf der Tatsachenermittlung und später in der Verhandlung nach und nach immer mehr Beweismaterial zusammengetragen hatte, wurde das gesamte Ausmaß der Sache ersichtlich. »So ist das eben, wenn man eine Sache vor Gericht verhandelt«, sagte Klein. »Man hat eine Ahnung, bestimmte Ansichten, und dann geht man hin und nimmt die Sache auseinander. Und erst dann wird einem auf einmal alles klar.«

Klein stand von seinem Stuhl auf und ging zu seinem Schreibtisch. »Sie wollen von mir wissen, wie man eine Sache verhandelt?« fragte er mich und griff einen kleinen Zinnbecher, der neben dem Briefbeschwerer stand. Er gab ihn mir und sagte: »So verhandelt man einen Fall.«

Auf dem Becher klebte ein mit Tesaband befestigter abgegriffener Zettel, auf dem vier ausgedruckte Zeilen standen – ein Zitat aus T. S. Eliots Gedicht *Little Gidding*:

Werden wir nicht nachlassen in unserm Untersuchen
Und das Ende unsres Untersuchens
Wird es sein, an dem Ort anzukommen, von dem wir aufbrachen
Und zum ersten Mal ihn zu erkennen.

Ich reichte ihm den Becher zurück. »Das heißt also, falls Sie gewinnen ...«, fing ich an.

»Falls wir gewinnen?« lachte Klein. »Jetzt aber raus hier!«

DIE ERSTE offizielle Bestätigung seiner selbstgewissen Überzeugung sollte Klein erst viele Monate später und von einer ganz unerwarteten »Autorität« erhalten. Ihr Name war Tim Ehrlich, und er war noch keine dreißig. Ehrlich war ein frisch graduierter Student der Harvard Law School und der jüngst hinzugekommene Assessor in Richter Jacksons Amtsräumen. Er war freundlich und unbefangen, besaß ein ansteckendes Lachen und hatte Talent, Leute nachzuahmen. (Seine gelungenen Imitationen der Dramatis Personae in diesem Prozeß, von Warden und Boies bis hin zu Gates und Ballmer, bereiteten Jackson großen Spaß.) In Harvard hatte Ehrlich bei der Koryphäe für Internetrecht Lawrence Lessig studiert und das verzwickte Auf und Ab im Fall Microsoft zwar aus der Ferne, aber nicht minder besessen verfolgt. Tatsächlich war der einzige Grund, weshalb er sich überhaupt für eine Anstellung bei Jackson beworben hatte, sein Wunsch gewesen, in dem Kartellverfahren des Jahrhunderts eine Rolle zu spielen – mochte sie auch noch so bescheiden sein.

Als Ehrlich sich im August zum Dienst meldete, erhielt er einen Auftrag, der alles andere als bescheiden war: in Jacksons Namen die Tatsachenfeststellung zu entwerfen und somit Microsoft nach allen Regeln der Kunst fertigzumachen. Ehrlich hatte den Prozeßverlauf genauestens verfolgt und war sich von daher sicher, daß sich der

Richter fest und entschlossen auf die Seite des Justizministeriums stellen würde. Aber Jacksons Haltung gegenüber der ministeriellen Version der Ereignisse war nicht nur fest und entschlossen: sie war vielmehr absolut und grundlegend. In jeder zentralen Streitfrage, die den Tatbestand betraf (und den meisten zweit- und drittrangigen auch), stimmte er der Auslegung des Justizministeriums voll und ganz zu und wies die von Microsoft alles in allem zurück. Bei einigen Fragen wurde er von den Verhören beeinflußt; bei anderen waren es wiederum die Stapel eindeutig belastender E-Mails. Zudem stand außer Frage, daß Boies' systematischer Angriff auf die Glaubwürdigkeit von Microsofts Zeugen, ganz zu schweigen von dem abwesend-anwesenden Hauptzeugen der Firma, auf Jacksons Urteil abgefärbt hatten. Die meisten ihrer Aussagen wies er kategorisch zurück.

Der Richter beauftragte seinen Assessor, die Tatsachenfeststellung mit der größtmöglichen Härte abzufassen. Über den naheliegenden Zweck hinaus, seine Beurteilung der Beweislage wiederzugeben, verfolgte das harsche Vorgehen noch eine weitere Absicht: den bisher größten Anreiz für Microsoft zu schaffen, endlich einer außergerichtlichen Beilegung zuzustimmen. Jackson war von Anfang an überzeugt gewesen, daß dieser Fall nie zur Hauptverhandlung hätte gelangen, daß beide Seiten sich schon längst auf einen Vergleich hätten einigen sollen. Seine Frustration über die gescheiterten Gespräche wurde immer größer und richtete sich hauptsächlich gegen Microsoft, dessen Starrsinn seiner Meinung nach die vorangegangenen Bemühungen, eine Übereinstimmung zu erzielen, zunichte gemacht hatte. Jackson hoffte, daß eine harsche Tatsachenfeststellung mit bedrohlichen und unzweideutigen Hinweisen auf das Bevorstehende Gates zur Besinnung – und zurück an den Verhandlungstisch bringen würde. So wie Jackson es sah, machte ein Vergleich für alle Sinn, für die Firma und die Regierung genauso wie für die Branche und die Verbraucher. Im Gegensatz dazu läge die wahrscheinliche Alternative in niemandes

Interesse: ein Urteil von ihm, gefolgt von jahrelangen Kosten, Verzögerungen und Unsicherheit, während der Fall sich seinen Weg durch die Berufungsinstanzen bahnte.

Jackson wünschte sich aber auch aus persönlichen Gründen eine Einigung. Obwohl ihm der Vorsitz über den Microsoft-Prozeß in vielerlei Hinsicht Vergnügen bereitet hatte – besonders hatte er an der Zurschaustellung anwaltlichen Formats Gefallen gefunden –, war er außerordentlich unsicher, was die Frage des Strafmaßes betraf. Insbesondere die Aussicht, über einen Vorschlag zur Aufspaltung von Microsoft entscheiden zu müssen, bereitete ihm ein flaues Gefühl in der Magengegend, das schon an Furcht grenzte. »Er ist kein Ökonom, er kennt sich nicht in Finanzen aus, er weiß nicht einmal besonders viel über Wirtschaft, ganz ehrlich«, sagte ein Anwalt und Freund von ihm. »Ich glaube, ihm war damals klar, wenn es keine außergerichtliche Einigung gab und er gegen Microsoft entschied, würde er sich überlegen müssen, was er mit dieser unglaublich einflußreichen Firma machen sollte, mit diesem Motor der gesamten Wirtschaft. Und das hat ihm einfach Angst gemacht.«

Jackson jagte die Angelegenheit vielleicht einen Schrecken ein, aber was Ehrlich betraf, so ließ dieser sich jedenfalls nichts anmerken. Drei Monate nachdem ihm diese beängstigende Aufgabe übertragen worden war, gab der junge Assessor seinem endgültigen Entwurf der Tatsachenfeststellung den letzten Schliff und legte sie Jackson zur Annahme und Unterschrift vor. Die Feststellungen des Gerichts wurden am 5. November veröffentlicht – und landeten am nächsten Morgen auf jeder Titelseite in Amerika. Sie hielten sich streng an das oberste Gebot des Richters: sie schlugen ein wie eine Bombe. Von den über 400 Paragraphen des 207 Seiten umfassenden Dokuments fielen nicht mehr als ein oder zwei wenigstens annäherungsweise positiv für Microsoft aus, während der Rest auch gut vom Justizministerium selbst hätte stammen können.

Zunächst einmal erklärten die Feststellungen des Gerichts die Firma zum Monopolisten. Ehrlich schrieb, daß Microsoft mit seinem überwältigenden und stabilen Anteil am Markt für Betriebssysteme, mit den hohen Markteintrittsbarrieren, die seinen Anteil schützten, und mit dem Fehlen jeder wirtschaftlich rentablen Alternative zu Windows »so viel Macht besitzt …, daß, wollte man von dieser Macht einzig und allein bei der Preispolitik Gebrauch machen, das Unternehmen einen Preis für Windows festsetzen könnte, der erheblich über dem läge, was es auf einem Wettbewerbsmarkt verlangen könnte. Überdies könnte es so für eine beträchtliche Zeitspanne vorgehen, ohne in einem inakzeptablem Ausmaß Marktanteile an die Konkurrenz zu verlieren.«

Es folgte der Katalog von Microsofts Missetaten. Das Gericht sah es als erwiesen an, daß das Unternehmen im Juni 1995 angeboten hatte, den Browsermarkt mit Netscape aufzuteilen, und versucht hatte, das Start-up-Unternehmen davon abzubringen, seinen Browser in eine Plattform umzuwandeln. Es hatte ähnliche wettbewerbsfeindliche Strategien gegenüber Intel in Bezug auf NSP, gegenüber Apple in Bezug auf QuickTime, gegenüber RealNetworks in Bezug auf Multimedia-Streamingsoftware, gegenüber IBM in Bezug auf OS/2 und sein SmartSuite-Paket mit Bürosoftware verfolgt. Das Gericht sah es weiterhin als erwiesen an, daß Browser und Betriebssysteme zwei voneinander unabhängige Produkte sind und es »keine technische Rechtfertigung für Microsofts Weigerung gibt, der Verbrauchernachfrage nach einer browserfreien Version von Windows 98 entgegenzukommen«. Und es sah es schließlich als erwiesen an, daß Microsoft tatsächlich beschlossen hatte, den Internet Explorer kostenfrei zu vertreiben und ihn an Windows zu koppeln, daß es auf Hardware-Hersteller und Internet-Dienstleister sowohl negativen (in Form von Drohungen) als auch positiven (in Form von »geldwerten Gegenleistungen«) Druck ausgeübt hatte, um sie dazu zu bringen, den Internet Explorer dem Navigator vorzuziehen, und daß es eine windowsspezifische Version von Java entwickelt hatte, die mit derjenigen von

Sun nicht kompatibel war – alles, um seine Monopolmacht zu schützen und zu erhalten.

Nachdem die Feststellungen des Gerichts diese Sündenlintanei in allen Einzelheiten heruntergebetet hatten, gingen sie auf die Schadensfrage ein. Immer wieder während der Verhandlung hatten das Unternehmen und seine Verteidigung die Frage gestellt, wer oder was denn nun genau – abgesehen von Netscape – infolge von Microsofts Praktiken gelitten habe. Und immer wieder während der Verhandlung waren die Antworten der Regierung oberflächlich, unsicher und enttäuschend spekulativ ausgefallen. Das allerdings konnte man von der Tatsachenfeststellung nicht behaupten. Indem die Firma Hardware-Hersteller gezwungen hat, den Wunsch einiger Verbraucher nach einer browserfreien Ausführung von Windows zu ignorieren; indem es sie genötigt hat, die Präferenz anderer Verbraucher für den Navigator zu brüskieren; und indem es ihre Freiheit eingeschränkt hat, die Software mit dem Ziel zu modifizieren, PCs weniger verwirrend und benutzerfreundlicher zu machen, hat Microsoft »den Verbraucher auf direkte und einfach erkennbare Art geschädigt«. Indem die Firma das Potential des Browsers und von Java unterminiert hat, neue Modelle netzwerkzentrierter EDV zu entwickeln, hat Microsoft »dem Verbraucher indirekt durch ungerechtfertigte Verzerrung des Wettbewerbs geschadet.« Dem folgte der letzte Abschnitt in Ehrlichs Epistel:

»Den größten Schaden hat die Botschaft angerichtet, die Microsofts Handlungen jedem Unternehmen mit innovativem Potential in der Computerbranche übermittelt haben. Mit seinem Verhalten gegenüber Netscape, IBM, Compaq, Intel und anderen hat Microsoft gezeigt, daß es seine ungeheure Marktmacht und immensen Profite dazu verwenden wird, jeder Firma zu schaden, die Initiativen weiterverfolgt, die auf lange Sicht den Konkurrenzdruck auf eines von Microsofts Kernprodukten verstärken. Die vergangenen Erfolge von Microsoft darin, solchen Unternehmen zu schaden und Innovationen zu unterdrücken, verhindern Investitionen in Technologien und Geschäftsbereiche, die eine potentielle Bedrohung für Microsoft darstellen. Als letzte Konsequenz kommen einige Innovationen, die für den Verbraucher in der Tat von Vorteil wären, niemals zustande, aus dem einfachen Grund, daß sie nicht mit Microsofts Interessen übereinstimmen.«

Einzeln betrachtet, jede für sich, war keine der Feststellungen des Gerichts unbedingt ein Schock. Aber zusammengenommen verschlug ihre Wirkung einem doch den Atem. Microsofts Vergehen waren jahrelang Gegenstand von Gerüchten und Legendenbildung in der High-Tech-Branche gewesen; niemand wußte, wieviel davon wahr und wieviel das Resultat fieberhafter, paranoider oder machiavellistischer Spekulationen war. In der Verhandlung hatte die Regierung nun diese Gerüchte in Anklagepunkte umgewandelt und Beweise vorgelegt, um sie zu erhärten. Jetzt hatte Jackson diesen Anklagepunkten den Stempel richterlicher Gewalt aufgedrückt: Auf einmal hatten sie rechtlich den Status von knallharten Tatsachen. »Das ist so, als hätte man entdeckt, daß das Ungeheuer von Loch Ness wirklich existiert«, erklärte Mitchell Kertzman, ehemaliger Vorstandsvorsitzender von Sybase, jetziger Chef der Softwarefirma Liberate Technologies im Valley. »Wir haben so lange immer wieder gesagt: ›Hand aufs Herz! Wir schwören's! Wir haben es gesehen!‹ Aber keiner hat uns geglaubt. Jetzt sagen alle: ›Oh Mann, die hatten recht. Nessie gibt es wirklich!‹«

An jenem Freitag, als die Tatsachenfeststellungen erschienen, setzten Gates und seine Mannen ihre tapfersten Mienen auf und stellten sich den Kameras. Gates lächelte dabei steif, dämpfte seine Stimme und verriet nur einen Hauch von Anspannung, als er sagte: »Bei allem Respekt, wir stimmen nicht mit den Feststellungen des Gerichts überein. Microsoft nimmt tatkräftig, aber fair am Wettbewerb teil.« Und weiter: »Die amerikanische Bevölkerung sollte sich wünschen, daß der Wind des Wettbewerbs auf anderen Märkten einmal so scharf bliese wie im Geschäft mit Personal

Computern.« Und er wiederholte seinen Wunsch, sich in der Sache unter fairen und gerechten Bedingungen zu vergleichen. Aber er ließ keinen Zweifel daran, daß entgegen Jacksons Hoffnungen und Plänen die Tatsachenfeststellungen nichts an seinen festen Überzeugungen geändert hatten, wie eine solche faire und gerechte Einigung auszusehen hatte. Ballmer bekräftigte am folgenden Wochenende diese Botschaft noch einmal in einem Interview mit der *New York Times*. In einem so aufgeräumten Ton, daß es schon wieder unecht wirkte, beschrieb er eine Unterhaltung mit seinem siebenjährigen Sohn Sam. »Ich habe meinem Sohn von dem bevorstehenden Urteil erzählt«, sagte er. »Er meinte zu mir: ›Ich hoffe, alles wird gut für Dich, Dad. Dad, wenn sie nicht deiner Meinung sind, dann geht ihr in die Berufung, stimmt's? Weil das, was ihr macht, doch richtig ist, stimmt's Dad?‹« Ballmer fuhr fort: »Ich hab ihm geantwortet: ›Das stimmt, Sam.‹ Ich meine, er ist nicht unser Rechtsstratege oder so, aber er versteht unseren Standpunkt.

Wie spielerisch aber Microsoft auch versuchte, die Tatsachenfeststellungen vom Tisch zu fegen, sie trafen Redmond dennoch eiskalt und hart. Selbstverständlich brüsteten sich die Männer, die das größte Softwareunternehmen der Welt leiteten, selbst damit, eiskalt und hart zu sein. Sie waren scharfsinnig, rational, unsentimental. Trotz aller Fettnäpfchen, die die Gerichtsverhandlung für sie bereitgehalten hatte, sowie aller Andeutungen des Richters – die unverhohlenen wie die subtilen – und trotz allem, was darüber in der Presse geschrieben oder gesagt worden war, verschlug die ganze Erbarmungslosigkeit der Feststellungen ihnen die Sprache. Microsofts Führung hatte sich immer und immer wieder gesagt, daß man auf das Schlimmste gefaßt sein mußte, und trotzdem war man unvorbereitet. Ballmer gab viele Monate später zu, daß er sich nach Veröffentlichung der Tatsachenfeststellungen das erste und einzige Mal im Verlauf des gesamten Prozesses regelrecht »umstellt« gefühlt habe, ganz gleich wie fröhlich seine familiären Anekdoten für die Presse auch gewesen waren.

Der Ursprung von Redmonds Trauma war bestürzend und bewegend zugleich. »So schwer das auch zu glauben ist«, meinte ein Vertreter von Microsoft, »bis zu dem Tag, an dem die Tatsachenfeststellungen veröffentlicht wurden, haben immer noch viele von uns, irgendwo tief in uns, geglaubt, daß wir die Sache gewinnen würden.«

Hatte Gates auch so gedacht?

»Ich denke, das hat er«, sagte dieser Vertreter. »Ich denke, das hat er.«

Kapitel 8
HARTE JUSTIZ

JOEL KLEIN betrachtete die Tatsachenfeststellung als das »erdrük-
kendste Dokument im gesamten Fall« – was schon etwas hieß für
einen Prozeß, bei dem über zwei Millionen firmeninterne E-Mails,
Memos und andere Beweisstücke ans Licht gekommen waren. Vor
der Feststellung des Gerichts hatte Klein, so sehr er auch damit lie-
bäugelte, nur ungern einen endgültigen Entschluß fassen wollen,
welche Art von Sanktionen das Justizministerium am Ende vor-
schlagen sollte. Aber jetzt hatte Jackson gesprochen, und das so klar
und deutlich, daß die Zeit für eine Entscheidung gekommen war.
Es war auch an der Zeit, seine Verbündeten antreten zu lassen, insbesondere die aus dem Silicon Valley.

Klein hatte natürlich die ganze Zeit über gewußt, daß sich die
Dynamik des Falls mit der Veröffentlichung der Tatsachenfeststellung vom Verbrechen hin zur Bestrafung verlagern würde – und er
hatte wie immer die öffentliche Meinung fest im Blick. Sollte das
Justizministerium auf strenge Sanktionen gegen Microsoft pochen,
würde Klein die Unterstützung der High-Tech-Branche brauchen

– keine subtile, heimliche Fürsprache aus dem Hintergrund, sondern offene, lautstarke, öffentliche Unterstützung. Die Art, wie man sie in den Medien und auf den Titelseiten findet, die im Kongreß Meinungen ändert und Wahlen beeinflußt. Klein machte sich darauf gefaßt, daß die Phase der Festlegung der Sanktionen extrem politisch geprägt sein würde, viel stärker, als die Verhandlung es ohnehin schon gewesen war. Er brauchte das Valley, um ein bißchen Lärm zu schlagen.

Statt dessen erntete er eisiges Schweigen.

Das Schweigen des Silicon Valley war seit Beginn des Prozesses ein steter Quell der Enttäuschung für das Justizministerium gewesen. Es ließ sich nicht abstreiten, daß Microsofts Widersacher im Valley – und auch einige seiner angeblichen Freunde – mit ihren Tips, Hinweisen, undichten Stellen und den von Zeit zu Zeit erscheinenden Weißbüchern von unschätzbarem Wert gewesen waren. Tatsächlich war es fraglich, ob die Klage der Regierung ohne diesen versteckten Beistand überhaupt in Schwung gekommen wäre. Aber die Weigerung des Valley und der übrigen Branche, vernehmlich – offiziell – über Redmonds Verhalten zu sprechen, war ein beharrliches Hindernis gewesen. Mit einer gehörigen Portion Hartnäckigkeit und noch mehr Glück hatte die Regierung ihre Zeugenliste für die Hauptverhandlung aufstellen können, aber auch dabei waren Lücken geblieben. Hinzu kam, daß auf jede aussagewillige Führungskraft unzählige andere kamen, die mit möglicherweise belastenden Informationen hinter dem Berg hielten. Es sei zu riskant, sagten sie; Microsoft konnte sie nur allzu leicht treffen.

Im Laufe des Prozesses hatten sich einige Leute aus Kleins Team mit dem Gedanken getröstet, daß das Schweigen sicher nicht ewig dauern würde. Microsofts Partner, Kunden und Konkurrenten mochten vielleicht zu eingeschüchtert sein, um während der Verhandlung und noch ehe das endgültige Ergebnis feststand zu reden. Aber wenn die Verhandlung im Gerichtssaal erst einmal beendet war und Jackson sein Urteil verkündet hatte, würde die

Branche von einer Woge der Zivilcourage erfaßt werden – so wenigstens sah die Theorie aus. Nach der ersten Hälfte der Hauptverhandlung sagte ein leitender Staatsanwalt: »Wenn Jackson sich deutlich zu unseren Gunsten entscheidet, werden all die Jungs, die sich jetzt noch nicht trauen, den Mund aufzumachen, uns die Türen einrennen und in den Fluren Schlange stehen, um in dieser Phase doch noch auszusagen.«

Um die Grundlage für die erwartete Sturmflut zu schaffen, waren Klein und Blattner Ende Oktober, also weniger als zwei Wochen vor Jacksons Tatsachenfeststellung, zur Bay Area hinüber geflogen. Klein hatte bereits während der Ermittlungen und im Laufe der Verhandlung mehrmals seine Runde im Valley gedreht. Manchmal wurden seine Stippvisiten in der Zeitung erwähnt; ein Frühstück in Barksdales Haus 1998 sollte Microsoft beispielsweise für immer als Beweis gelten, daß er es sich bei den Gegnern der Firma gemütlich gemacht hatte. Bei anderen Gelegenheiten hielt er sich mehr zurück. Aber in keiner Situation hatte Klein je sein gewohntes Verhalten abgelegt – er hörte mehr zu, als er redete, und sagte nur wenig, wenn er es überhaupt tat. Mit der bevorstehenden Veröffentlichung der Tatsachenfeststellungen schlüpfte Klein jedoch aus seiner Anwaltskluft in die eines Politikers, der seine Wähler kurz vor der Wahl noch einmal so richtig mobilisieren will. In einer ganzen Reihe von Treffen mit einem Dutzend der ranghöchsten Vorsitzenden und Risikokapitalgebern aus dem Silicon Valley spielte er das Szenario durch, das seiner Meinung nach schon bald ablaufen würde. Wenn Richter Jackson Microsoft zu einem Monopolisten erklärte, würde in Redmond ein Sturm losbrechen. Klein sagte voraus, daß der Grundtenor der geschönten PR-Strategie ungefähr so lauten würde: Gut, vielleicht sind wir ja ein Monopolist, aber ein Monopolist von gestern, der die Macht über die Technologie von gestern besitzt; denn schließlich, wen interessiert im Zeitalter des Internets noch der PC?

Klein beschwörte die Leute im Valley, diesem Wirbelsturm entgegenzutreten. Jahrelang hatten sie ihm erzählt, daß man Microsofts Raubzüge nicht mit Marktanteilen oder neuen Technologien in Schach halten konnte; jetzt bat er sie, dieses Argument noch einmal in aller Öffentlichkeit zu wiederholen. Er vermied tunlichst, die leitenden Leute für die Unterstützung einer bestimmten Sanktion oder Art von Sanktion zu gewinnen, sei es eine strukturelle, sei es eine, die durch Auflagen die Firma in ihrem Geschäftsverhalten einschränkte, oder eine Mischung aus beiden. Statt dessen beschränkte er sich darauf, sie mehr oder weniger deutlich als »einschneidende Sanktionen« zu umschreiben. Klein überließ es den Geschäftsleuten, sich darunter etwas vorzustellen. Es war nur wichtig, betonte er, daß sie überhaupt etwas sagten – ganz gleich was. »Joel ist in dieser Hinsicht ziemlich politisch«, bemerkte damals einer der CEOs. »Er weiß, wenn er es Microsoft überläßt, die Bedingungen für die Debatte festzulegen, dann verliert er sie.«

Darüber hinaus wollte Klein herausfinden, was die Branche von den unterschiedlichen Sanktionen hielt, die das Justizministerium ins Auge gefaßt hatte. Er hielt sich während der Diskussionen absichtlich zurück, um sich nicht in die Karten sehen zu lassen. Aber trotzdem hatten viele Teilnehmer den unbestimmten Eindruck, daß er dazu tendierte, Microsoft auf die eine oder andere Art zu zerschlagen. »Wie ich darauf komme?« fragte ein Softwareboss. »Weil Joel mich nur danach fragt, was ich von strukturellen Sanktionen halte. Jedes Mal, wenn eine Verhaltenssanktion angesprochen wird, sieht er gelangweilt aus.«

Mit diesem Eindruck lag er gar nicht so falsch. Seit Sommerbeginn, nachdem die Verhandlung im Gerichtssaal beendet war, bis in den Herbst hinein hatten Klein und seine Leute sich systematisch mit buchstäblich Hunderten von Akademikern, Anwälten, Technologen und anderen Experten darüber beraten, welchen Weg man am besten einschlagen sollte. Das Projekt wurde von Tim Bresnahan geleitet, Rubinfelds Nachfolger als Chefökonom der Kartellbehörde. Schon zu Beginn der 90er Jahre, als die Federal Trade

Commission mit ihren Ermittlungen gegen Microsoft begonnen hatte, hatte Bresnahan die Commission mit einem Hund verglichen, der einen Feuerlöschzug verfolgt; die Jagd mochte belebend sein, aber was fing man an, hatte man die Beute erst einmal erwischt? 1998, nicht lange, bevor das Justizministerium seine Klage einreichte, versuchte Bresnahan eine Antwort darauf zu finden. In einem in Kartellkreisen allseits bekannten Schreiben gab er eine luzide Analyse der Mechanismen, die Microsofts Macht so groß und beständig machten, und kam zu dem Schluß, daß bloße Auflagen vollkommen ineffektiv sein würden bei dem Versuch, dieser Macht Zügel anzulegen. Auf der anderen Seite sorgten strukturelle Eingriffe »womöglich sowohl für höhere Kosten als auch für bessere Ergebnisse«, schrieb er. Spaltete man beispielsweise das Unternehmen auf, so barg das sicher erhebliche Risiken, aber letztlich bestand dadurch eine kleine Chance, etwas zu erreichen.

Im Gespräch mit den Experten fand das Justizministerium heraus, daß Bresnahans Spekulationen im Großen und Ganzen Konsens waren. Auflagen wurden zwar als gutgemeint, aber letztendlich zwecklos angesehen, selbst wenn Microsoft keine Anstrengungen unternahm, sich ihnen zu entziehen, wovon niemand ernsthaft ausging. »Wir haben das ganze Spektrum an Leuten befragt, innerhalb der Branche und außerhalb«, erzählte Klein später. »Und die Leute aus der Branche waren zum größten Teil keine direkten Konkurrenten von Microsoft. Sie standen über oder unter Microsoft, waren Geschäftspartner, Kunden, Verbündete, Computerhersteller, von denen viele vertraulich mit mir gesprochen haben.« Er fuhr fort: »Die große Übereinstimmung in dieser Frage zwischen meinen engsten Mitarbeitern – Melamed, Bresnahan, Blattner, Malone, Boies –, unseren Beratern und den Geschäftsleuten hat mich richtig überrascht. Es herrschte vollkommene Einigkeit. Im Herbst lag meine Präferenz klar und eindeutig bei einer strukturellen Sanktion.«

AM SONNTAG, dem 7. November, zwei Tage nach Veröffentlichung der Tatasachenfeststellung trat Klein in der morgendlichen Nachrichtenshow *This Week* auf und bestätigte zum ersten Mal in aller Öffentlichkeit, daß eine Zerschlagung unter den Maßnahmen »rangierte«, die das Justizministerium in Betracht zog. Zwei Wochen später beorderte Richter Jackson die Anwälte beider Parteien in seine Räume und überraschte sie alle mit der Nachricht, daß er ein formelles Schlichtungsverfahren in die Wege geleitet hatte und Richter Richard Posner als Vermittler einzusetzen gedenke. Mit seinen 60 Jahren war Posner ein äußerst brillanter und sensationell produktiver Gelehrter (er war der Verfasser von mehr als 30 Büchern, über alles von Sexualität und Literaturkritik bis hin zu den wirtschaftlichen Auswirkungen von AIDS auf, wie könnte es anders sein, Kartellrecht), der mehr noch als Robert Bork dazu beigetragen hatte, daß die ökonomische Analyse der Chicagoer Schule prägend für die amerikanische Jurisprudenz wurde. Wie viele andere Mitglieder der juristischen Zunft auch hatte Jackson großen Respekt vor Posner. »›Ehrfurcht‹ ist noch untertrieben, Jackson hielt Posner für einen Gott«, stellte ein enger Bekannter von Jackson klar. »Er war der Ansicht, daß Posner der einzige war, der den Schlamassel um Microsoft auflösen konnte. Als Posner erst einmal zugesagt hatte, war Jackson sich ganz sicher, daß der Fall geregelt werden würde.«

Klein lobte und begrüßte die Ernennung Posners sehr, aber er zweifelte daran, daß eine Vermittlung etwas fruchten sollte. Die Kluft zwischen dem Justizministerium und Microsoft war mittlerweile zu groß und wurde stetig noch größer und größer. Am 2. Dezember verkündete das Ministerium, es habe den erfahrenen Wall-Street-Makler Robert Greenhill dafür gewinnen können, der Kartellbehörde bei einer »Analyse der finanziellen Aspekte aller in

Frage kommenden Sanktionen« behilflich zu sein. Tatsächlich war Greenhill, dessen Firma Greenhill & Co. sich auf die Umstrukturierung von Unternehmen spezialisiert hatte, damit beauftragt worden, die finanziellen Auswirkungen der verschiedenen Formen von Entflechtung durchzuspielen. Das wurde einigen Firmenchefs im Valley – darunter auch Scott McNealy sowie anderen prominenten Führungskräften und Risikokapitalgebern – mit einem Mal klar, als der Finanzfachmann sie alle kurz nach seiner Beauftragung anrief. Greenhill gab ihnen zu verstehen, daß er den Plan favorisierte, Microsoft in zwei oder drei einzelne Unternehmen für Betriebssysteme aufzuteilen, jedes mit dem gleichen Bestand an Urheberrechten, und die Anwendungssoftware und Internetgeschäfte entweder in einer oder zwei zusätzlichen Firmen zusammenzufassen. »Als er mich endlich mal erwischte«, erzählte ein gerissener Geschäftsmann, »schien er sich schon entschieden zu haben.«

Während Greenhill Klinken im Valley putzen ging, ließ Klein von Washington aus die Drähte heiß laufen. Er strich den Leuten Honig um die Bärte, appellierte an ihr Gewissen, ihre Rechtschaffenheit und ihr rationales Eigeninteresse. »Joel ist darin richtig aufgegangen«, beschrieb es ein Firmenchef. »Er versuchte, die Truppen zusammenzutrommeln.« In Wirklichkeit wollte Klein sogar noch etwas mehr erreichen. Er deutete einer Handvoll von Geschäftsleuten an, daß er nach einer herausragenden Figur in der Branche suchte, die den »einschneidenden Sanktionen« ein öffentliches Gesicht geben sollte, sprich den Fall in die Medien brachte, was für einen Gegenschlag gegen Microsoft wichtiger war als ein schwacher Klaps auf den Hintern. Aber er interessierte sich nicht für die üblichen Verdächtigen. »Joel sucht ein Aushängeschild«, sagte dieser Firmenchef. »Aber eins, das nicht Larry oder Scott heißt.«

Kleins Wunsch, Larry Ellison zu meiden, war leicht nachzuvollziehen und überraschend vorausschauend. Oracles milliardenschwerer Vorstandsvorsitzender war einfach zu abgehoben, zu unberechenbar, um der Regierung einen auch noch so inoffiziellen

226

Dienst zu erweisen. Ellison und Oracle hatten, was viele zu dieser Zeit gar nicht wußten, im Juni 1999 Terry Lenzner angeheuert, einen für seine Arbeit für Bill Clinton bekannten Washingtoner Privatdetektiv, um die finanziellen Verbindungen zwischen Microsoft und mehreren angeblich unabhängigen, mit Microsoft sympathisierenden Wirtschaftsgruppen und Planungsstäben auszukundschaften. Die Nachforschungen schlossen unter anderem ein, den Müll dieser Gruppen zu durchwühlen und das Gefundene der *New York Times* und dem *Wall Street Journal* in die Hände zu spielen. Als diese unappetitlichen Machenschaften ein Jahr später ans Licht kamen, brüstete sich Ellison stolz, er allein sei dafür verantwortlich und hätte es als seine »bürgerliche Pflicht« betrachtet. Bei einer Pressekonferenz sagte er: »Wir haben lediglich versucht, verdeckte Informationen aufzuspüren und ans Licht zu bringen. Ich halte so etwas nicht für Arroganz. Das geschah nur zum Wohle der Öffentlichkeit.«

Kleins Gründe dafür, McNealy ebenfalls zu meiden, waren dagegen etwas komplizierter. Obwohl es vermutlich kaum Menschen gab, deren Weltanschauungen oder politische Überzeugungen weiter voneinander entfernt waren, respektierte McNealy Klein und war von seiner Vorgehensweise in dem Fall zutiefst beeindruckt. Klein indessen war dankbar für McNealys große Klappe. Jahrelang hatte Suns CEO zu einer kleinen Handvoll Chefs großer Unternehmen gehört, die an Microsofts Geschäftspraktiken unablässige, schlüssige und öffentliche Kritik geübt hatten. Jetzt gehörte er zu einer sogar noch kleineren Handvoll, die (offen) darüber sprechen wollte, was mit Microsoft passieren sollte. Man konnte vieles von McNealy behaupten, zum Beispiel daß die Kritik von Gates' schärfstem Konkurrenten den fundamentalen Interessen von Sun diente – obwohl Suns Präsident, Ed Zander, da wohl widersprechen würde. Man konnte dagegen nicht von ihm behaupten, daß er ängstlich war.

Das Problem war, daß McNealys Haltung gegenüber Sanktionen in ihrer Art mit Microsofts Verteidigung während der Verhandlung zu vergleichen war: lautstark, entschlossen, in sich unschlüssig und kreuz und quer durch alle Sparten. Als das Projekt Antitrust im Frühling 1998 geendet hatte, war Suns Syndikus Mike Morris zu einem der wichtigsten Verfechter des Plans geworden, durch die Teilung von Microsoft in drei identische Unternehmen auf dem Markt für Betriebssysteme sofortigen Wettbewerb herzustellen. McNealy war dafür, und der Ansatz der sogenannten »Baby Bills« wurde bald zur offiziellen und öffentlichen Position von Sun in Bezug auf mögliche Sanktionen. Bei einem Treffen des Vorstands im Dezember 1998 änderte McNealy dann plötzlich die Richtung. Er setzte seine Vorstandsmitglieder davon in Kenntnis, daß die von ihm präferierte Sanktion nicht mehr länger die Baby Bills waren – oder auch eine andere Form der Zerschlagung –, sondern das Verbot von Fusionen und Akquisitionen: keine Übernahmen mehr, keine Minderheitsbeteiligungen, keine Joint Ventures, und das in absehbarer Zukunft. (McNealy wiederholte ständig, daß Gates' Unternehmen unfähig war, eigene neue Produkte zu entwickeln und sie deshalb kaufen musste. Bei Microsoft, so sagte er, »war Entwicklung ein Synonym für Akquisition«.)

Morris reagierte wütend auf McNealys plötzlichen Sinneswandel. »Was zum Teufel redest Du denn da?« schrie er. »Wir haben das doch schon tausendmal besprochen! Unsere Haltung ist öffentlich bekannt!«

»Ich habe meine Meinung eben geändert«, gab McNealy zurück. »Wir müssen tun, was das Beste für unsere Aktionäre ist.«

»Scott hat eine kleine Erscheinung gehabt«, erklärte ein Anwalt, der eng mit Sun zusammenarbeitete. »Heute ist Microsoft die Nummer eins für Betriebssysteme und Sun [mit seinem Solaris OS] ist eindeutig die Nummer zwei. Wenn Microsoft aber in drei Betriebssystem-Unternehmen aufgespalten wird, dann fällt Sun sofort auf Platz vier zurück. Und wenn Microsoft in sechs Betriebssystem-Unternehmen gespalten wird, dann bleibt, um Himmels willen, für Sun nur noch Rang sieben. Je länger McNealy darüber nachgedacht hat, desto besser gefiel ihm die Vorstellung, Microsoft in einem Stück zu belassen.«

Klein war nie ein großer Fan der Baby Bills gewesen, aber es kam seinen eigenen Absichten äußerst gelegen, daß Sun eine so drastische Sanktion befürwortete, neben der jede andere als spießig durchging. Man hatte es Morris überlassen, ihn über alles aufzuklären. »Ich arbeite bloß hier«, rechtfertigte sich Suns Anwalt am Telefon. »Das ist eines der Dinge, die eben passieren, wenn man für einen berühmten Chef arbeitet. Aber ich finde nicht alles gut, was er sagt oder macht.«

Klein lachte leise. »Ich weiß, was Sie durchmachen. Schließlich arbeite ich für Bill Clinton.«

Wäre dies das Ende gewesen, wäre McNealys Ruf, was Beständigkeit betraf, zwar angeschlagen, aber nicht völlig ruiniert gewesen. Während einer Sitzung von Suns Vorstand im November 1999 allerdings, nur ein paar Tage nach Jacksons Tatsachenfeststellung und fast ein Jahr, nachdem die Baby Bills verworfen worden waren, verkündete McNealy seinen überraschten Vorständen, daß er abermals die Richtung gewechselt hatte. Die drastischen Ausmaße und die Eindeutigkeit der Feststellungen – wie auch die Flut an Presseberichten, die eine Zerschlagung nicht mehr nur für möglich, sondern für plausibel erachteten – hatten ihn davon überzeugt, daß eine Zerschlagung von Microsoft einfach sein mußte, gleichgültig, welche Befürchtungen er wegen Sun hegte. Er stellte sogar eine neue Sanktion in den Raum, die er bei Bill Joy abgeguckt hatte: Wie Michael Milken für seine Verbrechen aus der Wall Street verbannt worden war, sollten auch Gates und Ballmer von den Listen der Softwarebranche »gestrichen« werden. »Scott weiß ganz genau, daß so etwas nie passieren wird, aber er kann es einfach nicht lassen, so einen Quatsch zu verzapfen«, sagte ein Mitarbeiter von Sun. »Das ist einfach typisch ... *Scott*.«

Letztlich war es diese Art, sich wie *Scott* zu verhalten, die die

Wahl von McNealy als Mann an der Front verhinderte. »Joel wäre wahrscheinlich sowieso zu uns auf Distanz gegangen, weil es den Anschein hatte, als verfolgten wir ein persönliches Interesse«, erklärte dieser Vertreter von Sun weiter. »Aber keine Frage, Scotts Glaubwürdigkeit war in den Augen von Klein arg beschädigt.« Eine Person, die sowohl mit McNealy als auch mit Klein bekannt war, bemerkte trocken: »Joel denkt, daß Scott nicht imstande ist, positiv zum Niveau einer Diskussion beizutragen.«

Auf seiner Suche nach einem Sprecher, der nicht McNealy oder Ellison hieß, fand Klein lediglich einige wenige auf seiner Liste, die positiv – und öffentlich – zum Niveau der Diskussion beitrugen. Einer davon war Jim Barksdale, der sich Ende 1999 als Risikokapitalgeber halb zur Ruhe gesetzt hatte, aber noch immer aktiv an der Debatte um Microsoft teilnahm. Ein anderer war Mitchell Kertzman, Chef von Liberate und vielleicht der witzigste unter den verbalen Angreifern von Gates im Silicon Valley. (Er verglich Microsoft oft mit einem großen Weißen Hai: »Er denkt einfach nur an seinen Appetit; wenn er hungrig wird, dann frißt er.«) Sowohl Barksdale als auch Kertzman bevorzugten eine Strukturreform von Microsoft, ebenso wie der dritte von Kleins Favoriten: Bill Campbell von Intuit. Campbell erinnerte sich noch gut daran, wie sehr er an den Aussichten für das Justizministerium – auch an dessen Kompetenz – gezweifelt hatte, als man zum ersten Mal an ihn herangetreten war und Intuit um einen Zeugen für die Verhandlung gebeten hatte. Jetzt, da Klein und sein Team ihn widerlegt hatten, fühlte sich Campbell einmal mehr moralisch dazu aufgerufen, »Stellung zu beziehen und angehört zu werden«.

Seine festen Überzeugungen hatten aber noch eine weitere Ursache. Zwei Wochen vor Weihnachten, an einem dieser milden, blaßgoldenen Nachmittage, die im Norden Kaliforniens als Winter gelten, spielte Campbell den Gastgeber für eine Art Anti-Microsoft-Gipfel – Thema waren die Sanktionen. Am Hauptsitz von Intuit in Mountain View hatten sich eine Reihe der Spitzenspieler des Valley versammelt, darunter McNealy, Barksdale, der Präsident von Oracle Ray Lane, Novells Vorsitzender Eric Schmidt (per Telefon), der Gründer von Intuit Scott Cook und einige ausgewählte Risikokapitalgeber. (Steve Jobs hätte ebenfalls teilnehmen sollen, hatte sich aber in letzter Minute mit einer schweren Grippe entschuldigt.)

In den letzten Wochen hatten alle diese Männer Kleins Bitten und Betteln über sich ergehen lassen müssen, sie mögen sich doch endlich einmal zu den Sanktionen äußern, sowie seine Enttäuschung darüber, daß die Branche bislang immer noch schwieg. Zwei Stunden lang berieten sie nun, was zu tun war. Sollten sie reden? Und wenn ja, wie? Draufgängerisch oder diplomatisch? Gemeinsam oder jeder für sich? Und was sollten sie überhaupt sagen? Am Ende kam bei diesem Treffen ein akzeptabler Grad an Einigkeit und ein ziemlich ehrgeiziges Programm heraus. Die Teilnehmer waren sich einig, daß sie alle eine Strukturreform befürworteten. Sie waren sich einig, daß sie zur Unterstützung einer solchen Sanktion eine quasi offizielle Kampagne mit einem quasi offiziellen Anführer – nämlich Kertzman – auf die Beine stellen wollten, ebenso wie einen Mitarbeiterstab und ein Budget. Jedes Unternehmen würde eine politische Aktionsgruppe gründen, um die Millionen von Dollars, die Microsoft, wie verlautet war, in die Taschen der Republikaner fließen ließ, um sich den Capitol Hill geneigt zu machen, ein wenig auszugleichen. Es ging darum, die Öffentlichkeit zu überzeugen, mit Redaktionen und Journalisten zu sprechen. Es kam sogar der Gedanke auf, einen Headhunter anzuheuern, der unter ehemaligen Angestellten von Hardwareherstellern einen potentiellen Judas ausspähen sollte.

Das Treffen bei Intuit sollte bereits den Höhepunkt der Anstrengungen markieren, die das Valley für eine gemeinsame Aktion unternahm. Kein einziger Punkt des ehrgeizigen Programms – weder die Initiativen noch der Headhunter, noch der Stab oder das Budget – sollte je in die Tat umgesetzt werden; die Gruppe sollte nie wieder tagen. Kurz nach Neujahr erschien ein ausführlicher

Artikel über die Versammlung und die im Entstehen begriffene Kampagne im Magazin *Wired*. Verunsichert durch das Informationsleck und verschreckt von der unerwarteten Publicity, sagte die Gruppe das zweite Treffen ab und kam überein, nur noch per Telefon oder Fax zu kommunizieren. Doch schon bald hörten die Telefone auf zu klingeln und die Faxablagen blieben leer. Was als Durchbruch für Klein begonnen zu haben schien, entpuppte sich als grausamer Scherz.

Kleins Suche nach einem Aushängeschild gestaltete sich ebenfalls schwierig. Während der Phase des Prozesses, in der die Gegenbeweise geführt wurden, hätte Klein um Haaresbreite Ted Waitt, den Vorsitzenden von Gateway, für eine Aussage gewinnen können. Waitt war jung, cool, rebellisch, trug einen Pferdeschwanz und war unübersehbar reich. Außerdem, so erzählte er einem von Kleins Mittelsmännern, »kann Gates mich auf den Tod nicht ausstehen«. Doch in letzter Minute verlor Waitt die Nerven – und auch die Tatsachenfeststellungen des Gerichts konnte ihm nicht dabei behilflich sein, sie »wiederzufinden«. Ebenfalls änderten sie nichts an Eric Schmidts Entscheidung, der in den Augen von Klein nicht nur schlau, sondern auch redegewandt war, in einer Sprache, die im Valley nur selten zu hören war: Englisch. Aber auch wenn Schmidt immer gerne vertraulich mit Klein über Sanktionen und alles andere redete, hatte ihn doch die Erfahrung gelehrt, daß jedes Mal, wenn er Microsofts Namen gegenüber der Presse erwähnte, ein Produkt von Novell schon bald nicht mehr einwandfrei mit Windows zusammenarbeitete.

Blieb noch Steve Jobs. Im Frühling 1998 hatte Jobs am Ende des Treffens, bei dem er einem Staatsanwalt gewaltig über den Mund gefahren war, ein außergewöhnliches, wenn auch unwahrscheinliches Versprechen gegeben: Wenn das Justizministerium ernsthaft eine Zerschlagung von Microsoft ins Auge faßte, würde er persönlich einen Scheck über zehn Millionen Dollar ausstellen, um damit die Bemühungen zu unterstützen. Klein war nicht daran interessiert, dieses Versprechen jetzt einzufordern. Da aber die Sanktion, nach der Jobs so glühend verlangte – und die alles andere bedeutete, als »den Schwanz einzuziehen« – mittlerweile eine echte Chance hatte, hoffte Klein lediglich, daß Jobs vielleicht dazu überredet werden könnte, zu diesem wichtigen Zeitpunkt in diesem historischen Prozeß die öffentliche Bühne zu betreten und kund zu tun, was er von Geschäften mit Microsoft hielt.

Klar, sagte Jobs. Aber zu den gleichen Bedingungen, die wir schon einmal diskutiert haben: daß Andy Grove ebenfalls in den Zeugenstand tritt.

»Das war doch vorauszusehen«, erkärte eine führende Person aus dem Valley. »Die Leute hören dieses ganze Geschwätz über das Post-PC-Zeitalter und glauben daran, daß Microsofts Macht schwindet, aber das stimmt ganz einfach nicht. Die Leute haben ja keine Ahnung, wieviel Macht die Firma immer noch ausübt.« Und er fuhr fort: »Ted Waitt braucht den Zugang zu Windows 2000 unbedingt so schnell wie seine Konkurrenten; da kann er es sich nicht leisten, etwas zu sagen, was das gefährden könnte. Eric Schmidt braucht den Zugang zu Microsofts Anwendungsprogramm-Schnittstellen, um das Zeug von Novell mit Windows kompatibel zu machen; er wird sich das um keinen Preis vermasseln. Ohne Microsoft Office ist Apple tot. Gestorben. Ob Steve Jobs es riskiert, Office zu verlieren? Also, ich bitte Sie.«

Nach zwei Jahren völligen Eintauchens ins Computergeschäft hatte Klein Verständnis für die Mischung aus Angst, Bedrängnis und Realpolitik, die ein Nebenprodukt von Microsofts Macht war. Er erkannte auch Feigheit und Heuchelei, wenn er ihnen begegnete. Das Schweigen des Valley setzte sich aus all dem zusammen. Es enthielt außerdem eine Botschaft, die Klein kaum mißverstehen konnte: Was Sanktionen angeht, bist du ganz auf dich allein gestellt.

DIE BUNDESSTAATEN erlaubten sich, da anderer Meinung zu sein. Während der gesamten Verhandlung hatten die 19 Justizminister der Einzelstaaten mit der Diskrepanz zwischen ihrem De-jure-Status als gleichberechtigte Kläger neben dem US Justizministerium und ihrem De-facto-Status als Kläger zweiter Klasse gerungen. Das US-Justizministerium bestimmte die Verhandlungsstrategie, übernahm die Führung in den Beilegungsverhandlungen und heimste alle Lorbeeren ein. Die meiste Zeit über konnten viele der Staatsjustizminister damit leben. Mit dem Vermittlungsverfahren allerdings nicht.

Das Problem war Posner. Er hatte sie ausgeschlossen und führte die Gespräche ausschließlich zwischen Microsoft und dem Justizministerium. In den ersten Monaten – als lediglich durchsickerte, das Justizministerium habe einen Vorschlag für die Aufspaltung der Firma unterbreitet, der von Microsoft und Posner rundweg abgelehnt worden war – sahen die Staaten noch keinen Anlaß zur Sorge. Dann wurde Anfang März, als man ungefähr bei Entwurf 14 angelangt war, aus Chicago das Gerücht laut, Posner würde mit einer Reihe von Verhaltenssanktionen liebäugeln, und die Staaten wurden so langsam unruhig. Die Hardliner unter den Ministern befürchteten, das US-Justizministerium werde zu Kreuze kriechen; die etwas Moderateren befürchteten dagegen, es werde lediglich abserviert. Wie auch immer, die Bundesstaaten hatten keine Lust, untätig dabei zuzusehen. Um die ständig wechselnden Vorschläge zu analysieren, benötigten sie eine hochwertige technische Expertise. Dafür wandten sie sich ans Silicon Valley.

Genauer gesagt, sie wandten sich an Eric Hahn. Hahn hatte einmal für Netscape gearbeitet, war Mitte Vierzig, trug einen Bart und einen Schnäuzer und hatte den Kopf voller schwarzer Locken. Seit seiner Zeit bei Netscape hatte er sich damit begnügt, in den

Vorständen verschiedener Start-up-Unternehmen zu sitzen, darunter auch in dem von Marc Andreessens neuer Firma Loudcloud. Er war vom kalifornischen Justizminister William Lockyer angesprochen worden und sollte insgeheim als inoffizieller technischer Berater der Staaten agieren. Hahn erklärte den Staaten, warum Bedingungen, die auf dem Papier durchaus seriös wirkten, in der Realität nicht durchführbar waren oder zahlreiche Hintertürchen offenließen. Und als das Vermittlungsverfahren in der letzten Märzwoche mit großen Schritten seinem Ende entgegeneilte, half er ihnen auch dabei, die übertriebenen Forderungen aufzustellen, die sie Posner in letzter Minute noch zusandten – und die den Richter nicht nur über alle Maßen verärgerten, sondern Microsoft gleichzeitig einen Sündenbock für das Scheitern der Gespäche lieferten.

Die Bundesstaaten glaubten, sie hätten keine andere Wahl als einzugreifen; denn für sie war dieses letzte Angebot des Justizministeriums – Entwurf 18 – zu harmlos, um es in Worte zu fassen. Zum einen konnte Microsoft laut Entwurf 18 weiterhin neue Produkte in das Betriebssystem einbauen. Zum anderen würde es eine Ereigniskette auslösen, die einen stark an *Und täglich grüßt das Murmeltier* erinnerte; wenn ein Konkurrent der Meinung war, Microsoft verletze die Bedingungen der Einigung, konnte es als einzigen Ausweg bei der Regierung Klage führen, die das Unternehmen dann wieder vor Gericht bringen konnte. Aber die Bundesstaaten waren nicht die einzigen, die das – und vieles andere mehr – schier inakzeptabel fanden. Schon einen Tag, nachdem Entwurf 18 Microsoft übermittelt worden war, war sein Inhalt bereits bis ins Silicon Valley durchgesickert. (Es hieß, die lecke Stelle sei Lockyers Büro gewesen.) Teile des Dokuments wurden per Telefon an McNealy, Jobs, Ellison und andere übermittelt; in die Hände anderer Leute aus dem Valley gelangten vollständige Kopien. Schon bald liefen bei Klein die Telefone heiß, und ein unablässiger Schwall von Kritik schwappte durch den Hörer; das Schweigen im Valley hatte offensichtlich ein Ende.

Klein versicherte den Anrufern, daß Entwurf 18 härter sei, als es den Anschein hatte – so viel härter, daß er sogar damit rechnete, daß Gates ihn ablehnte. »Das Justizministerium glaubte, Entwurf 18 enthielte einige bittere Pillen«, sagte ein gewitzter Washingtoner Lobbyist später. »Ich meine, die haben das wirklich geglaubt. Aber wir haben den Entwurf durchgesehen, und es gab da einfach weit und breit keine einzige bittere Pille. Microsoft hätte die Vereinbarung unterschreiben und nie mehr zurückblicken sollen.«

Mit dem Scheitern der Vermittlungsverhandlungen am 1. April überschlugen sich die Ereignisse. Am 3. April fällte Jackson seinen Urteilsspruch, mit dem er Microsoft in drei von vier Anklagepunkten schuldig sprach – Monopolerhalt und versuchte Monopolisierung des Browsermarktes gemäß Paragraph 2, und widerrechtliche Kopplung gemäß Paragraph 1 – während er die Klage hinsichtlich des Abschlusses von Exklusivverträgen gemäß Paragraph 1 abwies. Am 5. April setzte der Richter einen engen Zeitplan für die Straffestsetzung fest, bat die Bundesstaaten um einen gemeinschaftlichen Vorschlag bis Ende April und legte den Termin für die Anhörung auf Ende Mai.

Niemand wußte, worauf das Justizministerium hinauswollte. Im Herbst und Winter war Klein mehrere Monate lang anscheinend auf eine Struktursanktion aus gewesen. Angesichts seiner Haltung jedoch, die er im Vermittlungsverfahren eingenommen, und der Vorschläge, die er dort vorgebracht hatte, war es alles andere als klar, was er mit Microsoft vorhatte. Es war auch nicht mehr länger klar, ob Klein noch immer eine Struktursanktion wollte, oder ob er überhaupt noch die Glaubwürdigkeit besaß, für eine solche zu plädieren.

»Wie in Gottes Namen wollen Sie eine Zerschlagung verlangen, wenn jeder weiß, daß Sie noch zwei Wochen vorher mit so viel weniger zufrieden gewesen wären?« fragte Gary Reback. »Das können Sie nicht machen.«

Das war eine Woche nachdem die Beilegungsgespräche abgebrochen worden waren, und Reback kaute gerade an einem Schokoladenkeks in einem Konferenzraum von Wilson Sonsini. Er war lässig gekleidet, trug ein kragenloses Shirt, Khakihosen und eine Jeansjacke. Er sah nicht aus wie ein Anwalt, und dafür gab es auch einen Grund: er hatte seine alte Haut abgelegt. Er war nicht mehr länger praktizierender Rechtsanwalt – das war einer seiner letzten Tage in dieser Kanzlei –, sondern seit kurzem der Mitgründer und Vorstandsvorsitzende eines Internet Start-ups. Diese zweite Karriere war für einen Zeloten wie ihn so gut wie jede andere. Aber es war dennoch schwer vorstellbar, daß Reback seinen Lebensunterhalt jetzt nicht mehr damit verdienen sollte, Gates das Leben schwer zu machen. (In seinem Büro hatte er eine Titelseite der *San Jose Mercury News* mit der Überschrift EXPERTEN: NETSCAPE MACHT REINEN TISCH eingerahmt.) Während Microsoft also zu den Dingen in seinem alten Leben gehörte, die er abschütteln wollte – »Ich habe mich abgemeldet«, pflegte er zu sagen –, bereitete ihm das Ende, das er in dem Fall voraussah, sichtlich Schmerzen.

»Es wird jetzt keine Zerschlagung mehr geben, das sehe ich nicht«, erklärte er ruhig. »Bei der Sache wird nichts Strukturelles oder Substantielles herauskommen. Wir werden ein paar Auflagen kriegen, die werden nichts erreichen, und dann sind wir wieder da, wo wir angefangen haben.« Zahlreiche Faktoren ließen Reback zu diesem Schluß gelangen. Das politische Klima war ungünstig für eine strukturelle Sanktion: Klein war bereits von einigen Kongreßabgeordneten dafür angegriffen worden, daß er eine Zerschlagung auch nur in Erwägung zog. Das wirtschaftliche Klima war ebenfalls ungünstig: zu diesem Zeitpunkt sackte die Nasdaq förmlich in den Keller. Und mit dem Vermittlungsverfahren hatte Klein sich selbst auch keinen Gefallen getan. »Natürlich ändert sich die Strategie in Vermittlungsgesprächen«, sagte Reback. »Man ist bereit, auch weniger als das Optimum zu akzeptieren, um es ja nur schnell in die Tat umsetzen zu können; man tauscht die Härte der Sanktion gegen Schnelligkeit und Sicherheit ein. Und vielleicht kriegt man das dann auch vor Gericht durch. Aber die Wahrheit ist doch, daß aufgrund der ganzen undichten Stellen jeder weiß, was man bereit war zu akzeptieren, und das macht es richtig schwer, später noch einmal mehr als das zu verlangen.«

Am Ende schob Reback dem Valley noch den größten Teil der Schuld an der Misere in die Schuhe. Klein hatte nur seichte Gewässer vorgefunden, als er die Leute dort auf Sanktionen angesprochen hatte. Als er um öffentliche Unterstützung gebeten hatte, war so gut wie nichts zurückgekommen. Wer konnte es Klein schon verdenken, daß er keinen Gewaltmarsch für eine Branche zurücklegen wollte, die sich für ihn keinen Millimeter bewegte? »Die Leute haben hier einfach zu viel Geld«, stellte Reback fest. »Sie fragen sich: ›Was springt für mich raus, wenn ich mich da einmische?‹ Was ganz natürlich ist, wenn man eine Milliarde Dollar schwer ist.«

Ich erwähnte, daß ein paar hohe Tiere im Valley, darunter auch einige, die auf dem Treffen bei Intuit dabei gewesen waren, ein Weißbuch zu Sanktionen erstellen wollten.

Reback seufzte müde.

»Kapieren die das denn nie?« fragte er. »Es ist zu spät. Sie hatten ihre Chance … und sie haben sie vertan.«

GLEICHGÜLTIG, worum es gerade ging, Gary Reback repräsentierte äußerst selten die allgemeine Meinung, aber das hier war eine Ausnahme. Schon sehr bald herrschte die Überzeugung vor, Klein werde Microsoft strukturell unangetastet lassen. Dan Rubinfeld, der von der Gehaltsliste des Justizministeriums verschwunden war und wieder in Berkeley lehrte, dachte das zu seinem größten Bedauern auch. Er nannte zwei Gründe, die ihn zu der Annahme gebracht hatten, daß eine Zerschlagung vom Tisch war. Der erste war Richter Jacksons offensichtliches Unbehagen allein bei dem Gedanken daran; der zweite der »schockierende« Mangel an öffentlicher Unterstützung in Silicon Valley und der Branche im allgemeinen. »Wir haben diesen großartigen Sieg errungen – die haben diesen großartigen Sieg errungen, und dann wollen sie nicht mal den Mund aufmachen?« wunderte er sich. »Was ist bloß in die gefahren?«

Auch die einzelnen Bundesstaaten waren mittlerweile davon überzeugt, daß Klein den Gedanken an eine Zerschlagung aufgegeben hatte. Eine Zeit lang hatten viele der Justizminister noch den Plan verfolgt, Microsoft zur Versteigerung des Windows Quellcode zu zwingen – was sie mit den Worten von Tom Miller, Justizminister von Iowa, als Zwischending einer »Verhaltens- und einer Struktursanktion« ansahen. Ein Jahr zuvor, im März 1999, hatten sie dazu auf ihrer jährlichen Versammlung in Washington einen detaillierten und umfassenden Plan vorgelegt. Aber als sich Eric Hahn näher mit der Durchführbarkeit dieses Vorhabens beschäftigte, wurde ihm sehr schnell klar, daß es schon von Anfang an zum Scheitern verurteilt war. Der Code von Windows entwickelte sich ständig weiter; was also genau würde ein Lizenznehmer für sein Geld bekommen? Es würde Microsofts Hilfe erfordern, aus dem Code überhaupt schlau zu werden; aber wie stark konnte man unter den gegebenen Umständen darauf vertrauen? Außerdem wäre jeder, der den Code erstand, automatisch ein Konkurrent des Unternehmens, dessen Programmierer den Code zuerst geschrieben hatten – keine besonders reizvolle geschäftliche Ausgangsposition. »Ich habe wochenlang herumtelefoniert und versucht, jemanden zu finden, der bei einer Versteigerung von Windows mitbieten wollte«, erinnerte sich Hahn. »Ich habe nicht eine einzige Firma auftreiben können.«

Nachdem Hahn sie um die von ihnen favorisierte und Klein um die härteste Sanktion (wie sie glaubten) gebracht hatte, warteten die Bundesstaaten mit einem Paket von drei Sanktionen auf, das sie »Verhalten Plus« nannten. Es bestand daraus, Microsofts Möglichkeiten, neue Produkte in Windows zu integrieren, streng einzugrenzen; die Firma zu zwingen, den Internet Explorer in ein separates Unternehmen auszugliedern; und sie weiterhin dazu zu zwin-

gen, Versionen von Office auch für andere Betriebssysteme zu entwickeln. Während dieser Überlegungen brachen die Bundesstaaten
und das Justizministerium den Kontakt zueinander ab; doch als die
Staatsjustizminister sich schließlich über »Verhalten Plus« geeinigt
hatten, schickten sie den Entwurf unaufgefordert an das Justizministerium. Die Antwort war kurz und knapp. Bis zum Schluß
waren viele der Justizminister – sowie Führungskräfte der Branche,
Lobbyisten und Prozeßbeobachter – fest davon überzeugt, daß die
Staaten weitaus umfangreichere Sanktionen verfolgten als das
Justizministerium.

Sie ahnten nicht im geringsten, wie falsch sie damit lagen.

An einem Sonntag Nachmittag, 24 Stunden nachdem Posner
dem Vermittlungsverfahren ein Ende bereitet hatte, zitierte Klein
seine engsten Mitarbeiter ins Justizministerium – Melamed, Bresnahan, Blattner, Boies und Malone.

»So, Jungs, es geht zurück ins Gericht«, sagte er. »Welche
Sanktion schlagt Ihr vor?«

Wie aus einem Munde sagten sie: »Ops-aps.«

Ops-aps war der kurze Spitzname für einen großen Plan. Groß,
aber einfach: Microsoft sollte in zwei Unternehmen geteilt werden,
von denen das eine (ops) die verschiedenen Versionen von Windows
übernehmen sollte, das andere (aps) den gesamten Rest, vor allem
aber Office und sein Beinahemonopol auf Bürosoftware. Die Idee,
Microsoft »horizontal« zu zerlegen, hatte in der Computerbranche
schon seit Jahren im Raum gestanden. Dagegen hatte allerdings
immer gesprochen, daß damit zwei neue Monopolisten, aber nicht
unbedingt stärkerer Wettbewerb entstehen würden; und daß nach
den Erkenntnissen der klassischen Wirtschaftslehre zwei mittel-
große Monopolisten schlimmer waren als ein riesengroßer. Wenn
Windows und Office aber erst einmal getrennt waren, so die
Theorie weiter, hatte keines mehr ein sicheres Monopol, da sie
sowohl indirekt als auch direkt miteinander konkurrieren würden.
Von den Fesseln des Betriebssystems befreit, würde das aps-Unter-

nehmen einen Anreiz haben, mit einem anderen Betriebssystem, beispielsweise Linux, zusammenzuarbeiten, das dann wiederum ein stärkerer Konkurrent für Windows würde. Das ops-Unternehmen wiederum würde ohne Office einen Anreiz haben, mit konkurrierenden Firmen im Bereich Anwendungssoftware zu kooperieren. Noch wichtiger aber war, daß sowohl das ops- als auch das aps-Unternehmen den Anreiz und auch die finanziellen Mittel haben würden, um direkt miteinander zu konkurrieren. Das ops-Unternehmen könnte ins Geschäft für Anwendungen einsteigen, während das aps-Unternehmen sich selbst in eine Plattform für Middleware verwandeln könnte – Office als das neue Netscape!

Klein und seine Mitarbeiter liebten vor allem die Einfachheit von Ops-aps, die Abwesenheit jeglicher verwirrender Reglementierungen (keine Bestimmungen, auf welchem Markt sich die einzelnen Unternehmen engagieren durften oder nicht), und die Wettbewerbsdynamik, die es freisetzen würde. Für Klein war eine der größten Tugenden von Ops-aps das Fehlen von schwerwiegenden Untugenden. Unter den Zerschlagungsplänen, die das Justizministerium durchgearbeitet hatte, besaßen viele ein großes Potential, das allerdings mit ebenso großen, wenn nicht größeren Risiken verbunden war. Die Baby Bills waren ein gutes Beispiel dafür. Die Aufspaltung von Microsoft in drei identische Unternehmen, alle mit dem gleichen Bestand an Urheberrechten und vergleichbaren finanziellen Ressourcen, dürfte ein wünschenwertes Ziel erreichen: sofortigen Wettbewerb auf dem Markt für Betriebssysteme unter den drei Kindern von Windows. Gleichzeitig bestand aber die Gefahr, den Standard von Windows ebenfalls zu zerschlagen, da es keine Garantie dafür gab, daß die Kinder weiterhin kompatible Software entwickeln würden. »Dann hätten wir wieder das Unixphänomen«, sagte Hahn und bezog sich damit auf ein Betriebssystem, das auf ewig an die Inkompatibilitäten seiner vielen Erscheinungsformen gefesselt war. Oder aber es würde etwas entstehen, das die Branche nie zuvor gesehen hatte. Microsoft ohne vorgegebene Geschäftsbereiche aufzuspalten und die drei identischen Geschwister in die Welt hinausziehen zu lassen, könnte das wirtschaftliche Äquivalent zur Aussetzung von Mutanten im Regenwald des Amazonas sein – völlig unberechenbar und höchstwahrscheinlich gefährlich.

Die Gefahren von Ops-aps waren dagegen minimal. »Das größte Risiko besteht darin, daß man womöglich nichts erreicht«, erklärte Garth Saloner von Stanford. »Man trennt ein Betriebssystem von den Anwendungen. Das ist nur logisch. Die Anwendungen werden weiter entwickelt. Das Betriebssystem wird weiter entwickelt. Der Standard des Betriebssystems bleibt gleich, man riskiert dabei nicht, ihn auch zu zerschlagen. Es gibt viele dritte Anbieter von Anwendungen; sie arbeiten weiterhin mit der Betriebssystemfirma von Microsoft zusammen. Das Spielfeld wird vielleicht ein wenig eingeebnet, aber das Leben geht trotzdem fast genau so weiter wie bisher. Die Frage ist, ändert sich überhaupt etwas? Führt das zu echtem Wettbewerb? Beseitigt man damit die eingetretenen Verzerrungen? Im schlimmsten Fall kann es passieren, daß man dasselbe hat wie vorher, nur eben in zwei Unternehmen. Ich denke, in diesem Sinne ist das ein ziemlich vorsichtiger Vorschlag.«

Klein dachte in vielerlei Hinsicht genauso. Verglichen mit Auflagen, die »eine Menge Zeit, permanente Kontrolle und ständiges Fangenspielen erfordern«, sagte er, war Ops-aps sauber, klar und marktorientiert. »Das ist eben der Vorteil einer Struktursanktion: Man nimmt die Firma auseinander und entläßt sie wieder in den Markt, wo sie weiter mitspielt; man muß nicht jedesmal wieder vor Gericht und behaupten: ›Das war ein Foul!‹ ›Nein, war's nicht!‹, ›War's doch!‹« Die Zerschlagung von Microsoft hatte aber laut Klein noch einen anderen Vorteil: es war eine Strafe, die dem Verbrechen angemessen war. »Bei Microsoft sind wir auf Geschäftspraktiken und Verhaltensmuster gestoßen, die eindeutig wettbewerbsschädigend, rechtswidrig und unvertretbar waren, egal, wie man es dreht und wendet«, sagte er. »Der Chef eines großen Hardwareunternehmens sagte nach der Verhandlung zu mir: ›Ich würde das nur zu zwei Menschen sagen, zu Ihnen und zu meiner Frau. Schuldig. Im Sinne der Anklage.‹«

In Anbetracht all dessen hielt Klein seinen Zerschlagungsplan nicht nur für vorsichtig, sondern auch für »bescheiden.« Doch für einen Antrag von so großer Bescheidenheit sollte er erstaunlich viel Krawall schlagen – nicht zuletzt, weil so wenige es erwarteten. Aber so war die Geschichte von Kleins Jagd auf Microsoft: eine seit vier Jahren anhaltende Folge von enttäuschten Erwartungen. Als Klein der neue Wettbewerbshüter der Nation geworden war, hatte niemand geglaubt, er würde je auf Redmond losgehen; als er es dann doch tat, hatte niemand geglaubt, daß er gewinnen würde. Von Gates abwärts hatten alle bei Microsoft gedacht, er werde sich übernehmen; im Valley hatte man erwartet, er werde am Ende scheitern. Doch keine der unerwarteten Wendungen, die die Ereignisse nahmen, hat mehr Überraschung ausgelöst als diese letzte.

War Klein selbst auch überrascht, sich an diesem Punkt wiederzufinden?

»Die Klage wurde eingereicht; sie basierte auf Tatsachen; du hebst die Hand; du schwörst den Eid; und dann gibst du dein Bestes«, sagte Klein. »Ob ich aber damals wußte, daß ich einmal Microsoft zerschlagen würde? Ich glaube, Sie machen Witze.«

AM 20. APRIL eröffnete Klein in einer Konferenzschaltung den Staatsjustizministern zum ersten Mal das Vorhaben des Justizministeriums. Völlig überrumpelt und gleichzeitig zufrieden gaben 17 der Bundesstaaten ihr Einverständnis. (Nur Ohio und Illinois waren anderer Meinung und beharrten auf Verhaltenssanktionen.) Eine Woche später legte die Regierung Richter Jackson den Entflechtungsvorschlag zusammen mit einer langen Liste von Auflagen für die Übergangszeit vor.

Bei Microsoft war man einem Schlaganfall nahe. In den Tagen davor hatten die Oberbosse des Unternehmens eine trotzige Haltung eingenommen. In einem Interview mit der *Washington Post* sagte Ballmer ganz unverfroren: »Ich bin nicht der Meinung, daß wir das Gesetz in irgendeiner Art und Weise gebrochen haben. Ich bin zutiefst davon überzeugt, daß wir in jedem Fall absolut integer gehandelt haben.« Im Fernsehen erklärte Gates: »Microsoft ist sich ganz sicher, nicht das Geringste falsch gemacht zu haben.« Jetzt, da seinem Unternehmen offiziell die Entflechtung drohte, überzog Gates diese Vorstellung mit einem Schwall von Adjektiven aus dem Wörterbuch der Verachtung. Sie war »unerhört«, »überzogen«, »radikal«, »maßlos.« Und schließlich folgte der krönende Abschluß: »Das hat sich jemand ausgedacht, der von der Softwarebranche keinen blassen Schimmer hat.«

Einen Monat später, am 24. Mai, versammelten sich die Anwälte von Microsoft und des Justizministeriums wieder einmal in Gerichtssaal 2. Es war ein strahlender Frühlingstag – hell, sonnig und für die Jahreszeit ungewöhnlich warm. Die ganze Zeit über hatte Jackson zu verstehen gegeben, daß es, wenn die Regierung darauf bestand, ein separates Verfahren geben werde, um über die Sanktionen zu verhandeln. Das hier war die Anhörung, um dieses Verfahren in Gang zu setzen. Jeder fragte sich, was Jackson wohl auf Lager hatte. Microsoft wies darauf hin, daß aufgrund der Härte des Vorschlags der Regierung einige, wenn nicht sogar viele Monate nötig wären, um mehr Zeugen zu vernehmen, mehr Beweise zu sammeln, mehr Anhörungen durchzuführen. Das Justizministerium widersprach, nahm aber dennoch an, daß das Verfahren zumindest ein paar Wochen in Anspruch nehmen würde. Aber Jackson wollte in dem Fall so schnell wie möglich in die Berufung gehen. Er hielt es für reine Zeitverschwendung, noch mehr Anhörungen abzuhalten, in denen angesehene Experten widersprüchliche Vorhersagen über die Zukunft einer Branche treffen würden, deren Zukunft ganz einfach nicht vorhersagbar war. Außerdem hatte er von Microsoft die Nase gestrichen voll: von seinen unaufrichtigen Zeugen, von seinem Widerstand beim Herbeiführen einer Einigung und von Ballmers und Gates öffentlichen Kommentaren in letzter Zeit, deren Mangel an Reue derart offensichtlich und ärgerlich war, daß es keine geringe Rolle bei seiner einige Wochen später gefällten Entscheidung spielen sollte, die eigenen Skrupel beiseite zu schieben und dem Antrag der Regierung auf eine Zerschlagung stattzugeben.

Als John Warden am Ende des Tages schließlich fragte, wie der nächste Schritt im Verfahren zur Festsetzung der Sanktionen aussehe, schnappte der ganze Saal hörbar nach Luft, als Richter Jackson ohne zu zögern antwortete: »Es wird keine weiteren Verhandlungen geben, Mr. Warden.«

Fünf Minuten später war der Microsoftprozeß zu Ende.

Kapitel 9

IM DUNKELN IST GUT MUNKELN

ZWEI MONATE nachdem Richter Jackson beschlossen hatte, Microsoft aufzuspalten, flog ich wieder nach Redmond, um Bill Gates noch einmal zu treffen. Der Frühling und Sommer 2000 waren eine harte Zeit für den Softwareriesen gewesen, nicht nur wegen des richterlichen Urteils. Die lang erwartete und oft verschobene Freigabe von Windows 2000 im Februar war ein Flop gewesen. Das Gewinnwachstum der Firma verlangsamte sich, insbesondere in seinem Kerngeschäft, den Betriebssystemen. Wall-Street-Analysten, die Microsoft so genau beobachteten wie Rußlandexperten einst den Kreml, hatten ihre Umsatzprognosen für das Jahr von über einer Milliarde Dollar drastisch heruntergeschraubt – ein weiterer Grund, warum die Aktien gerade Prügel bezogen. Ende Juni gab die Firma dann ihren Masterplan für das Netzwerkzeitalter mit Pauken und Trompeten bekannt. Die auf den Namen .NET getaufte Initiative beinhaltete sowohl eine Strategie als auch eine Reihe neuer Technologien, die Gates vollmundig als eine »Plattform für das Internet der nächsten Generation« bezeichnete. Aber auch wenn alle darin übereinstimmten, daß .NET ein kühnes und ehrgeiziges Unterfangen war, so waren sie sich doch auch einig, daß es noch nicht ganz ausgereift war. Für die Presse war .NET eine Eintagsfliege; einem Großteil der Branche nötigte es gerade einmal ein Achselzucken ab.

Auf Microsofts Campus hatte sich die Frustration in ein Gefühl der Niederlage verwandelt. »Im Club und in der Sauna haben die Leute sonst immer über die großartigen Dinge gesprochen, die wir vollbracht haben, jetzt wollen sie dir nur noch ihre Meinung über den Prozeß aufhalsen«, bemerkte Craig Mundie. »Selbst die eigene Familie macht nicht halt davor. Das ist echt entmutigend.‹ Nachdem ich mit Yusuf Mehdi, der jetzt nicht mehr an Windows, sondern am Microsoft Network-Portal arbeitete, eine Stunde lang über die Herausforderungen geredet hatte, die auf AOL zukamen, fragte ich ihn, ob der Prozeß die Moral der Truppe beeinflußt habe. »Gestört hat er sicher«, sagte er, »aber es kam auch eine Wagenburgmentalität auf, was auch etwas für sich hat.« Mehdi machte eine Pause. »Meine Mutter fragt mich trotzdem noch: ›Yusuf, ist Bill wirklich so schlimm?‹«

Hinzu kam der Exodus: Zum ersten Mal in seiner Geschichte hatte Microsoft von der Spitze bis zur Basis, von profilierten Paschas wie Nathan Myhrvold, Greg Maffei, Brad Silverberg und Tod Nielsen bis hin zu Browserkriegern wie John Ludwig und Ben Slivka einen Abgang von Talenten zu verzeichnen. In vielen Fällen verließen Mitarbeiter, die während der Verhandlung ausgesagt hatten – etwa Eric Engstrom oder Nathans Bruder Cameron Myhrvold – das Unternehmen beinahe unmittelbar, nachdem sie den Zeugenstand verlassen hatten. Laut Microsoft verließen jede Woche an die 50 Angestellte die Firma, während anderen Schätzungen zufolge die Zahl fast dreimal so hoch lag. Einige machten sich auf den Trip nach schnellem Reichtum in der Dotcom-Szene, andere auf die Suche nach dem Kick, den die Gründung einer eigenen Firma versprach. Viele waren der Größe von Microsoft und der um sich greifenden Bürokratie überdrüssig. Als Paul Maritz drei Monate nach meinem Besuch seinen Abschied bekannt gab, war die brutale und unwiderrufliche Wahrheit nicht mehr zu leugnen: Microsoft war nicht mehr länger das Non plus ultra.

Die offizielle Reaktion der Firma auf diese Verluste war verblüffend. In einer Branche, die vom Funkensprühen der Synapsen vorwärts getrieben wird, war, wie Gates schon seit langem erkannt hatte, der begehrteste Rohstoff die kleinen grauen Zellen, und Microsoft brüstete sich damit, nur die Besten zu nehmen. Jetzt aber erzählte man mir, daß viele der großen Namen – Männer, die Riesenabteilungen von Microsoft geleitet hatten, als das Unternehmen in seinem Zenith gestanden hatte – in Wirklichkeit nur Ballast gewesen waren; daß Ballmer sie leichten Herzens hatte gehen lassen. Als ich den neuen Chief Exekutive Officer fragte, ob das wahr sei, zuckte er die Achseln und lächelte. »Wir haben Führungskräfte verloren, die ich am liebsten behalten hätte, und wir haben Führungskräfte verloren, bei denen das O.K. war, worüber ich nicht unglücklich bin«, sagte Ballmer. »Es gibt beide Typen, und vielleicht sogar etwas mehr von der letzten Sorte.« Mich Mathews, Marketingleiterin von Microsoft, bemerkte mir gegenüber: »Wir könnten 40 Prozent unseres IQ verlieren und trotzdem noch die schlauesten sein.« Und weiter: »Alles, was wir wirklich brauchen, sind drei schlaue Kerle.«

Als der schlaueste dieser schlauen Kerle im Januar verkündete, daß er die Zügel des CEO an seinen besten Freund weitergeben und fortan den Titel »Chef-Software-Architekt« tragen werde, fragten sich einige Beobachter, wie das wohl zu verstehen sei; denn den schwarzen Peter würde Bill behalten. Aber Gates verzichtete letzen Endes auf mehr Kontrolle über das Unternehmen, als viele in Redmond anfangs erwartet hatten. Schon bald begann Ballmer neue Abläufe und Vorschriften in Microsofts operativem Geschäft einzuführen. Und er ersetzte Gates' Team an Topmanagern systematisch durch seine eigene Truppe. »Bill und Steve haben unterschiedliche Präferenzen, was Leute angeht«, erklärt ein Ex-Mitarbeiter. »Bill mag clevere Leute – einfach clever. Steve dagegen mag Leute, die den ganzen Mist auch erledigen können.«

Offiziell hatte Gates' Entscheidung zwei Gründe. Zunächst einmal war Microsoft schlichtweg zu groß und schwerfällig geworden, als daß eine Person Vorsitzender und CEO in einem sein konnte. Zweitens sehnte sich Gates nach der Rolle zurück, die er in den Jugendjahren der Firma bekleidet hatte, als er noch persönlich am Design und der Entwicklung der Kernprodukte beteiligt gewesen war. Aber viele seiner Freunde und Kollegen glaubten, daß der Antitrustprozeß auch hier seine Spuren hinterlassen hatte; daß er zu Erschöpfung und Niedergeschlagenheit bei ihm geführt und ihn dazu veranlaßt hat, einen weniger anstrengenden Part zu übernehmen. »Das alles war sehr hart für Bill – ich meine physisch gesehen; es hat ihn buchstäblich krank gemacht«, sagt Greg Maffei. »Ich glaube, daß diese Erfahrung mit den Gerichten und der Regierung direkt damit zu tun hat, daß er nicht länger CEO sein will.«

SEIT Jacksons Zerschlagungsurteil hatte Gates keine öffentlichen Interviews mehr gegeben, und so hatte ich nicht die geringste Ahnung, was mich erwartete, als ich diesen Sommer in Gebäude 8 eintrudelte. Die sanfte Morgensonne sandte blaßgoldene Strahlen in Gates' Büro. Als erstes fiel mir auf, daß er anscheinend viel Zeit an der frischen Luft verbracht hatte; seine Sommersprossen waren dunkler als gewöhnlich und seine Hautfarbe natürlicher als das übliche Eierschalenweiß. Er schien abgenommen zu haben. Seine Begrüßung war warm und freundlich. Als wir es uns für unsere gemeinsame Stunde – am Ende sollten es eher zwei werden – in den Sesseln bequem gemacht hatten, wurde mir bald klar, daß Gates in den letzten 18 Monaten wieder aufgetankt hatte, was immer es auch gewesen sein mochte, das zuvor an seinen Kräften gezehrt hatte.

Gates hatte sichtlich Gefallen an seiner neuen Rolle als Chef-

Software-Architekt. In allen Einzelheiten und mit lebhafter Begeisterung beschrieb er die Genese von .NET, seine technischen Grundlagen und seinen eigenen Beitrag an diesem »Gebräu«. Er sang ein Loblied auf XML, auf Verbundsysteme; mit Elan hielt er mir eine Vorlesung über »probabilistische Eingabe-Schnittstellen« und »nachrichtenbasiertes Programmieren.« 1995 hatte Microsoft zwar schon das Internet wahrgenommen, sagte er, aber lediglich als Zusatz. »Es war ein sehr wichtiger Zusatz – aber eben nur ein Zusatz«, erklärte er. Jetzt werde alles anders. Mit .NET werde die Integration vollkommen; das Netz war alles und alles Netz.

Als ich in unserem letzten Gespräch Sun erwähnt hatte, war Gates' Antwort ebenso banal wie unehrlich ausgefallen: »Alles, was ich über Sun gesagt habe, war positiv – Sun ist ein gutes Unternehmen.« Jetzt kam ich erneut auf dieses Thema zu sprechen und wies darauf hin, daß die Softwaregenies von Sun, die Erfinder von Java und Jini, schon seit Jahren über Ideen sprachen, die Gates erst heute kamen; sie behaupteten, daß .NET im Grunde die Verkörperung ihres Geschäftsmottos sei: »Das Netzwerk ist der Computer«.

Gates, der unterdessen unruhig auf seinem Sessel hin und her gerutscht war wie ein hungriger Kolibri vor einer Blüte, grub seine Hacken in den Teppich, richtete sich kerzengerade auf und klatschte in die Hände. »Der größte Blödsinn, den ich je gehört habe!« rief er aus. »Aber das war ja zu erwarten. Das Geschäftsmodell von Sun lautet, überteuerte Hardware zu verkaufen.« Was die komplexen Softwareprobleme betraf, die .NET behandelte, sagte er, »so ist Sun nicht darin involviert. Sun hatte nie etwas damit zu tun.«

Bei der Vorstellung von .NET hatte Gates die Initiative als »Unternehmenswette« bezeichnet. Störte es ihn nicht, dieses ehrgeizige Projekt genau in dem Moment zu starten, da so viele der besten und hellsten Köpfe sich aus dem Staub machten? »Sehen Sie sich die Spitze dieses Unternehmens an«, gab Gates zurück. »Wir können mehr Kontinuität in unserer Führungsebene vorweisen als jedes andere Technologieunternehmen vor uns.« Das mag ja stimmen, sagte ich. Aber tat es nicht weh, einen Nathan Myhrvold zu verlieren? Oder einen Brad Silverberg? »Es vermindert nicht unsere Fähigkeiten, .NET durchzuziehen, in keiner Weise«, sagte er. »Wir haben das weltweit beste Team von Softwareentwicklern. Daß wir jetzt selbst ohne diese beiden phantastische Dinge fertigbringen, zeigt nur, wie verwöhnt Microsoft gewesen ist. Aber die zwei sind schon großartig. Wenn sie zurückkommen und wieder hier arbeiten wollen, würde ich sie sofort nehmen.«

Aber für viele andere galt diese Einladung offensichtlich nicht. Waren für ihn, so wie für Ballmer, einige der ehemaligen Führungsleute ebenfalls Ballast? »Ich will hier jetzt keine Namen nennen, aber doch, ja«, erwiderte er. »Aber egal, lassen wir das jetzt. Das ist nicht gerade leichte Kost.«

Ich erwähnte, daß Craig Mundie zu mir gesagt hatte: »Der Prozeß hat unsere Möglichkeit, hochkalibrige Leute anzulocken und zu halten, ganz erheblich beeinträchtigt.« War es angesichts der langen Schatten, die das Justizministerium warf, und der Sirenengesänge der Internet Start-ups für die Firma schwieriger geworden, ihren Pool an Humankapital wieder aufzufüllen?

»Es ist ziemlich hart, bei so viel Konkurrenz clevere Leute zu finden«, stimmte er zu. »Viele denken nämlich: ›Ich ziehe einfach meinen eigenen Börsengang durch und bin morgen reich.‹ Ich verspreche ihnen so etwas nicht. Ich verspreche ihnen etwas mit einer größeren Wirkung.« Er fuhr fort: »So viele Start-ups machen dieselbe Sache und denken furchtbar kurzfristig. Business-to-Consumer? Die Masche zieht nicht mehr. Business-to-Business? Das ist zur Zeit gerade in.« Aber auf jemanden mit nur geringem Interesse an vorübergehenden Trends, sagte Gates, übte Microsoft einen starken Reiz aus. »Wir kümmern uns um Langzeitprojekte, echte Sachen. Wir können uns aufwendige Dinge leisten. Wir bauen hier Boeings. Keine Cessnas.«

NACH EINER Weile kamen wir auf den Prozeß zu sprechen. Daß sie keine Spur von Reue gezeigt hatten, war für viele Beobachter das wohl unerklärlichste Verhalten von Gates und Ballmer gewesen, das sie in der Zeit nach Jacksons Urteil und vor der Festlegung des Strafmaßes an den Tag gelegt hatten. Intern waren sie in dieser Hinsicht noch deutlicher geworden, wenn Gates etwa auf einer Versammlung von Angestellten Microsoft als das Opfer einer »Justiz-Travestie« bezeichnet und davon gesprochen hatte, daß »wir absolut sicher sind, in der Berufung zu gewinnen« und die Zerschlagung von Microsoft »niemals zulassen« werden. Im Nachhinein hatten einige Justizminister Gates' und Ballmers öffentliche Kommentare »als Schlag ins Gesicht« zitiert und als ausschlaggebende Faktoren bei ihrer Entscheidung für eine Zerschlagung bezeichnet. Richter Jackson selbst hatte der *New York Times* gegenüber gesagt, daß diese Äußerungen ihn »verblüfft« und eine Zerschlagung »unvermeidlich« gemacht hatten.

Gates und Ballmer mußten sich gesagt haben, daß angesichts der sinkenden Arbeitsmoral der Truppe und der purzelnden Aktienwerte eine weniger harte Stellungnahme die falsche Botschaft an die Belegschaft gewesen wäre. Wenn er aber jetzt darüber nachdachte, fragte ich Gates, hielt er diese Bemerkungen nicht doch für einen taktischen Fehler?

»Man kann uns vorwerfen, den Zugang zum Internet in Windows integriert zu haben«, erwiderte er. »Man kann daran herumnörgeln, daß wir wesentlich zum PC-Markt beigetragen haben und daran, was das für die Softwarebranche und die Preise und so weiter bedeutet hat. Aber wir glauben, daß wir ganz im Sinne des Wettbewerbs gehandelt haben, und es ist unser gutes Recht, dafür auch einzutreten.«

Natürlich ist das Ihr gutes Recht, stimmte ich zu. Aber ich habe

Ihnen eine Frage nach der Taktik gestellt. Damals war das politische Klima ziemlich heikel. Wäre es da nicht besser gewesen, Sie hätten den Mund gehalten?

Gates' Gesicht strahlte förmlich vor Verachtung. »Wir verteidigen hier fundamentale Prinzipien«, sagte er. »Unser Recht auf Einspruch. Unser Recht auf Innovation. Unser Recht auf ein Berufungsgericht, das darüber urteilt.« Er wollte offenbar andeuten, daß schon allein die Erwähnung dieses Wortes diese Prinzipien mit dem Schmutz der Politik besudeln würde.

Jackson hatte gegenüber Journalisten auch die Ansicht geäußert, daß Microsoft den Fall nicht wichtig genug genommen hatte. Stimmte das? »Machen Sie Witze? Werfen Sie mal einen Blick auf unsere Rechnungen«, witzelte Gates. »Natürlich haben wir das ernst genommen.«

Man war allgemein der Überzeugung, Microsoft und seine Anwälte hätten den Fall von vorne bis hinten verpfuscht. Sie hatten vor dem Prozeß eine Einigung verhindert und nachher auch. Dazwischen hatten sie bei einem Bundesgericht »vorgetanzt« und wiederholt zu behaupten versucht, daß Tag Nacht war und Nacht Tag, daß oben unten war und unten oben, daß Worte mit eindeutiger Aussage irgendwie doch zweideutig waren – oder sogar das Gegenteil von dem meinten, was sie tatsächlich aussagten. Sie hatten eine Position verteidigt – nämlich daß Microsoft kein Monopolist sei –, die selbst dem Unternehmen wohlgesonnene Wirtschaftsexperten als unhaltbar ansahen, wenn nicht als total bescheuert.

Da man im Nachhinein ja immer klüger ist, gibt es Dinge, die Sie jetzt bereuen? fragte ich. Dinge, auf die Sie zurückschauen und denken, da haben wir einen Fehler gemacht?

»Sie müssen verstehen«, begann Gates, »daß es sich um einen Angriff auf unsere Möglichkeiten handelt, neue Funktionen zu Windows hinzuzufügen, also nichts, von dem man sagen könnte: ›Ach, das? Klar. Darauf verzichten wir.‹« Letzten Endes, so glaubte er, war das Gesetz doch auf ihrer Seite. »Alle Schritte, die wir unternommen haben und wegen derer wir in diesem Fall angegriffen worden sind, zeigen doch, daß Microsoft im Sinne der Verbraucher handelt, also genau so handelt, wie es handeln sollte.«

Da blieb nicht mehr viel zu sagen. Trotz der erdrückenden Beweise des Gegenteils blieb Gates bei seiner Version: Sie hatten nichts falsch gemacht. Sie hatten keine Fehler gemacht. Am Ende würden sie entlastet werden. Und dann wäre die Welt bei Microsoft in Ordnung. In seinen Aussagen war nichts Gekünsteltes. Ich glaubte, daß er fest an das glaubte, was er da von sich gab. Es war einer dieser Augenblick, in denen man an sich selbst zu zweifeln beginnt. Hat dieser Mann gerade Halluzinationen? Oder hat er Einblick in eine Realität, die mir meine Blindheit vorenthält?

Wie auch immer, es ergab sich daraus noch eine weitere Frage: Angesichts dessen, wie Sie sich selbst und Microsoft sehen, was ist das für ein Gefühl, wenn die Regierung der Vereinigten Staaten Ihr Unternehmen als kriminell und Sie selbst als einen Gesetzesbrecher bezeichnet?

Gates sah aus dem Fenster und dachte eine ganze Weile nach. Noch immer auf die Bäume starrend begann er: »Es liegt eine gewisse Ironie darin, daß wir uns in einer Situation befinden, in der wir das Unternehmen im wahrsten Sinne des Wortes auf unbekannte geschäftliche Rahmenbedingungen und neue Technologien gründen müssen, um überhaupt irgendeine Position behaupten zu können, daß uns nichts anders übrig bleibt, als das zu tun und daß dies hier der wettbewerbsintensivste Markt ist, den die Welt je gesehen hat. Der Gedanke, daß dann jemand daherkommen und behaupten kann, (a) wir hätten ein Monopol, (b) wir sollten unserem Produkt keine Funktionen mehr hinzufügen dürfen, und (c) den Prozeß noch ein bißchen in den Dreck zieht – das ist schon stark. Echt stark.«

Hat diese ganze Angelegeneit Sie zynisch werden lassen, was die Justiz angeht?

»Nein«, sagte Gates nur.

254

Ich nahm ihm das nicht so richtig ab.

»Das Gesetz ist schon interessant«, fuhr er grübelnd fort. »Das Justizsystem der Vereinigten Staaten funktioniert zu, tja, etwa 98 Prozent absolut einwandfrei.« Zum ersten Mal seit einer ganzen Weile, sah Gates mir in die Augen. »Letztendlich wird dieser Fall zu jenen 98 Prozent gehören.«

Kapitel 10
DAS URTEIL

Als die alte Wirtschaft der neuen Platz machte, war eine der schwerwiegendsten Fragen von öffentlichem Interesse, inwieweit ein juristisches System, das im Industriezeitalter entwickelt und verfügt worden war, im Informationszeitalter noch anwendbar ist – ob es überhaupt noch anwendbar ist. Was auch bei *Die Vereinigten Staaten gegen Microsoft* herauskommen würde, es versprach ein historischer Präzedenzfall zu werden, der die Wettbewerbsbedingungen auf den dynamischen High-Tech-Märkten im Zentrum einer neuen postindustriellen Gesellschaft auf elementare Weise prägen würde. »Ich kann mir kein Urteil vorstellen, das für die Zukunft des Wettbewerbsrechts wichtiger wäre als dieses«, sagte Dan Rubinfeld. »Wenn wir den Sieg davontragen, wird das die Regeln auf Jahre hin festlegen. Wenn nicht, dann ist fast alles möglich.«

Bevor Richter Jackson seine Sanktionen verfügt hatte, versprach das Berufungsverfahren im Microsoft-Prozeß lang, teuer und unberechenbar zu werden. Mit dem Zerschlagungsurteil wurde dieses Versprechen virtuell eingelöst. Jacksons Entscheidung führte auch einen Angriff von Microsoft auf seine Argumentation und Kompetenz herbei, der vernichtender und systematischer ausfallen sollte als zuvor. Dennoch begrüßte der schroffe alte Bär in der langen schwarzen Robe den Berufungsprozeß beinahe überschwenglich und nicht ohne eine gewisse persönliche Erleichterung. Mit dem Sommer 2000 hatte Jackson fast drei Jahre lang in einer Schlacht der Regierung gegen Microsoft den Vorsitz geführt – eine Schlacht, die nicht nur umstritten, verworren und der Gegenstand großen öffentlichen Interesses war, sondern die auch auf einem bislang unerforschten juristischen Terrain stattfand, wo alte Lehre und neue Technologie aufeinanderprallten. Für Jackson hatte dieses Terrain immer eine Herausforderung und manchmal auch Kampf bedeutet. Er fand, er habe sich ganz tapfer geschlagen, aber als die Verhandlung sich immer weiter in die Länge zog, beschlichen ihn Zweifel. »Ich habe lange genug ganz allein an diesem Fall arbeiten dürfen«, erzählte der Richter im März in einem Interview, das die *New York Times* veröffentlichte, nachdem der Prozeß abgeschlossen war. »Ich würde es begrüßen, wenn ein anderer jetzt einmal meine Arbeit untersuchen würde, um zu sehen, ob ich richtig oder falsch liege«, sagte er. »Ich will so schnell wie möglich die Meinung anderer kluger Köpfe einholen.«

Im April gab er während einer Besprechung mit den Anwälten beider Parteien den klugen Köpfen, die ihm vorschwebten, eine konkrete Gestalt: sie sahen aus wie die der neun Richter des Obersten Gerichtshofes. Unter den Auspizien eines obskuren Bundesgesetzes namens Antitrust Expediting Act können Berufungen in Kartellverfahren »von allgemein öffentlicher Bedeutung für die Rechtsprechung« direkt vor dem Obersten Gerichtshof verhandelt werden, um eine Urteilsfindung zu beschleunigen. In den 26 Jahren nach Inkrafttreten dieses Gesetzes hat die Regierung es erst zweimal angewendet, beide Male in ihrem Rechtsstreit mit AT&T. Jackson zweifelte nicht daran, daß auch der Microsoft-Prozeß von großer öffentlicher Bedeutung war und Auswirkungen auf die nationale (wenn nicht sogar die globale) Wirtschaft, den Aktienmarkt, den Technologiesektor und die gesamte Geschäftswelt hatte. Außerdem waren die Fragen, die eine mögliche Zerschlagung von Gates' Unternehmen aufwarfen, mindestens genauso dringlich wie jene in den 70er und 80er Jahren. Wenn es je einen Fall gegeben hatte, für den der Expediting Act verfaßt worden war, dann, da war sich Jackson sicher, war es für *Die Vereinigten Staaten gegen Microsoft*.

Jackson hatte natürlich noch einen anderen Grund, warum er wollte, daß man die Revision gleich vor der obersten Instanz verhandelte: so würde man das Berufungsgericht umgehen, das sein Urteil im Verfahren zur Verpflichtungserklärung auf empfindliche Weise revidiert hatte. In diesem Punkt stimmten Jackson und die Regierung wie schon so oft in diesem Prozeß vollkommen überein. Und wie schon so oft waren sie auch darin uneins mit Redmond. Microsoft vertrat die Position, daß es in Anbetracht der Härte der angesetzten Sanktionen das Recht auf eine normale und vollwertige Berufungsverhandlung hatte. Dabei wollten Gates und sein Team genau aus den Gründen vor dem Berufungsgericht erscheinen, aus denen Jackson, das Justizministerium und die Bundesstaaten dies ablehnten: weil sie alle es als durchaus empfänglich für Microsofts Argumente betrachteten.

In den Wochen nach dem Zerschlagungsurteil gefielen sich die Parteien in hastigen und zuweilen unergründlichen juristischen Winkelzügen. Dabei ging es um zwei Dinge. Zum einen wollte Microsoft die Vollstreckung der Sanktionen aussetzen. Laut Richter Jacksons Verfügung war die Entflechtung so lange automatisch ausgesetzt, bis alle Revisionsanträge entschieden waren. Die Auflagen, die eine Beschränkung der Geschäftsfreiheit von Microsoft bedeuteten, sollten dagegen schon in wenigen Wochen in Kraft treten. Microsoft fand sie unhaltbar. Sie enthielten viele der Punkte, die das Justizministerium über die Jahre bereits in den Schlichtungsgesprächen angeführt hatte, so eine einheitliche Preisgestaltung für Windows, das Verbot von Exklusivverträgen, die Offenlegung der

Anwendungsprogramm-Schnittstellen in Windows, Kopplungs-einschränkungen und eine gewisse Freiheit für Hardwarehersteller, was Änderungen an Windows betraf. Als pure Formalität, von der es sich selbst nichts versprach, beantragte das Unternehmen bei Jackson die Aussetzung dieser Sanktionen, um anschließend über seinen Kopf hinweg denselben Antrag beim Berufungsgericht zu stellen. Am 21. Juni jedoch verkündete Jackson ohne jegliche Vorwarnung, er werde sein eigenes Urteil aussetzen – ein Urteil, das er erst vor zwei Wochen verkündet hatte. Auf dem Microsoftcampus herrschte ungläubige Freude; im Justizministerium niedergeschlagene Verwirrung. Und an beiden Orten fragte man sich, ob der Richter jetzt senil geworden war.

Wie gewöhnlich entpuppte sich Richter Jackson weniger als verrückt und vielmehr als vorsichtig. Die Art, wie er das Strafmaß festgesetzt hatte, war allgemein als die fragwürdigste Aktion seiner gesamten Verhandlungsführung angesehen worden. Microsoft bemängelte, daß Jackson dem Unternehmen einen ordentlichen Prozeß verwehrt habe. Sogar unter Antitrustexperten, die auf der Seite der Regierung standen, herrschte größtenteils Ungläubigkeit darüber, daß er nur eine Anhörung von einem halben Tag auf das gewaltige Thema verwendet hatte, Microsoft aufzuteilen. »Darüber läßt sich nichts Gutes sagen«, lautete der Kommentar von William Kovacic, einem Rechtsprofessor und Kartellexperten an der George Washington Universität. »Es war eine unglaublich leichtfertige Art, einen sehr wichtigen Prozeß zu leiten.« Aber jetzt verwirrte Richter Jackson seine Kritiker. Wie konnte Microsoft oder sonst jemand über das Fehlen eines ordentlichen Prozesses jammern, wenn keine Sanktionen in Kraft traten, bevor nicht eine höhere Instanz darüber befunden hatte?

Das zweite juristische Gerangel ging um den Obersten Gerichtshof. Im Juli beziehungsweise im August reichten Microsoft und das Justizministerium beim Obersten Gerichtshof Schriftsätze hinsichtlich der Frage einer direkten Berufung ein. Die Regierung argumentierte, daß angesichts des schwindelerregenden Tempos in der Softwarebranche schnelles Handeln angesagt war; ein langwieriges Berufungsverfahren machte es einem dann unkontrollierten Microsoft möglich, noch mächtiger zu werden. Microsoft dagegen berief sich darauf, daß sein Berufungsantrag derart umfangreich und vielfältig ausfallen würde – er betraf auch Jacksons Tatsachenfeststellung, seine Auslegung des Gesetzes, seine Vorgehensweise und die Beweise, die er zugelassen hatte –, daß dadurch »diesem Gericht eine außerordentliche Belastung auferlegt« würde. Das Gericht stimmte dem offensichtlich zu. Im September lehnte es den Antrag des Justizministeriums ab und verwies den Fall an das Berufungsgericht.

Laut des Zeitplans, den das Berufungsgericht vorlegte, sollte die mündliche Berufungsverhandlung Anfang des Jahres 2001 stattfinden; ein Urteil war dann wahrscheinlich irgendwann im Frühjahr zu erwarten. Danach, so spekulierten die meisten Antitrustexperten, wird eine der beiden Parteien den Fall wieder dem Obersten Gerichtshof zuschieben. Andere meinten, daß das neue Justizministerium, das der neue republikanische Präsident George W. Bush berief, sich dazu entschließen könnte, den Fall nach der Entscheidung des Berufungsgerichts nicht weiterzuverfolgen, insbesondere dann, wenn die Entscheidung zugunsten von Microsoft ausfiel. Aber auch, wenn so eine Vorgehensweise nicht neu war, so wäre sie doch ungewöhnlich – und wahrscheinlich irrelevant. Denn alles, was man brauchte, um diesen Fall am Leben zu erhalten, war ein ausreichend entschlossener (oder verrückter) Justizminister eines Einzelstaates. Solange Gates nicht irgendwie einen einmütigen Kehraus staatsbürgerlicher Pflichten heraufbeschwören konnte, würde der Berufungsprozeß wahrscheinlich bis zum Geht-nicht-mehr weitergeführt werden.

Sollten Microsofts Einlassungen in den höheren Instanzen auch noch so umfangreich und vielfältig sein, im Zentrum der Berufungsstrategie würde dennoch immer seine These zur Produktkopplung stehen. Lange nachdem Jackson das Unternehmen der Monopolerhaltung für schuldig befunden hatte, und noch länger nachdem das Justizministerium diese Beschuldigung zum zentralen Punkt des Rechtsstreits gemacht hatte, bestand Microsoft weiterhin darauf, daß die Integration des Internet Explorers in das Betriebssystem der eigentliche Dreh- und Angelpunkt in der Klage der Regierung und von Jacksons Entscheidung war. Im August wies mich Gates in bestimmtem Ton darauf hin, daß *Die Vereinigten Staaten gegen Microsoft* trotz aller Versuche der Ausdehnung des Verfahrens immer noch wenig mehr war als eine Browserklage, wenn man einmal genau hinsah. Widerrechtliche Kopplung lautete schließlich einer der drei Anklagepunkte, deren Microsoft von Jackson für schuldig befunden worden war; ein anderer betraf die versuchte Monpolisierung des Browsermarktes, die die Firma vorrangig durch die Kopplung des Internet Explorers an Windows zu erreichen versucht haben sollte; der dritte lautete auf Monopolerhaltung – ein durchaus umfassenderer Punkt, wie Gates eingestand, bei dem jedoch die mutmaßlich rücksichtslosen Entscheidungen zum Produktdesign eine große Rolle spielten. Wenn Microsoft den Vorwurf der Kopplung in der Berufung erfolgreich widerlegen konnte, so glaubte Gates, könnte dadurch auch der Rest des Urteils gegen das Unternehmen mit einem Schlag ernsthaft ins Wanken geraten, wenn nicht sogar zu Fall gebracht werden.

Gates juristische Auslegung mutete vielen Antitrustexperten als überaus hoffnungsvoll im Ton, inhaltlich allerdings als nicht unbedingt schlüssig an. Doch genau dieselben Experten mußten zugeben, daß gerade beim Thema Kopplung Jackson und die Regierung in einem Berufungsverfahren besonders verletzlich waren. (Sogar Joel Klein mußte das insgeheim eingestehen.) Sie stimmten zu, daß die Vorwürfe zur Kopplung und der versuchten Monopolisierung juristisch durchaus zusammengehörten, und sollte ersteres widerlegt werden, wäre auch letzteres in Gefahr. Sie stimmten auch zu, daß die Rechtfertigung einer Zerschlagung des Unternehmens auf ziemlich wackligen Beinen stehen würde, wenn Microsoft lediglich einen der Anklagepunkte abschmettern konnte, ganz sicher aber, wenn ihm das bei zweien gelang. In allen juristischen Kreisen außerhalb Redmonds betrachtete man die Vorstellung, das Berufungsverfahren werde für Microsoft eine allgemeine Wende herbeiführen, allerdings als höchst unplausibel. Aber die Möglichkeit, daß Gates und sein Juristenteam das Unternehmen aus den Klauen der Zerschlagung befreien konnten, wurde nicht nur als plausibel, sondern als ziemlich wahrscheinlich angesehen.

Was passierte, wenn alle Versuche, den Fall in die Länge zu ziehen, scheiterten? Wenn die Kartellexperten falsch lagen – wie schon so oft bei der Analyse des Microsoftfalls – und Richter Jacksons Urteil und die Sanktionen unangefochten bestehen blieben? Dann war das Bild schon viel verschwommener. Denn trotz aller Schmähungen, die auf Jackson wegen seiner Ablehnung eines ausführlichen Sanktionsverfahrens niedergeprasselt waren, wurzelte diese in einer unumstößlichen Wahrheit: Niemand konnte mit Sicherheit sagen, was eine Zerschlagung bedeuten würde. Im Silicon Valley gab es eine Fülle von intelligenten, vernünftigen Managern, die fanden, daß die Regierung Recht hatte: Microsoft zu halbieren würde Wettbewerb und Innovation antreiben. Aber daneben gab es viele, die vom Gegenteil überzeugt waren: daß die Branche dann mit zwei statt nur einem Microsoft geschlagen wäre. Viele behaupteten, das Unternehmen für die Anwendungsprogramme werde florieren, während das Betriebssystem-Unternehmen verkümmere; andere meinten, beide wären zum Scheitern verurteilt. Würden die Verbraucher von einer Zerschlagung profitieren oder würde sie ihnen schaden? Würden die Shareholder gewinnen oder einen drauf kriegen? Auf jede dieser Fragen gab es mindestens fünf Antworten. Aber abgesehen von solchen Prognosen war eine Sache ganz sicher: Die Zerschlagung würde das Ende jenes Microsoft bedeuten, wie wir es kannten.

Alle diese Spekulationen über die Auswirkungen einer Zerschlagung verdeckten jedoch eine einfache, aber bemerkenswerte Tatsache. Wir waren bereits Zeugen vom Ende jenes Microsoft, wie wir es kannten. Seit drei Jahren wurden Gates und seine Firma in die Zange genommen. Von der einen Seite her übte eine technologische Veränderung Druck aus, die radikaler war als jede andere seit der Einführung des PC: das Internet. Von der anderen Seite übte eine Bedrohung Druck aus, die ihrerseits massiver war als alles, dem Mirosoft bisher in der Geschäftswelt begegnet war: die Regierung der Vereinigten Staaten von Amerika. Für ein unbedeutenderes Unternehmen hätte schon jede dieser Kräfte für sich den Untergang bedeutet. Doch es brauchte schon alle beide und ihre Zusammenarbeit in teuflischer Harmonie, um Microsoft zu einer neuen Identität zu führen.

Auf Microsofts Campus sollte man diese Veränderung wahrnehmen, aber noch nach den richtigen Worten suchen, um sie genau zu beschreiben. Als ich im Juni dort war, sahen die Leute, mit denen ich sprach, sorgenvoller in die Zukunft als je zuvor. Die Firma hatte es im Jahr 2000 auf 25 Jahre gebracht und war älter geworden; würde Microsoft vital bleiben? »Die Frage ist: Geben wir unsere führende Stellung ab oder behalten wir sie?« fragte Craig Mundie. »Oder werden wir von einer anderen Firma abgelöst, die aufsteigt und die Führung übernimmt? Die Leute sagen, .NET sei ein schlechter Wetteinsatz. Aber Unternehmen kippen nicht so einfach um und sind tot. Die Frage ist, ob wir nicht einfach nur ein anderes Unternehmen werden.«

Als Nathan Myhrvold noch bei Microsoft arbeitete, hatte er eine Umschreibung für solche Gelegenheiten – »dem namenlosen Schrekcken einen Namen geben«. Verbrachte man allerdings etwas Zeit mit Mundie, wurde einem klar, daß der Schrecken, den Microsoft spürte, letztendlich doch einen Namen hatte. »Entweder Microsoft wird Microsoft bleiben, oder es wird IBM«, sagte er. »Das steht, glaube ich, bei diesem Übergang auf dem Spiel.«

In der Morgendämmerung des PC-Zeitalters, als die Macht von

Big Blue noch ungebrochen war, hatte die Revolution des personalen Computers das Unternehmen vor die Wahl gestellt: Stell dich gegen sie, ignoriere sie, oder mach mit. IBM entschloß sich mitzumachen – oder sich zumindest darum zu bemühen – und hatte mehrere Jahre lang den Markt beherrscht. Aber die Kräfte der Veränderung, die vom PC ausgelöst wurden, waren zu flink, zu demokratisch und dezentralisierend, als daß man sie lange unter Kontrolle halten konnte. Ende des Jahres 2000 war IBM noch immer der weltgrößte Hersteller von Großrechnern. Der Börsenwert des Unternehmens lag bei über 150 Milliarden US-Dollar. Seine Aktionäre waren glücklich, seine Kunden waren glücklich, seine Angestellten waren glücklich. Aber nur noch wenige Leute fürchteten es oder schlossen sich ihm an; niemand hielt Big Blue mehr für einen Anführer.

Zu Beginn des neuen Jahrhunderts befand sich Microsoft merkwürdigerweise auf einer ganz ähnlichen Flugbahn. So wie IBM den PC eingenommen hatte, strengte sich jetzt auch Redmond mächtig an, das Web einzunehmen. Doch mit dem Aufblühen der Internet Economy schien Microsofts Position wenn auch nicht wacklig, so doch zunehmend unwichtiger zu werden. Der Grundbesitz, den es kontrollierte, der Desktop des PC, war noch immer das wertvollste Territorium auf der digitalen Landkarte. Aber jedermann konnte sehen, daß das Universum des Computers sich ständig erweiterte und explodierte, während der Desktop in seiner strategischen Bedeutung zu schrumpfen schien.

Für Andy Grove war dies ein zwingender Vergleich. »In den 80ern war IBM lange Zeit das Ein und Alles für Intel«, sagte er. »Wir dachten ständig daran, lebten und starben mit seinen Launen. Dann, so um 1990, wachte ich eines Morgens auf, und alles hatte sich geändert. Das war kein herausragendes Ereignis. Und jetzt war es Microsoft, an das wir die ganze Zeit denken mußten. Vielleicht passiert jetzt das gleiche wieder – nur dieses Mal wird Microsoft nicht von einem anderen Unternehmen abgelöst, sondern vom

Internet, von einem ganzen Haufen Dinge, die alle auf einmal passieren.«

Überdies hatte schleichender Gigantismus von Gates' Firma Besitz ergriffen. Lange war es sein Ziel, trotz des Wachstums seine Beweglichkeit zu behalten – »das kleinste Großunternehmen weit und breit« zu sein, wie es der Microsoft Network-Mitarbeiter Brad Chase einmal ausdrückte. Doch Ende 2000 war Microsoft ein sehr großes Unternehmen geworden, mit weltweit 40 000 Angestellten. Obwohl diese Zahl auch die höchste Konzentration an talentierten Programmierern auf dem ganzen Erdball mit einschloß, roch die Kultur des Unternehmens mittlerweile so stark nach Marketing und Verkaufsstrategie wie nach Technologie – ein ausgesprochen IBM-ähnlicher Duft. Gleichzeitig umwehte auch die technischen Ansprüche, die Gates an Microsofts Programmierer stellte, ein gewisser Hauch des guten alten IBM. Jener Gates, der sich mir gegenüber damit gebrüstet hatte, daß Microsoft »Boeings baut«, war derselbe Mann, der sich in den 80er Jahren über Big Blues Programmierer lustig gemacht hatte, deren Motto lautete: »Das schwerste Flugzeug der Welt bauen«.

Inzwischen hatte Microsofts wohlbekannte Insularität neue Dimensionen angenommen. In ihrer Glanzzeit hatten Gates und Ballmer unablässig in Verbindung mit der Branche gestanden, die sie beherrschen wollten. Auf Fachmessen und bei High-Tech-Konferenzen hatten sie sich inspirieren lassen, nach neuen Anregungen gesucht und ihre Einfälle am aktuellen Kenntnisstand gemessen. Jetzt nicht mehr. Gates, durch Ruhm und Reichtum verhindert, nahm nur noch an wenigen Ereignissen der Branche teil, und diese seltenen Auftritte waren gut vorbereitet; spontane Änderungen waren strengstens verboten. Selbst bei den anderen Giganten der Informationsbranche war Gates dafür bekannt, daß er auf Herb Allens alljährlichem *schmoozefest* in Sun Valley größtenteils für sich blieb. (Kay Graham und Warren Buffett waren die einzigen Gäste, mit denen er sich aus alter Gewohnheit unterhielt.) Was

Ballmer betraf, so bekamen die Organisatoren der bedeutendsten Konferenz der Internetbranche, die ihn im Sommer 2000 um eine Rede gebeten hatten, eine Abfuhr von seinen Handlangern erteilt: »Steve sagt, er spricht nicht auf Konferenzen, auf denen er keine Kunden hat.«

Es gab noch eine weitere Parallele zwischen Microsoft und IBM, und hier ist die Ironie besonders frappant. IBMs Konflikt mit der Regierung hatte das Unternehmen gelähmt. Gerade dadurch, daß Gates alles in seiner Macht Stehende unternahm, um eine solche Lähmung zu vermeiden, brachte er die Regierung dazu zuzuschlagen. Die demoralisierten Angestellten, die fallenden Aktien, die Wolke der Unsicherheit, die über Redmond hing – all das war in gewisser Weise auf Gates' IBM-Phobie zurückzuführen. Indem Gates das Schicksal von IBM vermeiden wollte, hatte er es durch sein Handeln geradezu herbeigeführt.

Es überraschte also nicht, daß Gates und Ballmer meine Vermutung nicht unbedingt begrüßten, Microsoft könne zu einem neuen IBM avancieren. Als ich Ballmer fragte, ob es ein hartes Los wäre, in fünf oder zehn Jahren unter dieser Perspektive betrachtet zu werden – so erfolgreich und beständig, aber nicht mehr länger marktführend –, nickte er heftig zustimmend mit dem Kopf. »Ja«, sagte er. »Furchtbar? Nein. Hart? Ja.« Als ich Gates dieselbe Frage stellte, reagierte er ebenso energisch: »Absolut.«

Gates malte sich seine Zukunft um einiges rosiger aus. Auch wenn er sich vorstellen konnte, eines Tages in seinen Fünfzigern nicht mehr länger Microsofts Vorsitzender zu sein, war er schon »darauf gespannt«, sagte er, »in den folgenden Jahren meine wohl interessanteste Arbeit zu leisten«.

In dem Maße, wie er eingestand, daß sein Ruf durch den Schmutz gezogen worden war, nahm er an, wie schon vor ihm John D. Rockefeller, der Plutokrat, mit dem man ihn so oft verglich, daß er auch wieder reingewaschen werden würde. Während Rockefeller seine Rehabilitierung allerdings der Geschichte und dem Himmel überließ, erwartete Gates die seine bereits in kurzer Zeit – und hier auf der Erde. Laut Umfrage blieb er eine der am meisten bewunderten Figuren der Geschäftswelt. Und seine 21 Milliarden Dollar schwere Wohltätigkeitsstiftung hatte ihn zu einem Helden der philantropischen Welt gemacht. Das einzige, was ihm zu seinem Glück noch fehlte, war die Aufhebung des Urteils durch eine höhere Instanz, die er so sehr als sein gutes Recht betrachtete.

Doch selbst wenn diese Aufhebung erfolgen sollte, könnte sie Gates nicht unbedingt die Befriedigung verschaffen, die er sich erhoffte oder erträumte. »Eine Rehabilitierung wäre bittersüß«, sagte ein Vertreter von Microsoft einmal reuevoll, als er die stürmischen Ereignisse der letzten Jahre Revue passieren ließ. »Das Unternehmen hat einfach zu viel durchmachen müssen. Vorher haben die Leute große Stücke auf uns gehalten. Wir waren die großen Erfinder. Wir waren der mächtige Motor der New Economy. Jetzt bleibt es entweder bei der Entscheidung – in dem Fall halten uns die Leute dann für Kriminelle – oder aber die Entscheidung wird gekippt, und dann denken die Leute, wir wären gerade noch einmal davon gekommen. Keine Rehabilitierung wird diesen Makel auslöschen.«

Nie wurden wahrere Worte gesprochen. Vor Beginn des Microsoftprozesses war Gates mehr gewesen als ein bloßer High-Tech-Heros; er war die ursprüngliche Verkörperung des High-Tech-Mythos gewesen. In einem unglaublich jungen Alter war er aus dem Nichts hervorgetreten, voller Ideen und brennendem Ehrgeiz. Er hatte ein Unternehmen gegründet, das eine ganze Branche entfesselte, und führte diese Branche an, als sie sich zu einer ganzen Industrie entwickelte. Lange Zeit repräsentierte Gates all das, was an diesem proteischen Phänomen, das mitten unter uns Gestalt annahm, so inspirierend war – seine Frische und sein Ehrgeiz, sein Sinn für das Mögliche und seine Verbindung zur Zukunft. Aber wie die Figur aus einer klassischen Tragödie streute Gates die Saat für sein eigenes Verderben. Er schuf ein Unternehmen, das sein eigenes Bild widerspiegelte, und zog eine Kultur groß, die seinen Hunger nach Allmacht stillte. Er beherrschte ein Geschäft, das Weitblick belohnte, versäumte es jedoch, den Blick fürs Periphere zu schärfen. In seiner Arroganz verlor er jeglichen Sinn für Perspektive, und in seiner Monomanie wurde er blind für den Lauf der Dinge. Er begann seine Reise als ein aufstrebender Gott, eine Illusion, die sein Universum nährte und erhielt. Als der Tag der Abrechnung kam, war sie schockierend und endgültig – und schien in gewisser Weise vom Ewigkeit vorherbestimmt zu sein. Denn die Ruinen des Prozesses hatten enthüllt, daß Gates sterblich war.

DANKSAGUNG

Das letzte, was ich wollte, war ein Buch über Bill Gates oder den Microsoft-Prozeß schreiben. Na ja, vielleicht nicht das letzte – aber es war sicher nicht der ursprüngliche Plan. Im Herbst 1997 begann ich an einem Buch über das Silicon Valley zu arbeiten, in dessen Mittelpunkt zahlreiche Personen und Unternehmen standen, die entweder mit Microsoft konkurrierten oder kooperierten (oder eine explosive Mischung aus beidem). Als das Justizministerium dann einige Monate später die Klage einreichte, berichtete ich – wie besessen – eingehend darüber, interessierte mich aber hauptsächlich für das Sichtfenster, das sie auf die Mechanismen des Valley geöffnet hatte, und die Tatsache, daß dies ganz nach einem Wendepunkt in der Beziehung zwischen der Technologiebranche und den Bundesbehörden aussah. Aber erst im Sommer 2000 dämmerte mir – dank Richter Jacksons Zerschlagungsurteil und dem weisen Rat einiger Leute, denen weiter unten gedankt sein soll –, daß die zwingendste Sache am Prozeß um Microsoft, nun ja, eben Microsoft war; und daß es wohl sinnvoll wäre, beim Zeitlupenmarathon mit meinem Buch über das Silicon Valley eine kleine Pause einzulegen und diese Geschichte zu Papier zu bringen.

Jeder Versuch, eine Geschichte hinter einer Geschichte auszugraben, die so öffentlich und umfangreich festgehalten wird wie der Microsoft-Prozeß, hängt stark von dem Vertrauen, der Offenheit und vor allem der Geduld der Mitspieler ab. Obwohl meine Darstellung Informationen aus relevanten Zeitungs- und Zeitschriftenartikeln mit einbezieht – darunter viele hervorragende, besonders diejenigen von John Wilke, *Wall Street Journal*, und Joe Nocera, *Fortune* – stützte ich mich hauptsächlich auf persönliche Interviews. Im Laufe von fast drei Jahren willigte nahezu jede Person, die auf den vorstehenden Seiten erwähnt ist, ein, mit mir zu reden, viele davon in mehreren Gesprächen, die zum Teil telefonisch fortgesetzt wurden. Es gab außerdem noch Dutzende, die zwar mit mir sprachen, jedoch ungenannt bleiben, oftmals auf eigenen Wunsch. Alles in allem basiert das Buch auf über 400 Interviews mit mehr als 150 Menschen. Ich stehe zutiefst in ihrer

Schuld, besonders in der jener, die sich selbst einem gewissen beruflichen Risiko ausgesetzt haben, indem sie sich mir anvertrauten. Ich möchte auch den zuständigen PR-Referenten danken, die viele der Interviews erst möglich machten und als Dank für ihre Mühe meinen haarsträubenden Forderungen und kurzfristigen Terminänderungen ausgesetzt waren: im Justizministerium Michael Gordon und Gina Talamona; bei Netscape Chris Holten und Suzanne Anthony; bei Intel Pam Pollace und Tom Waldrop; bei Sun Susanne Vagadori, Anne Little und Lisa Poulson; bei Novell Raymond Nasr; bei AOL Kathy Bushkin; und vielen anderen in Washington und im Silicon Valley.

Microsoft verdient es, getrennt von den anderen genannt zu werden. Ohne die Mitarbeit des Unternehmens wäre dieses Buch zwar ebenfalls möglich gewesen, aber bei weitem ärmer ausgefallen. Indem Microsoft mit den meisten (wenn auch nicht mit allen) leitenden Angestellten, die ich sehen wollte, Interviews arrangierte, und besonders indem es mir gleich zwei Audienzen bei Gates gewährte, ging das Unternehmen einen berechneten Handel ein. Ich halte es für eher unwahrscheinlich, daß seine PR-Spezialisten die Rechnung als aufgegangen betrachten, aber ich hoffe, sie finden das Buch gerecht, ausgewogen und korrekt. Besonders stehe ich in der Schuld von Vivek Varma, die in meinem Namen im Sommer 2000 hart gearbeitet hat, besonders indem sie das letzte Treffen mit Gates für mich festmachte; von Mark Murray, der mir viele Einblicke in den Prozeß ermöglicht hat; von Mich Mathews, der in den ganzen Jahren stets professionell und gut gelaunt war; und von Marianne Allison und ihren Kollegen bei Waggener Edstrom, nicht zuletzt Sue Barnes und Suzanne Dennehy, die so freundliche und hilfsbereite Aufseher waren, wie ein Jounalist sie sich nur wünschen kann.

Es gibt eine Person, ohne die dieses Buch niemals zustande gekommen wäre und ohne die ich auch den Anschein geistiger Gesundheit nicht hätte aufrechterhalten können: Katrina Heron, Chefredakteurin von *Wired*. Katrina und ich arbeiten nun schon seit fünf Jahren zusammen, und in dieser Zeit hat sie sich nicht nur als die beste Redakteurin erwiesen, der ich jemals begegnet bin, sondern auch als eine echte und treue Freundin. Im Frühling 2000 holte sie mich aus einem Tief heraus und brachte mich zu der Arbeit an einem langen Artikel über den

Prozeß für *Wired* – eine Titelstory, die schließlich die Überschrift »Die Wahrheit, die reine Wahrheit und nichts als die Wahrheit« tragen sollte, fast 50 000 Wörter umfaßte und die Grundlage für *Der Angriff* bildete.

Katrinas Phantasie und Engagement waren für die Geschichte über Microsoft wertvoll und großartig und wurden durch ihr unglaubliches Team bei Wired noch ergänzt, dessen Geduld und Kraft ich mehrfach über die Maßen strapaziert habe. Kristine Kern ertrug meine unverhohlene Abneigung gegen Deadlines, ohne sich mit einem Muckser darüber zu beklagen. Daniel Carter entwarf ein spektakuläres Titelbild und ließ mit seinem Layout eine mit Text überfrachtete Geschichte auf wundersame Weise knapp und leicht erscheinen. Christa Aboitiz zauberte jederzeit phantastische Photos hervor und gab schließlich ein Ölgemälde von Gates in Auftrag, das die Themen des Artikels in einem elegischen Bild exakt einfing. Bill Goggins blieb (mehr als einmal) die ganze Nacht auf und rettete mich (mehr als einmal) vor mir selbst. Evan Ratliff überprüfte die Fakten sowohl im Artikel als auch im Buch; alle Fehler in jeder der beiden Ausführungen lege ich ihm unumwunden zu Füßen. Robert Pini und Maurie Perl sorgten dafür, daß der Artikel über Gebühr die Aufmerksamkeit der Medien erregte. Andere bei *Wired*, denen ich danken möchte, sind Alex Heard, Emily McManus, Van Burnham, Jennifer Hillner, Valerie Hamilton, Chip Bayers, Marhta Baer, Susana Rodriguez De Tembleque, Federico Gutierrez-Schott, Zana Woods, Carloyn Rauch, Melanie Cornwell, Julie Rose und Rebecca Smith Hurd.

Ich bin meinem Agenten Andrew Wylie unendlich dankbar sowie seinem Protégé Jeff Posternak, der in dem *Wired*-Stück die Grundlage für ein Buch entdeckte. Bei HarperCollins begleitete Adrian Zackheim kunstfertig – und schnell – das Projekt bis zu seiner Vollendung. Ich schulde auch seinem Team eine Runde Applaus – besonders Joe Veltre, Sarah Beam, Charlie Schiff, Diane Aronson, Leah Carlson-Stanisic und William Ruoto.

In den letzten drei Jahren haben mich drei wissenschaftliche Assistenten unterstützt: Leslie Albrecht, Polly Sprenger und Chris Gaither. Jede(r) von ihnen hat unermüdlich und mit fantastischem Erfolg gearbeitet. Ebenso fantastisch war Bonnie Steiger mit der besten

Transkription von Tonbandkassetten auf der ganzen Welt. Während der Gerichtsverhandlung bot Elizabeth Shogren mir in Washington eine Bleibe, ganz zu schweigen von ihrer unerschöpflichen und uneingeschränkten Unterstützung. John Battelle besorgte mir ein Büro in San Francisco, ohne dafür außer einem Bourbon dann und wann (na ja, öfter als dann und wann) eine Gegenleistung zu verlangen; sein Team beim *Industry Standard* hat mich freundlich aufgenommen und es unterlassen, mich (allzu oft) zu fragen, was zum Teufel ich eigentlich da machte. Kenny Miller, Rachel Leventhal und mein unvergleichliches Patenkind Zoe machten New York für mich zu einem zweiten Zuhause, genauso wie Mike Elliott, Emma Oxford und ihre beiden schon absurd frühreifen Töchter Roxana und Gina. James Bennet, Kate Boo, Denise Caruso, Lisa Clements, David Dreyer, Mary Ellen Glenn, George Hodgman, Jon Katz, Kerry Luft, Sebastian Mallaby, John Micklethwait, Oliver Morton, Neil Parker, Katherine Petrin, Carl Steadman und Will Wade-Gery waren mir alle an dem ein oder anderen kritischen Punkt eine moralische oder redaktionelle Hilfe.

Im Vergleich zu dem, was ich schließlich Elise O'Shaughnessy für ihre Mühen schulde, sind die Schulden der Dritten Welt glatt ein müdes Trinkgeld. Elise hörte sich meine Geschichte immer wieder (und immer wieder und wieder) am Telefon an. Sie las und half mir bei der Überarbeitung der ersten Entwürfe; sie lektorierte und korrigierte die folgenden. Sie munterte mich unermüdlich auf und nörgelte rücksichtslos an mir herum. Sie gab dem Buch sogar seinen grandiosen Titel. Gott allein weiß, warum sie das alles getan hat. Und er allein weiß auch, wo ich jetzt wäre, wenn sie es nicht getan hätte.

John Heilemann
San Francisco, Kalifornien
November 2000

Für eine Zeittafel und ein Personenverzeichnis zum Buch besuchen Sie bitte die offizielle Website:

www.pridebeforethefall.com